THE NEW COVENANT

새 언약의 중보자
예수 그리스도

| 오영석 지음 |

리얼복음시리즈
히브리서 강해
2

쿰란출판사

THE
NEW
COVENANT

2

추/천/의/글

할렐루야! 오영석 목사님의 히브리서 강해집 출판을 진심으로 기뻐하며 축하드립니다. 오영석 목사님이 집필하신 이 책은 '새 언약의 중보자 예수 그리스도'를 소개하고 있습니다. 우리 구주 예수님은 성경의 주제요, 기록 목적이요, 내용입니다. 따라서 '새 언약의 중보자 예수 그리스도'를 소개하는 이 책은 성경의 중핵(中核)에 바로 연결된 귀한 강해집으로 여겨집니다.

오영석 목사님은 '예수 한국, 복음 통일'의 고귀한 시대적 사명을 저와 그리고 광화문 모든 애국 성도와 함께 감당해 나가고 계십니다. 저와 오 목사님뿐 아니라 광화문 모든 애국 성도가 이승만 광장에 나와서 제2의 건국을 외치는 이유는 바로 복음 때문입니다. 나를 위해 성령으로 잉태하여 세상에 오신 예수, 나를 위해 고난 당하신 예수, 나를 위해 십자가에 죽으신 예수, 나를 위해 부활하신 예수, 나를 위해 승천하신 예수, 나를 위해 세상에 다시 오실 예수, 오셔서 나를 위해 천년왕국을 이루실 새 언약의 중보자 우리 구주 예수님을 붙들고 새 예루살렘의 주인공으로 최후 승리를 얻을 때까지 끝까지 승리하는 우리 모두가 되기를 주님의 이름으로 축원합니다. 할렐루야.

2024년 11월
사랑제일교회 담임목사 전광훈

추/천/의/글

히브리서는 예수 그리스도의 구원 사역에 대해 자세히 기록되어 있습니다. 이것이 복음의 본질입니다. 이번에 출판한 오영석 목사의 히브리서 강해 설교집은 죄와 사망 중에 영원히 멸망 받을 인생들이 예수 그리스도의 보혈의 공로로 영원한 생명을 얻게 되었다는 내용입니다. 교회의 최대 위기인 복음을 상실한 세대에 복음을 회복하고 교회를 회복할 수 있는 히브리서 강해 설교집이 출판됨을 축하드립니다.

복음은 강단에서부터 회복되어야 합니다. 강단을 책임진 설교자들이 잊지 말아야 할 핵심 설교는 복음입니다. 이 설교집은 설교자들을 다시 복음 앞에 서게 하는 핵심 중의 핵심인 기쁨의 책이 될 것입니다. 다시 말해 강단에서 원초적인 복음을 전할 수 있는 내용의 책이 태어난 것입니다. 이 설교집을 통해 구원받는 사람들이 많이 일어나는 최대의 기적이 있기를 기원합니다. 측량할 수 없는 크신 은혜로 구원받은 성도들이 하나님의 영광을 위해 살아가는 지침서가 되기를 기원합니다. 복음만을 위한 귀한 설교집이 출판된 것을 기뻐하며 진심으로 축하드립니다.

2024년 11월
공감예수마을교회 담임목사 장학일

추/천/의/글

'히브리서 강해집' 출간을 진심으로 축하드립니다. 모든 국면에서 더 뛰어나신 예수 그리스도의 우월성을 나타내는 히브리서를 읽다 보면 예수님을 깊이 생각하게 됩니다. 오영석 목사의 히브리서 강해 설교집을 읽으면 독자들이 멜기세덱의 계열을 따른 예수님의 대제사장직을 깨닫게 되리라고 생각합니다. 또한 대속죄일에 비추어 설명된 예수 그리스도의 십자가 죽음을 실감하게 될 것이며 새 언약 백성으로서 우리의 사명과 본분을 돌아보게 되고 믿음의 자세가 무엇인지 알게 되리라 기대가 됩니다.

모든 것이 급박하게 돌아가는 듯한 이 시대에 예수 그리스도를 믿는 우리는 과연 우리 구주 예수님에 대해 얼마큼 알고 있는지 자신에게 물어보아야 합니다. 예수님과 복음을 깊이 아는 만큼 세상의 어떤 염려나 유혹에 떠내려가지 않고 견고한 구원의 반석 위에 서게 될 것입니다. 이런 면에서 히브리서 설교집은 복음으로 우리에게 확고한 믿음을 안겨주는 기쁨의 책이 될 것임을 확신합니다. 대제사장 되신 예수님께서 우리를 위해 기도하심을 느끼게 되는 귀한 설교집의 출간을 다시 한번 진심으로 축하드립니다.

2024년 11월
평택순복음교회 담임목사 강헌식

인/사/의/글

저는 부족한 것이 너무 많습니다. 믿지 않는 집안에서 태어났고, 어머니는 우상 신을 섬기는 분이었습니다. 그런 집안에서 하나님이 저를 택하셔서 먼저 예수 믿게 하셨고, 마침내 온 가족도 예수 믿게 하셨습니다. 그리고 얼마나 감사한지 하나님은 부족한 저를 주의 종으로 부르시고 많은 은혜를 주셨습니다. 결혼을 하고 신학을 공부하며 저는 하나님의 은혜로 장기 금식을 다섯 번이나 하게 되었습니다. 누구보다도 노력을 많이 했고, 교회도 개척하여 부흥을 이루었습니다. 스스로를 의롭게 여기며 이만하면 괜찮은 목사가 된 줄 알았습니다.

그런데 아니었습니다. 어느 날 하나님이 제 모습을 보게 하셨습니다. 제 설교 중에 "겉과 속이 다르면 지옥 간다"라는 제목으로 설교한 내용이 있습니다.

"화 있을진저 외식하는 서기관들과 바리새인들이여…겉으로는 아름답게 보이나 그 안에는 모든 더러운 것이 가득하도다…뱀들아 독사의 새끼들아 너희가 어떻게 지옥의 판결을 피하겠느냐"(마 23:27, 33).

얼마나 제 마음이 찔리고 아팠는지 모릅니다. 항상 제 마음을 불편하게 만들었던 말씀입니다. "나더러 주여 주여 하는 자마다 다 천국에 들어갈 것이 아니요 다만 하늘에 계신 내 아버지의 뜻대로 행하는 자라야 들어가리라"(마 7:21-23).

사실 저는 아버지의 뜻도 모르고 목회를 했던 눈먼 소경이었습니다. 그런데 하나님께서 저에게 진짜 복음을 알게 하시고 깨닫게 하셨습니다. 그것이 예수님이 전하신 천국 복음(마 9:35)이었습니다. 이 천국 복음이 목회를 행복하게 하고 저의 삶을 완전히 바꾸어 놓았습니다.

그 뒤로 저는 진리의 복음, 하나님께서 아브라함에게 전한 복음 곧 하나님이 세우신 언약(새 언약과 할례 언약)을 우리에게 이루어 주시려고 오신 예수 그리스도만을 10년 이상 계속 전하며 행복한 시간을 보내고 있습니다.

지난 2017년 10월에 요한복음 강해를 시작으로 2018년 로마서 강해, 2019년 바울서신 중 갈라디아서·에베소서·빌립보서·골로새서 강해, 2020년 사도행전 강해 그리고 2024년 이제 다시 히브리서 강해를 1, 2권으로 출판하게 되어 하나님께 영광을 돌립니다.

끝으로 설교를 정리하여 책으로 나올 수 있도록 헌신하고 수고해 주신 김세진 사모와 부교역자들, 성도들, 그리고 사랑하는 가족들에게 감사를 드리고, 부족한 종을 사랑해 주시고 이 책을 위해 추천의 글을 기쁨으로 마음을 담아 써주신 전광훈 목사님과 장학일, 강헌식 두 분 목사님께도 깊은 감사의 말씀을 드립니다.

2024년 11월 목양실에서
오영석 목사

목/차/

추/천/의/글 전광훈(사랑제일교회 담임목사) • 3
　　　　　　장학일(공감예수마을교회 담임목사) • 4
　　　　　　강헌식(평택순복음교회 담임목사) • 5
인/사/의/글 • 6

1. 하나님께 더 가까이 나아가는 비밀 (히브리서 7장) · · · · · 12
2. 더 좋은 언약의 보증이 되시는 예수 (히브리서 7장) · · · · · 23
3. 아브라함에게 전해진 복음과 새 언약 복음 (히브리서 8장) · · 41
4. 삼위일체 하나님의 합작품, 새 언약 (히브리서 8장) · · · · · 61
5. 예수 피를 알면 인생이 바뀐다 (히브리서 9장) · · · · · · · 78
6. 새 언약의 중보자 예수 그리스도 (히브리서 9장) · · · · · · 96
7. 두 번째 내 안에 오신 예수 그리스도 (히브리서 9장) · · · · 116
8. 율법은 그림자, 실체는 복음 (히브리서 10장) · · · · · · · 127
9. 피를 가지고 나아가라 (히브리서 10장) · · · · · · · · · · 142
10. 새 언약의 피를 부정하면 구원은 없다 (히브리서 10장) · · · 155
11. 원수 갚는 것은 나의 일이다 (히브리서 10장) · · · · · · · 175
12. 너희의 믿음은 그들의 믿음과 달라야 한다 (히브리서 10장) · 190

THE NEW COVENANT

13. 진짜 믿음, 가짜 믿음 (히브리서 11장) · · · · · · · · 198
14. 아벨의 믿음 (히브리서 11장) · · · · · · · · · · 213
15. 가인의 제사, 아벨의 제사 (히브리서 11장) · · · · · · 225
16. 죽음을 보지 않고 옮겨진 에녹 (히브리서 11장) · · · · · 236
17. 에녹의 믿음 (히브리서 11장) · · · · · · · · · · 251
18. 믿음의 대를 이으라 (히브리서 11장) · · · · · · · · 267
19. 구원의 방주를 만들라 (히브리서 11장) · · · · · · · 276
20. 복음을 모르는 사람들 때문에 (히브리서 12장) · · · · · 293
21. 피가 말한다 (히브리서 12장) · · · · · · · · · · 313
22. 땅과 하늘을 흔들겠다 (히브리서 12장) · · · · · · · 329
23. 영원토록 동일하신 예수 그리스도 (히브리서 13장) · · · · 342
24. 순종하고 복종하라! (히브리서 13장) · · · · · · · · 362

리얼복음시리즈 | 히브리서 강해 2

새 언약의 중보자
예수 그리스도

01
하나님께 더 가까이 나아가는 비밀

히브리서 7장

히 7:19 (율법은 아무것도 온전하게 못할지라) 이에 더 좋은 소망이 생기니 이것으로 우리가 하나님께 가까이 가느니라

(새번역) 율법은 아무것도 완전하게 하지 못하였습니다. 그래서 하나님께서는 더 좋은 소망을 우리에게 주셨습니다. 우리는 이 소망을 힘입어서 하나님께 가까이 나아갑니다.

하나님께로 더 가까이 가는 방법, 비밀, 길이 있습니다. 히브리서 기자는 누구도 알지 못했던 이 비밀을 깨닫고 이것을 성경에 기록했습니다. 그러니 쓰면서 얼마나 심장이 벌렁거렸겠습니까? "이것으로 우리가 하나님께 가까이 가느니라"고 말씀하는데, 여기에서 '이것'은 '더 좋은 소망'을 말합니다. 율법은 아무것도 완전하게 하지 못하기 때문에 하나님께서 '더 좋은 소망'을 우리에게 주셔서 그것으로 하나님께 가까이 나아가게 하신 것입니다.

신 29:4 그러나 깨닫는 마음과 보는 눈과 듣는 귀는 오늘 여호와께서 너희에게 주지 아니하셨느니라

깨닫는 마음과 보는 눈과 듣는 귀는 하나님께서 주셔야 합니다. 하나님이 허락해야 합니다. 그때는 허락되지 않았던 것이 지금은 모든 사람에게 허락된 줄 믿습니다. 그러므로 우리는 늘 기도해야 합니다. "주여, 하나님 말씀을 들을 때 언제나 깨닫는 마음과 보는 눈, 그리고 듣는 귀를 허락하셔서 오늘도 그 말씀으로 나를 정복하여 주옵소서!" 이렇게 은혜를 사모하는 마음으로 기도할 때 하나님이 역사하셔서 깨닫는 마음과 보는 눈과 듣는 귀를 허락하실 줄 믿습니다.

🍀 불완전한 율법

히 7:19(쉬운성경) 모세의 율법으로는 아무것도 완전하게 할 수 없습니다. 그러나 이제 우리는 더 나은 소망을 받았고, 이 소망을 통해 하나님께 가까이 나아갈 수 있습니다.

쉬운성경을 보면 '율법'을 '모세의 율법'이라고 더 구체적으로 말합니다. 시내산에서 하나님이 돌판에 기록하여 모세를 통해 이스라엘 백성들에게 주신 계명의 말씀이 바로 율법입니다. 율법으로는 우리를 완전하게 할 수 없습니다. 그런데 마귀는 자꾸 율법을 지켜서 우리가 완전하게 될 수 있다고 속입니다. 율법을 지켜야 구원받는다, 율법을 다 지켜

> 율법은 지키라고 주신 것이 아니라 지킬 수 없는 죄인임을 깨달으라고 주신 것입니다.

01 _ 하나님께 더 가까이 나아가는 비밀

야 완전해진다고 가르치는 사람들은 복음을 모르는 것입니다. 하나님은 율법을 지켜서 구원받으라고 우리에게 율법을 주신 것이 아닙니다. 아무리 율법을 지키려고 노력해도 지킬 수 없을 만큼, 우리는 완전히 타락한 죄인이라는 사실을 깨달으라고 주신 것입니다. 지킬 수 없는 율법을 지키려고 노력하니까 신앙생활이 힘든 것입니다.

예를 하나 들어보겠습니다. 남편이 바람을 피웠습니다. 기분이 좋겠습니까, 나쁘겠습니까? 기분 나쁜 정도가 아니라 때려죽이고 싶을 만큼 남편이 미울 것입니다. 그런데 교회에서 목사님이 용서하라고 설교하십니다. 남편이 미워죽겠는데, 강단에서 목사님이 원수도 사랑하라며 용서하라는 설교를 하시는 것입니다. 설교를 들을 때마다 마음에 찔리고 괴롭습니다. 용서해야 한다는 것은 알지만 용서가 되지 않기 때문입니다. 그런데 어느 날 부흥회를 하는데, 부흥강사 목사님까지 용서하라는 설교를 하시는 것입니다. 예수님의 십자가 사랑을 얘기하고, 예수님은 일곱 번씩 일흔 번까지라도 용서하라고 하지 않았느냐며 마치 내 사정을 다 아는 것처럼 강력하게 용서하라고 말씀하십니다. 그러니까 은혜를 받았습니다. '그래, 내가 그냥 눈 딱 감고 이번 한 번만 용서하자!' 이렇게 결단하고 집에 돌아가서, 이왕이면 남편에게 맛있는 저녁까지 차려주면서 화해해야겠다고 생각하고 정성껏 음식을 장만하고 남편이 퇴근하기를 기다렸습니다.

그런데 그날 남편이 또 그 여자와 놀다가 집에 안 들어온 것입니다. 그러면 용서가 되겠습니까? 마음먹고 준비하고 기다리고 있었다가도 한순간에 열이 확 올라옵니다. 분노가 치밀어 오르고 도저히 용서가 안 되는 것입니다. 우리는 이런 식의 신앙생활을 여태까지 계속해 왔습니다.

율법으로는 아무것도 완전하게 할 수 없습니다. 율법은 돌판에 문자로 기록한 말씀을 사람이 가르쳐서 지키도록 하는 것입니다. 사람이 용서하라고 가르쳤습니다. 성경에 '용서하라'고 문자로 기록된 하나님의 말씀을, '사람'인 목사가 가르친 것입니다. 그런데 아무리 목사가 잘 가르치고 성도들이 은혜를 받아도, 막상 용서하려고 하면 어떤 상황에서는 용서가 되지 않는 것입니다. 왜 용서가 안 될까요? 용서할 마음이 없으니까 안 되는 것입니다. 그래서 마음이 중요합니다.

> 율법은 돌판에 문자로 기록된 말씀을 사람이 가르쳐서 지키게 하는 것입니다.

사 29:13 주께서 이르시되 이 백성이 **입으로는 나를 가까이 하며 입술로는 나를 공경하나 그들의 마음은 내게서 멀리 떠났나니** 그들이 나를 경외함은 **사람의 계명으로 가르침을 받았을 뿐이라**

입술로는 가까이하고 공경하는데 마음은 하나님으로부터 멀리 떠났습니다. 그 이유가 무엇입니까? '사람의 계명'으로 가르침을 받았기 때문에, 구체적으로 말하면 문자로 기록된 말씀을 사람에게서 가르침 받았기 때문입니다. 나는 용서할 마음이 없는데 용서하라고 하니까 힘이 듭니다. 교회에 와서 행복해야 하는데, 말씀만 들으면 무거운 짐이 되는 것입니다. 용서할 수 없는데 용서하라고 하니까 '용서'라는 짐이 생겼습니다. 사랑할 수 없는데 사랑하라고 하니까 '사랑'이라는 짐이 생겼습니다. 참을 수 없는데 참으라고 하니까 '인내'라는 짐이 생겼습니다. 듣는 말씀이 모두 다 짐이 되어 나에게 하나씩 하나씩 얹히는 것입니다. 그러니까 신앙생활이 어떻게 되겠습니까? 신앙생활을 하면 할수록 무거운 짐이 점점 더 많아집니다.

그러다가 결국 "무거운 짐을 나 홀로 지고 견디다 못해 쓰러질 때…" 하고 비틀거리다가 넘어지는 것입니다.

제가 목사로서 안타까운 것은 그것입니다. 왜 무거운 짐을 혼자 지느냐 말입니다. 주님은 "수고하고 무거운 짐 진 자들아 다 내게로 오라"(마 11:28)고 말씀하셨습니다. 무엇 때문에 주께로 오라고 하십니까? 다 주님께 맡기라는 것 아닙니까? 교회에 오면 그렇게 되어야 하는 것입니다. 그런데 우리는 무거운 짐을 다 자기가 지고 갑니다. 그러니까 힘이 드는 것입니다.

> 복음은 말씀을 성령으로 마음에 기록해 주시는 것입니다.

복음은 하나님이 먼저 마음을 주시는 것입니다. 복음은 하나님의 말씀을 마음에 기록해 주시는 것입니다.

> 고후 3:3 너희는 우리로 말미암아 나타난 그리스도의 편지니 이는 먹으로 쓴 것이 아니요 오직 살아 계신 하나님의 영으로 쓴 것이며 또 돌판에 쓴 것이 아니요 오직 육의 마음판에 쓴 것이라

이제는 하나님께서 말씀을 우리의 마음판에 써 주십니다. 돌판에 기록해서 사람을 통해 주시는 율법 조문의 말씀으로는 안 되기 때문입니다.

> 롬 2:29 오직 이면적 유대인이 유대인이며 할례는 마음에 할지니 영에 있고 율법 조문에 있지 아니한 것이라 그 칭찬이 사람에게서가 아니요 다만 하나님에게서니라

(개역한글) 오직 이면적 유대인이 유대인이며 할례는 마음에 할지니 신령에 있고 의문에 있지 아니한 것이라 그 칭찬이 사람에게서가 아니요 다만 하나님에게서니라

개역한글에서는 '율법 조문'을 '의문'이라고 표현했었는데, 둘 다 같은 뜻입니다. 문자로 기록된 것을 뜻합니다. 이것을 풀어서 해석하면, 우리는 마음에 할례를 받아야 하는데 문자로 기록된 하나님의 말씀을 사람이 가르쳐서는 할례가 이루어지지 않고 오직 성령의 가르침으로만 마음에 할례가 이루어진다는 뜻입니다. 새번역 성경으로 다시 한번 자세히 보겠습니다.

롬 2:29(새번역) 오히려 속 사람으로 유대 사람인 이가 유대 사람이며, 율법의 조문을 따리시 빋는 힐례가 아니라 성령으로 마음에 받는 할례가 참 할례입니다. 이런 사람은, 사람에게서가 아니라, 하나님에게서 칭찬을 받습니다.

모세의 율법에 따라 유대 사람들은 할례를 받았습니다. 그러나 그것은 손으로 육체의 포피를 제거하는 손 할례입니다. 이것으로는 우리의 마음이 달라지지 않습니다. 그래서 성령으로 마음에 받는 할례가 참 할례라고 말씀하시는 것입니다. 지금 히브리서 7장 19절을 강해하고 있습니다. 모세 율법으로는 우리를 완전하게 할 수 없다고 했는데, 왜 완전하게 할 수 없는지 풀어가고 있는 것입니다. '율법'으로 안 되기 때문에 하나님이 새로운 소망, 더 좋은 소망을 주셨는데 그것이 바로 '복음'이고 '예수'입니다. 이 새로운 소망으로만 우리는 하나님께 더 가까이 갈 수 있습니다. 율법으로 우리를 완전하게

할 수 없다는 것은 돌판에 문자로 기록된 하나님의 말씀을 사람이 가르쳐 지키게 해서는 그 말씀을 지킬 수 없다는 뜻입니다. 그래서 하나님이 새로운 소망을 주셔서 하나님께 가까이 나아가게 하셨는데, 그것은 하나님의 말씀을 돌판에다가 문자로 기록한 것이 아니고 우리 마음 판에 성령께서 직접 기록해 주시는 것입니다. 이것이 복음입니다. '율법'을 '옛 언약', '복음'을 '새 언약'이라고 합니다. 말씀이 '돌판'에 '문자'로 기록된 것을 '옛 언약', '마음'에 '성령'으로 기록된 것을 '새 언약'이라고 합니다.

> 돌판에 문자로 기록된 말씀을 사람이 가르쳐서 지키게 하는 것으로는 말씀대로 살게 할 수 없어서 성령이 말씀을 마음에 기록해 주십니다.

🍀 더 좋은 소망, 복음, 예수, 새 언약

히 8:8-10 그들의 잘못을 지적하여 말씀하시되 주께서 이르시되 볼지어다 날이 이르니 **내가 이스라엘 집과 유다 집과 더불어 새 언약을 맺으리라** 또 주께서 이르시기를 이 언약은 내가 그들의 열조의 손을 잡고 **애굽 땅에서 인도하여 내던 날에 그들과 맺은 언약과 같지 아니하도다** 그들은 내 언약 안에 머물러 있지 아니하므로 내가 그들을 돌보지 아니하였노라 또 주께서 이르시되 그날 후에 **내가 이스라엘 집과 맺을 언약은 이것이니 내 법을 그들의 생각에 두고 그들의 마음에 이것을 기록하리라** 나는 그들에게 하나님이 되고 그들은 내게 백성이 되리라

모세 율법으로는 우리를 완전하게 할 수 없어서 하나님이 새로운

소망을 주시고 그 소망을 통해 하나님께 가까이 나아가게 하셨는데, 그 소망이 바로 '복음' 곧 '새 언약'입니다. 율법이 옛 언약, 복음이 새 언약입니다. 새 언약은 하나님의 말씀을 우리의 생각과 마음에 기록해 주시는 것입니다.

> **히 8:10(쉬운성경)** 나중에 내가 다시 이스라엘 백성과 함께 **새 언약을 맺을 것이다. 내가 나의 가르침을 그들의 마음속에 새기고 그들의 가슴에 기록할 것이다.** 나는 그들의 하나님이 되고, 그들은 내 백성이 될 것이다.

쉬운성경에서는 "나의 가르침을 마음속에 새기고 가슴에 기록할 것이다"라고 말씀합니다. 율법은 돌판에 기록된 말씀을 사람이 가르쳐 지키게 하는 것입니다. 그런데 사람이 가르치는 것은 아무리 잘 가르쳐도 우리를 그 말씀대로 살게 하지는 못합니다. 사람이 내 마음에 말씀을 기록할 수 있습니까? 없습니다. 사람이 가르치는 것은 육신의 생각으로 들어가서 지식으로 자리 잡습니다. 그래서 알기는 잘 압니다. 그런데 마음이 바뀌지 않습니다. 남편을 용서해야 한다는 것을 알지만 용서할 마음이 없으니까 용서가 되지 않는 것입니다. 그런데 마음에 성령께서 '용서'라고 기록해 주시면, 다시 말해 용서라는 가르침을 우리의 마음에 새겨주시면 마음이 곧 용서가 되는 것입니다. 마음에 직접 용서라고 써버리니까 용서하는 마음이 되는 것입니다. 이것이 복음, 새 언약입니다.

> **마 15:8-9** 이 백성이 입술로는 나를 공경하되 **마음은 내게서 멀도다 사람의 계명으로 교훈을 삼아 가르치니** 나를 헛되이 경배하는도다

하였느니라 하시고

　사람의 계명으로 교훈을 삼아 가르치는 것으로는 우리를 하나님께 가까이 나아가게 할 수 없습니다. 그래서 성령이 가르쳐야 합니다. 성령님은 가르치는 분입니다. 성령이 오시면 우리에게 모든 것을 가르쳐 주십니다(요 14:26). 교회에 다니면서도 성령께서 왜 오시는지 알지 못하는 사람들이 많습니다. 성령을 받았다고 하면서도 성령께서 가르치신다고 하면 무슨 뜻인지 알지 못하는 사람들이 많습니다. 성령은 우리를 가르치기 위해 오셨습니다. 사람이 가르치는 것으로는 우리를 완전하게 할 수 없기 때문에, 성령께서 친히 가르치시려고 오신 것입니다.

> 사람이 가르치는 것으로는 우리를 하나님께 가까이 나아가게 할 수 없어서 성령께서 친히 가르치시려고 오셨습니다.

　히 7:28 율법은 약점을 가진 사람들을 제사장으로 세웠거니와 율법 후에 하신 맹세의 말씀은 영원히 온전하게 되신 아들을 세우셨느니라

　율법은 약점을 가진 사람을 제사장으로 세워서 그들의 가르침을 받게 했습니다. 약점이 있다는 말은 죄가 있다는 뜻입니다. 아무리 제사장이라 할지라도 죄 없는 사람은 없습니다. 제사장이든, 목사든, 목사보다 더한 어떠한 사람이라 할지라도 육신을 입고 인간으로 태어난 모든 사람은 다 죄인입니다. 성경은 모든 사람이 죄를 범하였으매 하나님의 영광에 이르지 못했다고 말씀합니다(롬 3:23). '모든 사람'이라고 한 것은 단 한 사람도 예외가 없다는 뜻입니다. 또한 의인은 없나니 하나도 없다고 말씀합니다(롬 3:10). 누군가를 제사장으로 세워야 하긴 하는데, 한 사람도 죄인이 아닌 사람은 없으므로 하나님께서 어쩔 수 없이 죄인인 사람, 약점이 있는 사람을 제사장으로 세워야 했습니다.

오늘날에도 마찬가지입니다. 목사는 말씀을 가르치는 사람입니다. 그런데 목사는 죄인입니까, 아닙니까? 죄인입니다. 목사도 약점이 있습니다. 말씀을 가르친다고 해서 완벽한 사람은 아닙니다. 그러기 때문에 말씀을 가르치기는 해도 말씀대로 살게 만들지는 못합니다. 성도들에게 말씀을 가르치고 말씀대로 살라고 하면 아마도 "목사님은 말씀대로 사나요?" 하고 반발할지 모릅니다. 말씀대로 다 사냐고 물어보면 저도 할 말은 없습니다. 말씀대로 살기 때문에 말씀을 가르치는 것이 아니라, 가르치는 사명을 받았기 때문에 가르치는 것뿐입니다. 이것이 바로 "율법은 약점을 가진 사람들을 제사장으로 세웠거니와"의 의미입니다.

그렇다면 "율법 후에 하신 맹세의 말씀은 영원히 온전하게 되신 아들을 세우셨느니라"는 무슨 의미입니까? 이것이 바로 새로운 소망, 더 좋은 소망입니다. 우리에게 주신 더 좋은 소망은 예수 그리스도, 죄 없는 몸으로 오신 하나님의 아들 예수 그리스도, 하나님의 뜻을 다 이루셔서 영원히 온전하게 되신 아들 예수 그리스도입니다. 이것이 바로 우리에게 주신 기쁜 소식, 복음입니다.

롬 1:2-4 이 복음은 하나님이 선지자들을 통하여 그의 아들에 관하여 성경에 미리 약속하신 것이라 그의 아들에 관하여 말하면 육신으로는 다윗의 혈통에서 나셨고 성결의 영으로는 죽은 자들 가운

데서 부활하사 능력으로 하나님의 아들로 선포되셨으니 곧 우리 주 예수 그리스도시니라

복음은 우리의 더 좋은 소망이신 아들에 관하여 말하는 것입니다. 그 아들은 우리 주 예수 그리스도입니다. 그러므로 복음이 곧 우리 주 예수 그리스도입니다. 율법으로는 우리를 완전하게 구원할 수 없고, 천국에 가게 할 수 없어서 하나님이 더 좋은 소망을 우리에게 주셨는데 그것이 바로 복음이요, 예수 그리스도요, 새 언약입니다. 율법은 돌판에 기록한 하나님의 말씀을 사람이 가르쳐서 지키도록 하는 것이지만, 복음은 우리 마음 판에 하나님의 성령이 직접 말씀을 기록해 주시는 것입니다. 왜 마음에 기록하실까요?

신 30:14 오직 그 말씀이 네게 매우 가까워서 네 입에 있으며 네 마음에 있은즉 네가 이를 행할 수 있느니라

말씀이 마음에 있으면 이것을 행할 수 있습니다. 마음에 '용서하라'는 말씀을 기록해 주시면 용서가 자연스럽게 이루어집니다. '사랑하라'는 말씀을 기록해 주시면 모든 사람이 그렇게 사랑스러워 보입니다. 오늘 주신 말씀을 통해 더 좋은 소망이신 하나님의 아들 예수 그리스도께서 내 마음에 주시는 성령의 음성을 듣고 하나님께로 더 가까이 나아가는 여러분이 되기를 주님의 이름으로 축원합니다.

"더 좋은 소망이신 하나님의 아들 예수 그리스도께서 내 마음에 주시는 성령의 음성을 듣고 하나님께로 더 가까이 나아가라!"

02
더 좋은 언약의 보증이 되시는 예수

히브리서 7장

히 7:20-22 또 예수께서 제사장이 되신 것은 맹세 없이 된 것이 아니니 (그들은 맹세 없이 제사장이 되었으되 오직 예수는 자기에게 말씀하신 이로 말미암아 맹세로 되신 것이라 주께서 맹세하시고 뉘우치지 아니하시리니 네가 영원히 제사장이라 하셨도다) 이와 같이 **예수는 더 좋은 언약의 보증이 되셨느니라**

(쉬운성경) 예수님을 대제사장으로 세우실 때에 하나님께서 맹세하셨습니다. 다른 사람들이 제사장이 될 때에는 그런 맹세를 하지 않으셨습니다. 그러나 그리스도는 하나님의 맹세로 제사장이 되셨습니다. "주님께서 '너는 영원한 제사장이다'라고 약속하셨으니, 그 마음을 결코 바꾸지 않으실 것이다." **예수님께서 하나님과 그의 백성 사이에 더 좋은 약속의 보증이 되셨다**는 뜻입니다.

오늘은 더 좋은 언약의 보증이 되신 예수에 대해 말씀드리겠습니다. 예수는 '더 좋은 언약'의 보증이 되셨다고 말씀합니다. '더 좋은 언약'이라고 말하는 것은 그 이전에 다른 언약이 있었다는 뜻입니다. 성경은 항상 두 가지 언약을 말씀합니다.

🍀 두 가지 언약

갈 4:24 이것은 비유니 이 여자들은 두 언약이라 하나는 시내산으로부터 종을 낳은 자니 곧 하갈이라

(쉬운말) 이것은 비유적으로 해석해야 합니다. 여기서 두 여자는 두 언약을 나타냅니다. 한 언약은 시내산에서 받은 것 곧 율법으로서, 장차 종이 될 아이를 낳은 하갈을 의미합니다.

(쉬운성경) 이것은 비유입니다. 이 여자들은 하나님과 사람이 맺은 두 언약과 같습니다. 한 언약은 하나님께서 시내산에서 정하신 율법입니다. 이 언약 아래에 있는 사람은 종과 같습니다. 하갈이 바로 이 언약과 같습니다.

믿음의 조상 아브라함에게 여자가 두 명 있었습니다. 하나는 몸종 하갈이고, 하나는 본처 사라입니다. 성경은 아브라함에게 있었던 두 여자를 비유적으로 해석해야 한다고 말씀합니다. 두 여자가 하나님과 사람이 맺은 두 언약을 말하고 있다는 것입니다. 한 언약은 시내산에서 받은 율법으로서 하갈을 말합니다. 쉬운성경을 보면, 하갈이 나타내는 율법 아래에 있는 사람은 종과 같다고 말씀합니다. 그래서 율법을 지켜서 구원받으려고 하는 사람은 율법의 저주 아래에

있다고 말하는 것입니다. 저주 아래 있다는 것은 종이 되어 산다는 뜻입니다.

율법에 대해 성경에서는 여러 가지 다른 말로 표현하고 있는데, 옛 언약, 옛 계명, 첫 언약, 첫 번째 언약, 첫째 것, 종이 바로 율법을 뜻합니다. 그렇다면 율법과 대비되는 다른 한 가지 언약은 무엇이겠습니까? 복음입니다. 복음도 율법과 마찬가지로 성경에서 여러 가지 다른 말로 표현되고 있는데, 새 언약, 새 계명, 두 번째 언약, 둘째 것, 하나님의 자녀가 모두 복음을 가리키는 것입니다. '율법'과 '복음'이라고 하면 확실하게 알아듣는데, '옛 언약'과 '새 언약'이라고 하면 고개를 갸웃거리는 사람들이 있습니다. 성경을 잘 알지 못하기 때문에 익숙하지 않아서 그런 것입니다. 흰 구두나 백구두나 하얀 구두가 모두 같은 구두를 말하고 있는 것처럼 성경에서 같은 말을 다르게 표현하고 있을 뿐입니다.

복음은 우리를 하나님의 자녀답게 살게 만듭니다. 그러나 율법은 우리를 종으로 만듭니다. 지킬 수 없는 율법을 지켜서 구원받으라고 우리를 속여서 율법의 저주 아래 묶어두고 율법의 종으로 살게 만드는 것입니다. 어떤 사람은 종으로 신앙생활을 합니다. 그런데 어떤 사람은 하나님의 자녀로 신앙생활을 합니다. 이것이 확실하게 깨달아져야 합니다.

예수님은 더 좋은 언약의 보증이 되셨다고 말씀하는데, 그렇다면 두 가지 언약 중에 더 좋은 언약이 어느 것이겠습니까? 율법, 옛 언약보다 더 좋은 언약은 복음, 새 언약입니다. 복음이 곧 예수 그리스도입니다. 예수께서 더 좋은 두 번째 언

> 율법, 옛 언약보다 더 좋은 언약은 복음, 새 언약입니다.

약, 새 언약의 보증이 되셨습니다. 이것은 너무나도 중요합니다. 율법 곧 옛 언약이 우리를 완전하게 할 수 없었기 때문에 복음 곧 새 언약이라는 더 좋은 언약을 더 좋은 소망으로 주시고 그것을 예수 그리스도께서 보증하셨는데, 문제는 '새 언약'이라는 말을 사용하지 않고 있다는 것입니다. 새 언약을 알지도 못하고 새 언약을 말하면 이단 취급을 합니다. 이미 신천지라는 이단에서 새 언약이라는 단어를 사용하고 있기 때문입니다. 그런데 이것이 바로 마귀의 전략이라는 걸 알아야 합니다. 성경에서 '새 언약'이 너무나도 중요하기 때문에 마귀가 이단 신천지를 통해 가장 중요한 '새 언약'이라는 단어를 가로채게 해서, 정작 진리를 말하고 전해야 할 교회가 새 언약을 언급하기는커녕 쳐다보지도 못하도록 가로막고 있는 것입니다.

생각해 봅시다. 정말 중요한 진리이고 하나님의 말씀인데, 신천지에서 '새 언약'이라는 단어를 사용하고 있다는 이유만으로 우리가 성경에서 가장 중요한 새 언약을 말하지 않으면 되겠습니까? 그래서는 안 됩니다. 정말 중요한 진리라면, 그것이 진짜 복음이라면 새 언약을 말해야 합니다. 진짜 진리인 '새 언약'을 가짜인 신천지가 사용하고 있다고 해서 '새 언약' 자체가 가짜인 것처럼 치부해서는 안 됩니다. 이단 취급 받을까 봐 새 언약을 말하지 않겠다는 것은 구원을 포기하겠다는 것과 마찬가지입니다. 성경이 더 좋은 언약을 말하고 있는데, 그리고 그것이 예수께서 보증하신 새 언약이라고 말씀하는데, 왜 이 좋은 언약을 말하지 않습니까?

> 히 9:15 이로 말미암아 그는 새 언약의 중보자시니 이는 첫 언약 때에 범한 죄에서 속량하려고 죽으사 부르심을 입은 자로 하여금 영원한 기업의 약속을 얻게 하려 하심이라

예수님은 율법보다 더 좋은 언약 곧 새 언약의 중보자로 오셨습니다. 더 좋은 언약의 보증이 되신 분이 예수 그리스도이고(히 7:22), 예수 그리스도는 새 언약의 중보자로 오신 분입니다. 새 언약의 중보자로 오신 예수님은 첫 언약 때에 범한 죄에서 속량하려고 죽으셔서 우리로 하여금 영원한 기업의 약속을 받게 하셨습니다. 이것이 곧 예수 그리스도께서 더 좋은 언약의 보증이 되셨다는 말씀의 뜻입니다.

> 예수님이 새 언약의 중보자로 오셔서, 하나님과 그의 백성 사이에 더 좋은 언약의 보증이 되셨습니다.

그렇다면 우리는 두 언약 중에 어디에 속한 사람들입니까? 우리는 두 번째 언약, 새 언약에 속한 사람들입니다. 왜냐하면 새 언약이 예수님이 오셔서 세우신 더 좋은 언약이기 때문입니다. 예수님이 오시기 전에 살았던 사람들은 더 좋은 언약이 아니라 옛 언약 곧 율법으로 인하여 살았던 사람들입니다. 옛 언약, 첫 번째 언약, 율법으로 사는 것의 문제는 우리를 종으로 만드는 것이라고 했습니다. 이것을 조금 더 구체적으로 설명해 보겠습니다.

♣ 율법, 옛 언약의 결함

> 갈 3:10(현대인) **율법을 지켜서 구원받으려는 사람은 모두 저주 아래 있습니다.** 그것은 '율법책에 기록된 모든 것을 항상 지키지 않는 사람은 누구든지 저주를 받을 것이다'라고 성경에 기록되어 있기 때문입니다.

율법을 지켜서 구원받으려고 하거나 무슨 복을 받으려고 하는 사람들은 모두 율법의 저주 아래 살고 있는 것입니다. 예수님이 오시기 전에는 모든 사람이 이렇게 율법의 저주 아래 갇혀 살았습니다. 그런데 예수님이 오셨습니다. 첫 번째 언약, 옛 언약, 율법의 저주 아래 율법의 종이 되어 살고 있는 우리를 구원하시려고 예수님이 오신 것입니다. 예수님이 더 좋은 언약의 보증이 되셨다는 말씀은 첫 번째 언약, 옛 언약, 곧 율법의 저주 아래 종이 되어 살고 있는 우리를 구원하시려고 예수님이 오셨다는 말씀입니다.

> 갈 3:13(현대인) 그리스도께서는 우리를 위해 십자가에 달려 저주를 받으심으로 우리를 율법의 저주에서 구해 주셨습니다. 성경에도 '나무에 달린 사람마다 저주를 받은 자입니다'라고 기록되어 있습니다.

기억해야 합니다! 예수님은 율법의 저주에서 우리를 구원하시려고 오셨습니다. 그렇다면 율법의 저주가 무엇이고 율법의 종이 무엇인지 예를 들어 설명할 테니 잘 들어 보시기 바랍니다.

> 지킬 수 없는 율법을 지키려고 노력하는 것이 율법의 저주 아래 있는 것입니다.

개미에게 점프해서 강대상 위로 뛰어 올라오라고 하면 올라올 수 있겠습니까, 없겠습니까? 올라올 수 없습니다. 그런데 개미한테 가르칩니다. "할 수 있거든이 무슨 말이냐? 믿는 자에게 능치 못함이 없느니라!" 하고 가르치는 것입니다. 개미가 말씀에 은혜를 받아서 "믿습니다! 믿습니다! 믿습니다!" 하면서 폴짝폴짝 뛰어오르려고 시도한다고 해서 개미가 강대상 위에 뛰어 올라올 수 있습니까? 없습니다. 우리가 이렇게 신앙생활을 하고 있습니다. 이것이 바로 율법의 저주 아래 있는 것, 율법의 종이 되어 살고 있는 것입니다. 돌판에 문자로 기록된 하나님의 말씀을 사람이 가르쳐서 지키게 했던 것이 율법입니다.

그런데 복음은 사람이 아니라 성령께서 직접 가르치셔서 그 말씀이 우리의 삶이 되고, 능력이 되고, 생명이 되게 하는 것입니다. 말씀이 우리 삶에 경험되도록 하나님께서 그 말씀을 이루어 주시는 것이 복음입니다. 율법의 가르침은 아무리 은혜를 받아도 작심삼일이고, 그 은혜가 대부분 일주일도 지속되지 못합니다. 개미가 몇 번을 시도하다가 지쳤습니다. 아무리 뛰어오르려고 해도 올라갈 수 없었습니다. 개미가 시험에 들었습니다. 그런데 교회에서 몇 개월이 지나 또 부흥회를 합니다. 이번에는 부흥강사 목사님이 오셔서 전능하신 하나님을 믿으라고 소리치며 믿는 자에게는 능치 못함이 없다고 열변을 토하십니다. 그래서 또 "믿습니다! 믿습니다! 믿습니다!" 하며 뛰어오를 수 없는 상대상에 뛰어올라 보려고 발버둥치기를 반복하는 것입니다. 할 수 없는 것을 하라고 강요하며 가르치는 것이 율법입니다. 그러니까 율법의 가르침을 듣는 신앙생활은 행복할 수 없고, 무거운 짐을 지고 사는 것과 마찬가지로 힘들고 괴롭습니다.

내 마음에 용서할 마음이 없는데, 목사님이 자꾸 "용서하라! 용서하라!" 하고 설교합니다. 용서가 이루어지면 마음이 참 자유로울 것입니다. 그런데 용서가 안 되는데 하라고 하니까 그것이 짐이 되는 것입니다. 말씀이 우리의 마음을 자유롭게 해야 합니다. 그런데 율법의 말씀은 우리를 자유롭게 하지 못합니다. 도리어 무거운 짐을 얹어줍니다. 그렇지 않아도 버거운 삶이, 지킬 수 없는 하나님의 말씀 때문에 더 힘들어집니다. 용서는 쉬운 것이 아닙니다. 사람의 가르침으로는 용서가 되지 않습니다. 남편이 바람을 피워서 집에 들어오지 않는데 그것이 쉽게 용서가 되겠습니까? 기껏 용서하려고 마음먹고 남편이 퇴근하기를 기다리고 있는데, 그날 또 외박을 한다면 용서가 되겠습니까?

> **히 7:28** 율법은 약점을 가진 사람들을 제사장으로 세웠거니와 율법 후에 하신 맹세의 말씀은 영원히 온전하게 되신 아들을 세우셨느니라

율법은 약점을 가진 사람을 제사장으로 세웠습니다. 약점이 있다는 것은 죄가 있다는 것입니다. 죄는 하나님의 말씀대로 살지 않는 것이 죄입니다. 그러므로 죄인은 하나님의 말씀대로 살 수 없는 사람을 뜻합니다. 아무리 목사라도 하나님의 말씀대로 다 살지는 못합니다. 목사가 하나님의 말씀을 성도들에게 잘 가르칠 수는 있지만, 목사도 하나님 앞에서는 죄인입니다. 그렇기 때문에 목사도 성도들이 말씀대로 살도록 만들지는 못합니다. 그것이 바로 약점입니다. 하나님의 말씀을 가르치는 사명을 받았기 때문에 가르치는 것이지 말씀을 완벽하게 다 지키고 살지는 못하는 것입니다. 그렇다면 율법 후에 하신 맹세의 말씀은 무엇입니까? 복음입니다. '더 좋은 언약'입니다. 복음, 더 좋은 언약은 약점을 가진 사람을 제사장으로 세운 것이 아니라 약점이 없는, 다시 말하면 죄가 없는 하나님의 아들을 제사장으로 세웠습니다.

> **히 7:18-19(현대인)** 옛 계명은 약하고 쓸모가 없어서 폐지되었습니다. 율법은 아무것도 완전케 하지 못했기 때문입니다. 그래서 우리는 더 좋은 희망을 갖게 되었고 이것으로 우리가 하나님께 가까이 나아갑니다.

옛 계명이 율법입니다. 율법은 약하고 쓸모가 없어서 폐지되었습니다. 이것을 마음에 새기시길 바랍니다.

히 8:7(쉬운말) 만일 저 **첫 번째의 언약에 아무 결함이 없었다면, 두 번째 언약이 생겨나야 할 필요가 전혀 없었을 것입니다.**

율법이 첫 번째 언약입니다. 첫 번째 언약, 율법에 결함이 있어서 그것을 폐지하시고 더 좋은 언약, 두 번째 언약, 새 언약, 복음을 주셨습니다.

히 7:19(새번역) 율법은 아무것도 완전하게 하지 못하였습니다. 그래서 하나님께서는 더 좋은 소망을 우리에게 주셨습니다. 우리는 이 소망을 힘입어서 하나님께 가까이 나아갑니다.

아무것도 완전하게 하지 못했다는 것은 율법으로는 우리를 구원할 수 없었다는 뜻이고 우리의 죄를 사할 수 없었다는 뜻입니다. 그래서 하나님께서 율법을 폐하시고 더 좋은 소망, 더 좋은 언약을 우리에게 주셨고 예수 그리스도께서 그 보증이 되어 주셨습니다. 예수님이 더 좋은 언약, 새 언약의 중보자로 오신 것입니다.

엡 2:15(개역한글) 원수 된 것 곧 의문에 속한 계명의 율법을 자기 육체로 폐하셨으니 이는 이 둘로 자기의 안에서 한 새 사람을 지어 화평하게 하시고

새 언약의 중보자로 오신 예수님은 먼저 원수 되었던 율법의 계명

을 자기 육체로 폐하셨습니다. 율법은 약하고 쓸모가 없어서 폐지되었다고 하지 않았습니까? 하나님께서 새 언약의 중보자로 예수 그리스도를 보내셔서 먼저 원수 되었던 율법을 예수 그리스도의 육체로 십자가에서 폐하신 것입니다. 왜 예수님의 육체가 십자가에 못 박혀야 했습니까?

> 새 언약의 중보자로 오신 예수님이 말씀대로 살 수 없는 육신을 십자가에 못 박아 율법을 폐하셨습니다.

육신이 하나님의 말씀대로 살지 못하게 하는 원수이기 때문입니다. 우리가 가지고 있는 육신으로는 평생 하나님의 계명을 지키며 살 수 없습니다. 아담과 하와의 타락 이후로 육신은 마귀의 종이 되어 마귀의 말을 듣고 그 말에 순종하며 살게 되었기 때문입니다. 그런데 마귀는 하나님의 말씀대로 살 수 없을 정도로 타락한 육신으로 하나님의 계명을 지키고 살아야 한다고 우리를 속여서 우리의 삶을 힘들게 만드는 것입니다. 이것은 누구나 들을 수 없는 중요한 복음의 메시지입니다. 집중해서 잘 들어 보시기 바랍니다.

고전 15:56 사망이 쏘는 것은 죄요 **죄의 권능은 율법이라**

죄의 권능, 힘이 바로 율법입니다. 죄를 더욱 죄 되게 하는 것이 율법이라는 말입니다. 죄를 인격화하면 마귀가 됩니다. 그러므로 이것을 바꾸어 말하면 마귀의 권능이 율법이 되는 것입니다. 이것을 이해하지 못하는 사람들이 있습니다. 율법이 하나님의 말씀인데, 어떻게 율법이 마귀의 힘이 되느냐고 묻습니다. 그래서 첫 번째 언약과 두 번째 언약이 확실히 구분되어야 하는 것입니다. 말씀이라고 다 같은 말씀이 아닙니다. 하나는 돌판에 문자로 기록하여 사람을 통해 주신 말씀입니다. 그것이 율법입니다. 그것은 무익하여 폐하신 것입니다. 그런데 마귀는 하나님이 이미 폐하신 율법을 붙들고 장난을 칩니다. 율법에 결함이 있어서 그것을 폐하신 하나님이 더 좋은 언약, 새 언약을 약속하셨습니다. 그것은 돌판이 아니라 우리의 마음 판에 기록하신 하나님의 말씀입니다. 문자로 기록한 것이 아니라 성령께서 직접 기록하시고 가르쳐주시는 말씀입니다. 말씀을 마음에 새겨주셔서 말씀이 곧 마음이 되어버리게 하는, 더 좋은 언약이라는 말입니다.

> 돌판에 문자로 기록하여 사람을 통해 주신 말씀은 무익하여 폐하시고, 마음에 성령으로 기록하여 말씀이 마음이 되게 하셨습니다.

예수 그리스도께서 자기 육체로 원수 된 것 곧 의문에 속한 계명의 율법을 폐하셨다는 것은 율법을 가지고 역사하는 마귀의 권세, 권능, 힘을 폐하시고 멸하셨다는 뜻입니다. 더 이상 마귀가 율법을 가지고 장난치지 못하게 만드셨다는 뜻입니다. 그래서 예수께서 우리를 율법의 저주에서 구원하셨다고 말씀하는 것입니다.

🍀 예수 피로 세운 더 좋은 언약, 새 언약

> 눅 22:20 저녁 먹은 후에 잔도 그와 같이 하여 이르시되 **이 잔은 내 피로 세우는 새 언약이니 곧 너희를 위하여 붓는 것이라**

예수님이 십자가에 못 박히시기 전날 밤, 마지막 만찬을 제자들과 나누시면서 "이 잔은 내 피로 세우는 새 언약"이라고 말씀하셨습니다. 새 언약은 '예수님의 피로 세워지는 더 좋은 언약'이라는 뜻입니다. 예수님의 피가 중요합니까, 중요하지 않습니까? 중요합니다. 그렇게 중요한 피를 왜 흘린다고 말씀하십니까? 더 좋은 언약, 새 언약을 세우기 위해 흘린다는 것입니다. 그것을 위해 예수님이 이 땅에 오셔서 십자가에 피 흘려 죽으셨는데, 왜 이렇게 더 좋은 언약을 한국 교회에서 말하지 않을까요? 새 언약이 복음입니다. 복음 중의 복음, 복음의 정수가 새 언약입니다. 그런데 마귀가 이렇게 중요한 진짜 복음을 가려놓고 보지 못하게 만들고 있는 것입니다. 망하는 자들에게는 새 언약 복음이 가리어 있습니다(고후 4:3-4).

막 14:24(쉬운말) 그런 뒤, 예수께서 제자들에게 말씀하셨다. **"이 잔은 내 피다. 곧 모든 사람을 위하여 흘리는 새 언약의 피다."**

예수님의 피는 모든 사람의 죄를 위하여 흘리는 새 언약의 피입니다. 예수님이 직접 "내 피는 새 언약의 피다!"라고 말씀하고 계시지 않습니까? 그런데 왜 새 언약을 말하지 않습니까? 교회 다니는 사람들에게 새 언약을 아느냐고 물어보십시오. '신천지가 아닌가?' 하고 경계할 것입니다. 마귀가 이것이 진짜 중요한 복음이라는 사실을 알고 이단 신천지를 통해 이 복음에 접근조차 못 하도록 분탕질을 해놓았기 때문입니다.

마 26:28(쉬운말) **이것은 새 언약을 표시하는 나의 피다.** 곧 많은 사람의 죄를 용서하기 위하여 흘리는 나의 피다.

성경을 짜고 짜면 예수의 피가 나옵니다. 그런데 그 예수의 피가 무엇을 가리키고 있습니까? 새 언약을 표시하고 있는 것입니다. 예수님이 흘리신 새 언약의 피는 많은 사람의 죄를 용서하기 위하여 흘리는 피입니다. 새 언약은 예수의 피로만 모든 사람의 죄를 용서하고 깨끗하게 씻어주시겠다는 새로운 언약, 더 좋은 언약입니다.

히 10:17 또 그들의 죄와 그들의 불법을 내가 다시 기억하지 아니하리라 하셨으니

새 언약은 예수님의 피로 새롭게 세워진 언약입니다. 예수님의 피로 죄 씻음을 받은 사람들의 죄는 하나님께서 다시 기억하지 않겠다고 약속하신 것이 새 언약입니다. 과거의 죄뿐 아니라 현재와 미래에 저지를 모든 죄까지도 한꺼번에 영원히 씻어주신 것이 예수께서 십자가에서 흘리신 피, 새 언약의 피입니다. 이것이 진짜 복음입니다.

히 9:12 염소와 송아지의 피로 하지 아니하고 **오직 자기의 피로 영원한 속죄를 이루사** 단번에 성소에 들어가셨느니라

(쉬운말) 그 장막으로 들어가실 때, **그리스도께서는 염소나 송아지의 피를 가지고 들어가신 것이 아니라, 자기 자신의 피를 가지고 단 한 번 지성소에 들어가셔서, 우리에게 영원한 구원을 가져다 주셨습니다.**

(쉬운성경) 그리스도는 단 한 번 지성소로 들어가셨습니다. 그분은 염소나 송아지의 피가 아닌 **자신의 피를 가지고 지성소로 들어가셔서 우리를 죄에서 완전히 자유롭게 해 주셨습니다.**

옛 언약, 율법에서는 염소와 송아지와 같은 짐승을 잡아 그 피로 하나님 앞에 나아갔습니다. 그런데 새 언약은 짐승의 피가 아니라 예수의 피로 이루어진 언약입니다. 죄를 지을 때마다 하나님 앞에 제물을 죽여 그 피로 나아가야 했던 옛 언약과는 달리 단 한 번 흘리신 예수의 피

> 예수의 피로 영원한 속죄와 완전한 구원을 약속하신 것이 더 좋은 언약, 새 언약입니다.

로 영원한 속죄와 영원한 구원, 완전한 자유를 약속하신 것이 예수님의 피로 세우신 더 좋은 언약, 새 언약입니다. 그리고 예수님이 아버지의 뜻대로 십자가에 새 언약의 피를 흘려 죽으심으로 더 좋은 언약, 새 언약의 보증이 되셨습니다. 할렐루야!

히 7:22 이와 같이 예수는 더 좋은 언약의 보증이 되셨느니라

"네가 예수를 믿고 예수의 피로 죄를 씻었다면, 내가 내 이름을 걸고 맹세하는데 앞으로 절대로 네 죄에 대해서는 묻지도 않고 기억하지도 않겠다!" 하나님은 이렇게 약속하시고 그 보증으로 예수 그리스도를 우리에게 주셨습니다.

율법으로는 우리의 죄를 용서받을 수 없습니다. 율법으로는 구원을 받을 수 없습니다. 그래서 율법을 폐하시고 율법의 저주에서 우리를 구원하신 것입니다. 그리고 하나님께서 예수님을 율법보다 더 좋은 언약, 새 언약의 보증이 되게 하셨습니다. 새 언약은 예수의 피를 통해서 죄 씻음을 받은 사람들에게는 하나님께서 그들의 죄를 묻지도 따지지도 기억조차도 하지 않으시겠다는 언약입니다.

요일 1:7 그가 빛 가운데 계신 것같이 우리도 빛 가운데 행하면 우리가 서로 사귐이 있고 그 아들 예수의 피가 우리를 모든 죄에서 깨끗하게 하실 것이요

예수의 피는 새 언약을 표시하는 피입니다. 성경을 읽다가 '예수의 피'가 나오면 '새 언약'을 떠올려야 합니다. 예수의 피는 우리를 모든 죄에서 깨끗하게 합니다. 그래서 완전한 구원을 이루어 주시는 것입니다. 하나님은 예수의 피로 죄 씻음을 받은 자들의 죄는 묻지도 기억하지도 않겠다고 약속하셨습니다. 그래서 예수의 피로 세워진 새 언약 안에 있는 자, 예수 안에 있는 자에게는 결코 정죄함이 없는 것입니다. 예수가 새 언약이고 새 언약이 예수입니다.

새 언약은 예수의 피로 세운 최고의 언약이며 하나님의 마지막 언약입니다. 나를 죄에서 구원하시려고 하나님이 주신 최고의 언약, 마지막 언약이 새 언약입니다. 그러므로 단언컨대 새 언약을 모르면 구원이 없습니다. 예수의 피로 우리를 죄에서 완전히 속죄하시고 영원토록 구원하시겠다는 언약이 새 언약이기 때문입니다. 그뿐만 아니라 새 언약은 예수님이 마지막으로 남기신 유언이기도 합니다. 일반적인 사람들의 유언이라 할지라도 임종 직전에 남긴 유언은 매우 중요하게 생각합니다. 그런데 예수님의 유언이라면 그것이 얼마나 중요하겠습니까? 예수님은 이 땅에 오셔서 3년 반 동안 사역하시고 그 마지막 결론을 유언으로 남기셨습니다. 예수께서 왜 이 땅에 오시고, 죽으시고, 부활하시고, 성령을 보내주시는지 그 모든 것을 마지막 유언에 담아 제자들에게 남기신 것입니다.

고전 11:25-26 식후에 또한 그와 같이 잔을 가지시고 이르시되 이

잔은 내 피로 세운 새 언약이니 이것을 행하여 마실 때마다 나를 기념하라 하셨으니 너희가 이 떡을 먹으며 이 잔을 마실 때마다 주의 죽으심을 그가 오실 때까지 전하는 것이니라

(새번역) 식후에, 잔도 이와 같이 하시고서, 말씀하셨습니다. **"이 잔은 내 피로 세운 새 언약이다. 너희가 마실 때마다 이것을 행하여, 나를 기억하여라."** 그러므로 여러분이 이 빵을 먹고 이 잔을 마실 때마다, 주님의 죽으심을 그가 오실 때까지 선포하는 것입니다.

예수님이 잡히시기 전날 밤 제자들과 마지막 만찬을 나누시며 예수님이 남기신 말씀이 바로 "이 잔은 내 피로 세운 새 언약이니 이것을 행하여 마실 때마다 나를 기념하라"는 말씀이었습니다. 제자들은 이때까지도 예수님이 무슨 말씀을 하시는지 몰랐을 것입니다. 나중에 성령이 오시고 나서야 예수께서 말씀하신 것이 생각나고 그 뜻이 무엇인지 깨달아졌을 것입니다. 예수님이 직접 말씀하시는데도 제자들이 몰랐던 사실을 지금 듣고 깨닫고 있다면, 성령께서 큰 은혜를 주신 줄 믿습니다.

지금도 교회마다 성찬식을 합니다. 성찬식은 으레 하는 연례행사가 아닙니다. 예수님은 성찬식을 행할 때마다 예수님의 죽으심을 기념하라고, 기억하라고 하셨습니다. 예수님이 왜 피 흘려 죽으셨는지를 잊지 말고 기억하라는 것입니다. 예수님이 왜 피 흘려 죽으셨습니까? 새 언약을 세우기 위해서 그런 것입니다. 우리에게 새 언약을 이루어 주기 위해서 죽으신 것입니다. 육체의 생명은 피에 있다고 했으니(레 17:11), 피를 흘렸다는 것은 생명을 던졌다는 뜻입니다. 예수께서 생명을 던지면서까지 세우신 중요한 언약이니까 이 언약을 잊지 말

고 기억하라는 뜻입니다. 우리는 잘 잊어버립니다. 그래서 성찬식이라는 의식을 주셔서 그것을 행할 때만이라도 예수의 피로 세운 새 언약을 꼭 잊지 말고 기억하라는 것입니다.

고전 11:26(현대인) 여러분은 이 빵을 먹고 이 잔을 마실 때마다 주님의 죽으심을 그분이 오실 때까지 전하십시오.

(현대어) 그러므로 여러분은 이 떡을 먹고 이 잔을 마실 때마다 주님이 우리를 위해서 죽으신 그 의미를 되풀이해서 선포해야 합니다. 주님이 다시 오실 때까지 이 예식을 계속하십시오.

기억하는 것에 그치는 것이 아니라 예수님이 죽으신 그 의미, 더 좋은 언약 곧 새 언약을 우리에게 이루어 주시려고 피 흘려 죽으셨다는 것을 주님이 다시 오실 때까지 전해야 합니다.

히 10:9-10 그 후에 말씀하시기를 보시옵소서 내가 하나님의 뜻을 행하러 왔나이다 하셨으니 **그 첫째 것을 폐하심은 둘째 것을 세우려 하심이라 이 뜻을 따라 예수 그리스도의 몸을 단번에 드리심으로 말미암아 우리가 거룩함을 얻었노라**

(쉬운말) 그런 다음에 그리스도께서는 또 "보십시오, 하나님! 내가 주님의 뜻을 이루려고 이 세상에 왔습니다." 하고 말씀하셨습니다. 이처럼 그리스도께서는 두 번째 것 곧 새 언약을 세우시려고, 첫 번째 것 곧 옛 언약을 폐하셨습니다. 결국 하나님의 이런 뜻에 따라, 이 세상에 오신 그리스도께서는 우리 죄를 없애시려고 자기 몸을

단번에 바치셨고, 그 결과로 오늘날 우리는 거룩하게 되었습니다.

예수님이 왜 오셨습니까? 하나님의 뜻을 행하려고 오셨습니다. 그렇다면 하나님의 뜻이 무엇입니까? 첫째 것을 폐하고 둘째 것을 세우는 것입니다. 첫째 것은 옛 언약, 둘째 것은 새 언약입니다. 이러한 하나님의 뜻에 따라, 다시 말하면 옛 언약을 폐하시고 새 언약을 세우려는 하나님의 뜻에 따라 예수님은 십자가에 피 흘려 죽으셨습니다. 그리고 그 피로 우리의 죄를 영원히 없애주시는 새 언약을 이루어 주셨습니다. 더 좋은 언약의 보증이 되신 것입니다.

03

아브라함에게 전해진 복음과 새 언약 복음

히브리서 8장

히 8:13 새 언약이라 말씀하셨으매 첫 것은 낡아지게 하신 것이니 낡아지고 쇠하는 것은 없어져 가는 것이니라

(쉬운성경) 하나님께서는 이것을 새 언약이라 부르시고, 첫 번째 언약은 옛 언약으로 돌리셨습니다. 낡고 오래된 것은 사라지게 마련입니다.

삼위일체 하나님은 성부 하나님, 성자 하나님, 성령 하나님을 말합니다. 성부 하나님은 아버지 하나님, 성자 하나님은 육신을 입고 오신 하나님 곧 예수 그리스도를 말합니다. 성령 하나님은 부활하시고 승천하셔서 영으로 우리 안에 오신 예수님입니다. 새 언약은 삼위일체 하나님 곧 성부 하나님, 성자 하나님, 성령 하나님의

> 새 언약은 성부 하나님이 계획하셨고, 성자 하나님이 이루셨고, 성령 하나님이 증거하고 계십니다.

합작품입니다. 성부 하나님이 계획하시고, 성자 하나님이 이루셨고, 성령 하나님이 새 언약을 증거하셔서 우리로 새 언약의 일꾼이 되어 살게 하십니다. 하나님은 이미 이 모든 사실을 성경에 기록해 두셨습니다. 그러므로 성경을 통해 이것을 알아야 하는데, 문제는 알려고 하지도 않고 성경을 읽어도 깨닫지 못하는 것입니다. 왜 알지 못하고 깨닫지 못할까요? 하나님은 '택한 자'의 하나님이십니다. 하나님께서 택한 자들을 구원하시기 위해 성경에 기록된 복음의 비밀을 그들에게만 열어주시고 깨닫게 하십니다.

> 고후 4:3-4 만일 우리의 **복음이 가리었으면 망하는 자들에게 가리어진 것이라** 그중에 **이 세상의 신이** 믿지 아니하는 자들의 마음을 혼미하게 하여 그리스도의 영광의 **복음의 광채가 비치지 못하게 함이니** 그리스도는 하나님의 형상이니라

이 말씀은 제가 수없이 강조한 말씀입니다. 그냥 흘러가는 말씀이 아니라 어느 순간에는 이 말씀이 마음에 확 박혀야 합니다. 복음은 누구에게나 열려 있는 것이 아닙니다. 복음이 가리어져 있다는 것을 알아야 합니다. 누구에게 가려져 있습니까? 망하는 자들에게 가려진 것입니다. 그러므로 복음을 알지 못한다면 '이제 나는 망했구나!'라고 생각하면 됩니다. 그런데 신앙생활을 하는 많은 사람이 자기에게는 복음이 열렸다고 착각합니다. 하나님, 예수님, 성령님이라는 단어를 들어봤고, 예수님이 내 죄를 위해 십자가에 죽었다니까 그냥 그 사실을 알고 있으면 천국에 간다고 착각하는 것입니다. 지식은 우리를 천국에 가게 하지 못합니다. 주일학교 찬양에도 나와 있듯이, 돈으로도 못 가고, 지식으로 못 가고, 힘으로도 못 가는 곳

이 천국입니다. 복음이 열려야 복음을 믿는 믿음으로 천국에 가는 것입니다. '나는 주일마다 열심히 교회 가니까, 나는 십일조도 꼬박꼬박 하니까, 나는 성가대도 열심히 서니까, 나는 예수님이 십자가에 죽으신 것을 믿으니까' 그렇게 복음이 열려 있다고 착각하고 안심하는 것입니다.

복음을 알려면 반드시 두 가지를 알아야 한다고 했습니다. 그것이 무엇입니까? 아브라함에게 전해진 복음과 새 언약 복음입니다. 아브라함에게 전한 복음을 알지 못하면 복음을 안다고 말할 수 없습니다. 왜냐하면 아브라함에게 전한 복음을 우리에게 이루어 주시기 위해서 예수님이 오셨고, 아브라함에게 전한 복음을 이루어 주시기 위해서 성령님이 오셨기 때문입니다. 삼위일체 하나님이 나를 구원하시기 위해 무슨 일을 하시는지 알지도 못하고 어떻게 하나님을 믿고 예수님을 믿는다고 말할 수 있습니까? 덮어놓고 "믿습니다! 믿습니다!" 하는 것은 하나님 앞에 통하지 않습니다. 확실히 알고 믿어야 하는 것입니다. 과거에 하나님께서 아브라함에게 전한 복음에 대해 들어보신 적이 있습니까? 없다면 '아, 이제까지 나에게 복음이 가리어져 있었구나!' 하고 지금이라도 복음을 열어주신 하나님께 감사해야 합니다.

> 복음을 알려면 반드시 아브라함에게 전해진 복음과 새 언약 복음을 알아야 합니다.

🍀 아브라함에게 전해진 복음

> 갈 3:8 또 하나님이 이방을 믿음으로 말미암아 의로 정하실 것을 성경이 미리 알고 먼저 아브라함에게 복음을 전하되 모든 이방인이 너

로 말미암아 복을 받으리라 하였느니라

갈라디아서는 바울이 썼습니다. 바울은 성경에 대한 지식이 해박했던 사람이었지만 복음을 모르고 예수 믿는 사람들을 핍박했던 사람이었습니다. 그랬던 그가 다메섹으로 가는 길에 예수님을 만나고 복음의 문이 그에게 활짝 열렸습니다. 그렇게 아브라함에게 전해진 복음에 대해 알게 된 것입니다. 그 당시 유대인들은 아브라함을 '우리 조상 아브라함'이라고 부르며 하나님께서 '아브라함의 하나님'이심을 믿었습니다. 그런데 왜 하나님께서 아브라함의 하나님이신지를 몰랐습니다. 아브라함은 그냥 믿음의 조상이 된 것이 아닙니다. 그에게 가장 먼저 복음이 전해졌기 때문에 믿음의 조상이 된 것입니다.

그런데 많은 목사님들이 복음을 말하면서도 아브라함에게 전해진 복음을 말하지 않습니다. 하나님이 이방인인 우리들을 믿음으로 구원하실 것을 성경이 미리 알고 먼저 아브라함에게 복음을 전했다고 성경은 밝히 말하고 있습니다. 이것은 아브라함에게 전해진 복음을 믿을 때 이방인인 우리들이 구원을 받는다는 뜻입니다. 그런데 아브라함에게 전해진 복음을 모르면서 어떻게 복음을 안다고 하고, 어떻게 구원을 받았다고 말할 수 있습니까?

성부 하나님은 유대인뿐만 아니라 이방인들도 믿음으로 구원해야겠다고 먼저 계획하셨습니다. 그 뜻을 이루기 위해 성자 하나님이 육신을 입고 이 땅에 '예수'로 오신 것입니다. 예수 이름의 뜻은 '자

> 이방인을 믿음으로 구원할 것을 성부 하나님이 계획하시고 먼저 아브라함에게 복음을 전하셨고, 예수님과 성령님이 그것을 우리에게 이루어 주려고 오셨습니다.

기 백성을 그들의 죄에서 구원할 자'입니다(마 1:21). 그분이 아브라함에게 전해진 복음을 이루어 주시려고 오셨음을 믿는 자들이 예수 믿는 자들입니다. 그렇다면 성령 하나님은 왜 오셨을까요? 성령은 단순히 방언을 주시기 위해 오신 것이 아닙니다.

> 행 2:4 그들이 다 성령의 충만함을 받고 성령이 말하게 하심을 따라 다른 언어들로 말하기를 시작하니라
>
> (쉬운말) 그러자 제자들은 모두 성령이 충만해져서, 성령이 그들에게 부여한 능력에 따라 각자 다른 나라 말을 하기 시작했다.
>
> (현대인) 그러자 그들은 모두 성령이 충만하여 성령께서 주시는 능력으로 그들도 알지 못하는 외국어로 말하기 시작하였다.

사도행전에 나오는 방언은 지금 우리가 기도할 때 하는 방언이 아니라 다른 나라 말, 외국어입니다. 성령께서 주시는 능력으로 자기들도 알지 못하는 외국어로 말하기 시작했다는 것입니다. 이를테면 영어, 중국어, 일본어, 프랑스어, 스페인어 등 각 나라의 말을 했다는 뜻입니다. 그렇다면 성령이 오셔서 왜 갑자기 다른 나라의 말을 하게 하셨을까요? 구약의 바벨탑 사건 이후로 세계의 언어는 모두 갈라졌습니다. 언어가 흩어져서 서로의 말을 알아듣지 못하게 된 것입니다. 그러면 이방인도 복음으로 구원해야 하는데 어떻게 그들에게 복음을 전할 수 있겠습니까? 그 당시에 지금처럼 영어학원이나 일본어학원이 있었겠습니까? 그러니 복음으로 이방인을 구원하시려는 하나님의 뜻을 이루려고 성령이 오셔서, 성령의 능력으로 각각 다른

나라 말을 하게 하신 것입니다. 아브라함에게 먼저 전해졌던 복음을 세계 모든 민족에게 전하여 이방인들로 하여금 아브라함에게 전해진 복음을 믿는 믿음으로 구원을 받게 하려는 것이 성령께서 오신 가장 중요한 목적입니다.

방언은 성령께서 주시는 은사 중 하나일 뿐입니다. 그것은 우리의 구원과 상관이 없습니다. 방언을 받았다고 구원을 받는 것은 아닙니다. 구원을 받는 길은 오직 하나, 복음을 믿는 믿음뿐입니다. 그러므로 이방인을 구원하려고 하나님께서 먼저 아브라함에게 전하신 복음과 그 복음을 이루려고 오신 예수님과 성령님을 반드시 알아야 합니다. 바울은 이러한 하나님의 구원계획을 성령의 계시로 알게 되어 성경 13권을 기록한 것입니다.

> 갈 1:11-12 형제들아 내가 너희에게 알게 하노니 **내가 전한 복음은** 사람의 뜻을 따라 된 것이 아니니라 이는 내가 사람에게서 받은 것도 아니요 배운 것도 아니요 **오직 예수 그리스도의 계시로 말미암은 것이라**

하나님께서 이방을 믿음으로 구원하시려고 먼저 아브라함에게 복음을 전하셨다는 것(갈 3:8)을 갈라디아서에 기록했던 바울은, 자신이 전한 복음은 오직 예수 그리스도의 계시로 말미암은 것이라고 말합니다. 제가 이 말씀을 읽으면서 감동하고 눈물을 흘렸던 이유는, 제가 전하는 복음도 사람의 뜻을 따라서 누구에게 가르침을 받거나 배워서 전하는 것이 아니라 밤새도록 기도하고 성령의 음성을 듣고 전하는 복음이기 때문입니다.

바울은 율법의 의로는 흠이 없다고 할 만큼 철저하게 하나님의 말씀을 따라 살았던 사람입니다. 히브리인 중의 히브리인이요, 율법으로는 바리새인이요, 당대에 유명했던 가말리엘의 문하에서 최고의 교육을 받은 엘리트였습니다(빌 3:5-6; 행 22:3). 그런데 그렇게 율법에 해박한 지식을 가지고 살았던 바울이 몰랐던 것이 무엇입니까? 복음을 몰랐습니다. 예수를 알지 못했다는 것입니다. 이것이 지금 한국교회의 문제이기도 합니다. 복음을 전하기는 하는데, 진짜 복음을 알지 못하고 복음의 핵심을 알지 못하는 것입니다. 교회는 있는데, 머리가 없는 교회들이 많습니다. 교회의 머리가 누구입니까? 예수 그리스도입니다. 예수 그리스도가 교회의 머리가 되어야 합니다.

그런데 지금 한국교회를 보면 교회의 머리가 없고 교회가 사업장과 다를 바가 없습니다. 밥벌이하는 곳이 되어 버렸습니다. 설령 교회가 노숙자를 돌보고 가난한 자들을 구제하는 착하고 선한 일을 한다고 할지라도 그것은 구원과 상관이 없습니다. 교회는 사회복지관이 아닙니다. 교회의 사명은 예수 그리스도를 머리로 하여 복음을 전하는 것입니다. 그런데 예수 그리스도가 머리가 된 교회들을 찾아보기 힘든 것이 현실입니다.

바울이 전하는 복음은 사람에게서 배우거나 가르침을 받은 것이 아니라고 말합니다. 그런데 지금은 사람에게서 가르침을 받습니다. 목사님의 설교를 듣고 복음을 알았다고 생각합니다. 그러나 그렇지 않습니다. 바울은 무엇이라고 말했습니까? "내가 전하는 복음은 오직 그리스도의 계시로 말미암은 것"이라고 말합니다. 보이지 않는 하나님이 자신을 직접 드러내서 나타내 보여주시는 것이 계시입니다. 성령께서 때마다 바울에게 말씀해 주시고 성경을 통해 하나님을 직접 나타내 보여주셨다는 것입니다.

바울은 한순간에 변화되었습니다. 예수님을 만난 이후 바울은 복음의 일꾼이 되어 예수 그리스도를 전했습니다. 그런데 왜 우리는 그렇게 교회를 오래 다녔는데도 변화되지 않을까요? 왜 바울처럼 복음을 전하지 못할까요? 그리스도가 나의 머리가 되지 않기 때문입니다. 그리스도를 머리로 하는 교회가 되어야 하는데, 교회가 되지 못한 사람들이 너무나 많은 것입니다. 머리가 없는 교회, 그리스도가 없는 교회가 너무나 많습니다.

바울은 복음을 깨닫고 하나님께서 먼저 아브라함에게 전하셨던 복음을 이방인들에게 전했습니다. 그리고 예수께서 왜 오셨는지 알지 못하는 자들에게 예수께서 왜 오셨는지를 밝히 증거했습니다.

❀ 새 언약 복음

고후 3:6 그가 또한 우리를 새 언약의 일꾼 되기에 만족하게 하셨으니 율법 조문으로 하지 아니하고 오직 영으로 함이니 율법 조문은 죽이는 것이요 영은 살리는 것이니라

(쉬운말) 하나님께서는 우리에게 새 언약의 일꾼이 될 수 있는 자격을 주셨습니다. 이 새 언약은 문자로 기록된 것이 아니라, 성령으로 기록되었습니다. 문자는 사람을 죽이는 것이지만, 성령은 사람을 살리는 것이기 때문입니다.

갈라디아서뿐 아니라 고린도후서도 바울이 쓴 것입니다. 바울은 성부 하나님께서 새 언약을 계획하시고 그 아들 성자 하나님을 통해 새 언약을 이루시고 성령 하나님께서 새 언약을 증거하고 있다는 것을 깨달았습니다. 예수님을 만나서 복음을 알기 전에는 누구보다

도 하나님에 대해 잘 알고 있었다고 생각했는데, 복음을 알고 보니 자신이 하나님과 원수가 되어 살고 있었던 것을 깨달은 것입니다. 바울은 그것이 뼈에 사무쳤기에 하나님 앞에 눈물로 회개하며 자신이 죄인 중에 괴수라고 고백했습니다. '하나님의 뜻이 무엇인지도 모르면서 나는 이제까지 열심히 하나님을 섬긴다고 살아왔구나…하나님을 섬긴다고 열심을 냈던 것이 도리어 하나님의 원수 되는 짓만 저질렀던 것이구나…' 이것이 바울이 깨달은 사실이었습니다.

하나님의 계획은 우리를 새 언약의 일꾼이 되어 살게 하는 것이었습니다. 그 성부 하나님의 계획을 이루시려고 성자 예수님을 보내셔서 그 피로 새 언약을 세우시고 성령 하나님을 보내어 우리를 새 언약의 일꾼으로 살게 하신 것입니다. 새 언약은 예수님의 피로 말미암아 영원한 속죄와 완전한 구원을 우리에게 주시겠다는 하나님의 약속입니다. 새 언약의 일꾼은 이러한 새 언약을 믿고

> 새 언약은 예수의 피로 영원한 속죄와 완전한 구원을 우리에게 주시겠다는 하나님의 약속입니다.

새 언약으로 살면서 새 언약을 전하는 사람입니다. 쉬운말 성경에서는 하나님께서 우리에게 새 언약의 일꾼이 될 수 있는 자격을 주셨다고 말씀합니다. 자격을 주셨다는 것은 굉장한 것입니다. 세상에서도 자격증 하나를 얻으려고 얼마나 노력합니까? 그러나 새 언약의 일꾼이 되는 자격은 노력해서 얻을 수 있는 것이 아닙니다. 아무리 노력하더라도 하나님이 주시지 않으면 누구도 이 자격을 가질 수 없습니다. 그런데 이렇게 귀중한 자격을 하나님께서 우리에게 거저 주신 것입니다(고후 3:5 새번역 우리가 이런 일을 할 수 있는 자격이 우리에게서 났다고 생각하지 않습니다. **우리의 자격은 하나님에게서 납니다**). 복음을 알지 못

하는 사람들은 새 언약의 일꾼이 되는 자격이 뭐가 그렇게 중요하냐고 반문할지 모릅니다. 하지만 자격이 있느냐 없느냐는 천지 차이입니다.

운전을 잘하는데 운전 면허증이 없는 사람과 운전은 서툴러도 운전 면허증이 있는 사람을 생각해 보십시오. 아무리 운전을 잘하더라도 운전 면허증이 없으면 불법입니다. 그렇지만 운전이 조금 서툴지라도 운전 면허증이 있으면 불법은 아닙니다.

> 마 7:21-23 나더러 **주여 주여 하는 자마다 다 천국에 들어갈 것이 아니요** 다만 하늘에 계신 내 아버지의 뜻대로 행하는 자라야 들어가리라 그날에 많은 사람이 나더러 이르되 **주여 주여 우리가 주의 이름으로 선지자 노릇하며 주의 이름으로 귀신을 쫓아내며 주의 이름으로 많은 권능을 행하지 아니하였나이까** 하리니 그때에 내가 그들에게 밝히 말하되 내가 너희를 도무지 알지 못하니 **불법을 행하는 자들아 내게서 떠나가라** 하리라

주의 이름으로 선지자 노릇을 하고 주의 이름으로 귀신을 쫓아냈습니다. 주의 이름으로 많은 권능을 행했습니다. 많은 권능을 행했다는 것은 병도 고치고 많은 기적적인 일들을 행했다는 뜻입니다. 그런데 주님이 칭찬하시는 것이 아니라 도리어 그들에게 "불법을 행하는 자들아 내게서 떠나가라!" 하고 호통을 치십니다. 그들은 주님의 이름으로 귀신도 쫓아내고 착하고 선한 일을 많이 행했는데, 주님은 그들을 도무지 알지 못한다고 말씀하시는 것입니다.

성경은 마지막 때를 살고 있는 지금 우리들을 위해 주시는 말씀입니다. 교회마다 목사, 장로, 권사, 집사들이 주의 이름으로 많은 일

을 하는 것 같지만 주님은 그들에게 "불법을 행하는 자들아 내게서 떠나가라!" 하고 말씀하실 것입니다. 하나님의 뜻과 계획을 알지 못하고 하나님이 주신 자격 증도 없이 신앙생활을 하기 때문입니다. 새 언약의 일꾼이 되는 자격을 받은 우리는 불법이 아닌 줄 믿습니다.

> 삼위일체 하나님이 우리를 새 언약의 일꾼으로 살게 하려고 계획하시고 행하신 모든 일들을 모르고 신앙생활 하는 것이 불법입니다.

바울은 율법에 대한 해박한 지식이 있었지만 새 언약을 몰랐습니다. 삼위일체 하나님이 우리에게 새 언약의 일꾼이 되는 자격을 주시려고 계획하시고 행하신 모든 일들을 모르고 살았던 것입니다. 복음을 알게 된 이후 그 모든 것이 불법이었다는 것을 깨닫게 되었습니다.

> 히 8:13 새 언약이라 말씀하셨으매 첫 것은 낡아지게 하신 것이니 낡아지고 쇠하는 것은 없어져 가는 것이니라
>
> (새번역) 하나님께서 '새 언약'이라고 말씀하심으로써, 첫 번째 언약을 낡은 것으로 만드셨습니다. 낡고 오래된 것은 곧 사라집니다.

히브리서 8장의 핵심은 '새 언약'입니다. 하나님께서 '새 언약'이라고 직접 말씀하셨는데, 그렇다면 새 언약이 무엇인지 구체적으로 살펴보겠습니다.

> 히 8:8-10 그들의 잘못을 지적하여 말씀하시되 주께서 이르시되 볼지어다 날이 이르니 내가 이스라엘 집과 유다 집과 더불어 새 언

약을 맺으리라 또 주께서 이르시기를 이 언약은 내가 그들의 열조의 손을 잡고 애굽 땅에서 인도하여 내던 날에 그들과 맺은 언약과 같지 아니하도다 그들은 내 언약 안에 머물러 있지 아니하므로 내가 그들을 돌보지 아니하였노라 또 주께서 이르시되 그날 후에 내가 이스라엘 집과 맺을 언약은 이것이니 내 법을 그들의 생각에 두고 그들의 마음에 이것을 기록하리라 나는 그들에게 하나님이 되고 그들은 내게 백성이 되리라

새 언약은 시내산에서 모세를 통해 이스라엘 백성에게 주었던 율법과는 다른 것이라고 말씀합니다. 율법은 하나님의 말씀을 돌판에 기록한 것입니다. 그런데 새 언약은 돌판이 아니라 우리 마음판에 말씀을 기록해 주시는 것입니다. 그렇게 하고 나서 하나님께서 그들의 하나님이 되시고 그들이 하나님의 백성이 된다는 것입니다.

고후 3:3 너희는 우리로 말미암아 나타난 그리스도의 편지니 이는 먹으로 쓴 것이 아니요 오직 살아 계신 하나님의 영으로 쓴 것이며 또 돌판에 쓴 것이 아니요 오직 육의 마음판에 쓴 것이라

새 언약을 깨닫고 전했던 바울은 고린도 교회에 편지를 쓰면서, 새 언약은 돌판에 먹으로 쓴 것이 아니라 성령으로 마음판에 쓴 것이라고 말합니다. 새 언약은 성부 하나님, 성자 하나님, 성령 하나님의 위대한 합작품, 최고의 합작품입니다.

새 언약의 말씀은 신약에만 있는 것이 아닙니다. 신약과 구약은 짝을 이루기 때문에 구약에 있는 새 언약의 말씀을 보겠습니다.

렘 31:31-33 여호와의 말씀이니라 보라 날이 이르리니 내가 이스라엘 집과 유다 집에 새 언약을 맺으리라 이 언약은 내가 그들의 조상들의 손을 잡고 애굽 땅에서 인도하여 내던 날에 맺은 것과 같지 아니할 것은 내가 그들의 남편이 되었어도 그들이 내 언약을 깨뜨렸음이라 여호와의 말씀이니라 그러나 그날 후에 내가 이스라엘 집과 맺을 언약은 이러하니 곧 내가 나의 법을 그들의 속에 두며 그들의 마음에 기록하여 나는 그들의 하나님이 되고 그들은 내 백성이 될 것이라 여호와의 말씀이니라

새 언약은 하나님의 말씀을 우리 마음판에 기록하여 하나님께서 우리의 하나님이 되어주시겠다는 약속입니다. 하나님과 하나님의 백성 사이에는 반드시 '언약'이 있어야 합니다. 내가 하나님의 다스림을 받는 하나님의 백성이라면, 나와 하나님 사이에는 반드시 '언약'이 있어야 합니다. '언약'은 "나는 너의 하나님이 될 것이고 너는 내 백성이 될 것이다!"라는 약속입니다. 애굽 땅에서 맺었던 '옛 언약'을 이스라엘 백성들이 깨뜨렸기 때문에 하나님께서 새로운 언약으로 다시 하나님의 백성들과 관계를 맺겠다고 약속하셨습니다. 그것이 '새 언약'입니다.

하나님은 거짓말하지 않는 분입니다. 신실하신 하나님이십니다. 하나님이 그렇게 하겠다고 하시면 그렇게 하시는 것입니다. 말씀을 마음에 기록해 주시겠다고 하셨으면 그렇게 해 주시는 것입니다. 그런데 하나님께서 약속을 그냥 툭 던져 놓으신 것이 아니라 반드시 그 약속을 이루어 나의 하나님이 되고야 말겠다고 강력한 의지를 담아 말씀하시는 것입니다. 정말 놀랍지 않습니까? 말씀이 은혜로 임하기를 바랍니다. 35절 이하를 이어서 봅니다.

03 _ 아브라함에게 전해진 복음과 새 언약 복음

렘 31:35-36(새번역) 낮에는 해를 주셔서 빛을 밝혀 주시고, 밤에는 달과 별들이 빛을 밝히도록 정하여 놓으시고, 바다를 뒤흔들어 파도가 소리 치게 하시는 분, 그 이름은 만군의 주님이시다. 주님께서 이렇게 말씀하신다. "이 정해진 질서가 내 앞에서 사라지지 않는 한, 이스라엘 자손도 내 앞에서 언제까지나 한 민족으로 남아 있을 것이다. 나 주의 말이다.

(현대어) 여호와께서 낮에는 해를 주셔서 빛을 내게 하고 밤에는 달과 별들을 주셔서 빛을 내도록 정해 놓으셨다. 주께서는 바다도 뒤흔들어 물결이 춤을 추게 하셨다. 이러한 온 세상의 주인께서 말씀하셨다. '하늘과 땅의 이러한 질서가 모두 뒤바뀌지 않도록 내가 언제나 책임을 지고 보장해 주는 것과 같이 이스라엘도 앞으로 언제까지나 내 백성으로 살아가며 절대로 멸망하거나 소멸해 가지 않도록 내가 책임져 주겠다.'

우리에게는 망각의 은사가 있습니다. 말씀을 들어도 잘 잊어버립니다. 그래서 새 언약의 약속을 절대로 잊어버리지 않도록 하나님께서 우리에게 변하지 않는 우주 만물의 질서를 통해 약속해 주셨습니다. "낮에 밖에 나가 보아라. 햇빛이 보이느냐? 밤하늘에 달과 별들이 보이느냐? 그렇다면 낮에 해가 뜨고 밤에 달과 별이 뜨는 한 내가 반드시 이루어 주겠다고 약속한 새 언약을 기억하거라." 하나님이 이렇게 말씀하시면 약속을 믿어야 하는데, 의심이 많은 사람은 꼭 물어봅니다. "그러면 해도 달도 뜨지 않는 흐린 날에는요? 비가 오고 눈이 오는 날에는요?" 하나님은 꾸짖지 않으시고 그렇게 의심 많은 사람을 위해서 또 대답해 주십니다. "비가 오고 흐린 날, 바람이 부는 날에는 바다에 나가 보아라. 파도가 치지 않니? 바다에 파도가 치는 한 내가 너희에게 약속한 새 언약을 반드시 이루어 주리라!" 얼마나 놀라운 은혜입니까?

하나님은 아무런 의미 없이 낮에 해가 뜨고 밤에 달과 별이 뜨게 하신 것이 아닙니다. 누구나 언제라도 보고 느낄 수 있는 우주 만물의 질서를 미리 정해 놓으시고, 그 질서가 없어지지 않는 한 우리 마음에 말씀을 기록해 주시겠다는 약속, 새 언약을 반드시 이루어 주시겠다고 말씀하시는 것입니다. 그런데 밤낮으로 밖을 돌아다니고 산으로 바다로 놀러 다니면서도 정작 하나님이 약속하신 새 언약을 알지도 못하고 기억하지도 못하니 하나님께서 얼마나 답답하시겠습니까?

새 언약을 모르면 하나님과는 관계가 없는 것입니다. 왜냐하면 새 언약을 통해서만 하나님은 "내가 너의 하나님이 될 것이고, 너는 내 백성이 될 것이다!" 하고 약속하셨기 때문입니다. 그 약속을 이루어 주시겠다고 우주 만물의 질서를 걸고 말씀하신 것에는, 반드시 이루어 주시겠다는 하나님의 강력한 의지가 담겨 있는 것입니다.

그렇다면 하나님이 약속하신 새 언약을 언제, 누구를 통해 우리에게 이루어 주시는 것일까요?

> **렘 33:14-15(새번역)** "나 주의 말이다. 보아라, **내가 이스라엘 가문과 유다 가문에 약속한 그 복된 약속을 이루어 줄 그날이 오고 있다.** 그때 그 시각이 되면, **한 의로운 가지를 다윗에게서 돋아나게 할 것이니,** 그가 세상에 공평과 정의를 실현할 것이다.
>
> **(쉬운말)** 주께서 또 말씀하신다. "보라, 그날이 오면 **내가 이스라엘**

백성과 유다 백성에게 약속한 모든 선한 일들을 그대로 성취할 것이다. 정녕 그날 그때가 되면, 내가 다윗의 혈통에서 한 의로운 가지가 돋아나게 할 것이니, 그가 이 땅에 공평과 정의를 실현할 것이다.

이스라엘 가문과 유다 가문에 약속한 복된 약속, 선한 일이 '새 언약'입니다. 새 언약을 이루어 줄 그날이 오고 있는데, 그때가 되면 다윗의 혈통에서 한 의로운 가지가 돋아나게 한다는 것입니다. 그 가지가 누구를 가리킵니까? 예수 그리스도입니다.

롬 1:2-4 이 복음은 하나님이 선지자들을 통하여 그의 아들에 관하여 성경에 미리 약속하신 것이라 그의 아들에 관하여 말하면 육신으로는 다윗의 혈통에서 나셨고 성결의 영으로는 죽은 자들 가운데서 부활하사 능력으로 하나님의 아들로 선포되셨으니 곧 우리 주 예수 그리스도시니라

이스라엘과 유다 가문에 약속하신 새 언약을 이루어 주시려고 보내신 한 의로운 가지는 다윗의 혈통에서 나신 예수 그리스도입니다.

렘 33:16(새번역) 그때가 오면, 유다가 구원을 받을 것이며, 예루살렘이 안전한 거처가 될 것이다. 사람들이 예루살렘을 '주님은 우리의 구원이시다' 하는 이름으로 부를 것이다.

이 내용이 중요한데, 언제 유다가 구원을 받는다고 했습니까? 그때가 오면, 새 언약을 이루어 주시는 그때가 오면, 다윗의 혈통에서 예수 그리스도께서 오시면, 그날에 유다가 구원을 받습니다. 그러면

새 언약이 이루어지지 않으면 구원이 있습니까, 없습니까? 없습니다. 반드시 새 언약이 이루어져야 구원을 받는 것입니다. 하나님은 하나님께서 약속하신 새 언약을 이루어 주시려고 아들 예수 그리스도를 보내셨습니다. 그리고 하나님의 아들 예수 그리스도를 통해 새 언약이 이루어진 자들을 구원하시는 것입니다.

> 눅 22:20 저녁 먹은 후에 잔도 그와 같이 하여 이르시되 이 잔은 내 피로 세우는 새 언약이니 곧 너희를 위하여 붓는 것이라

하나님의 아들 예수 그리스도는 새 언약을 우리에게 이루어 주시려고 오셨습니다. 그런데 예수님이 왜 오셨는지를 정확하게 말해 주는 사람이 없습니다. 예수님이 왜 오셨느냐고 물어보면 그냥 우리 죄를 위해서 오셨다고 말합니다. 예수님이 왜 십자가에 죽으셨냐고 물어도 그냥 우리 죄를 위해 죽으셨다고 말합니다. 아는 것을 말하지 말고 성경으로 말해야 합니다. 성경은 예수님이 왜 죽으셨다고 말씀합니까? 예수님의 피로 우리에게 새 언약을 세워주시려고 죽었다고 말하고 있습니다. 이것은 예수님이 잡히시기 전날 밤에 제자들에게 직접 말씀해 주신 것입니다. 그런데 왜 믿지를 않습니까? 왜 가볍게 여기고 간과합니까? 새 언약은 예수의 피로 세운 최고의 언약입니다. 예수님의 피로 세웠다는 말은 예수님의 생명을 던져, 예수님의 전부를 던져 세웠다는 뜻입니다. 육체의 생명은 피에 있다고 하지 않았습니까? 그러므로 피로 세웠다는 말은 생명을 다해 세웠다는 말입니다. "주의

> 새 언약은 예수의 피로 세운, 예수의 생명과 전부를 던져서 세운 최고의 언약입니다.

03 _ 아브라함에게 전해진 복음과 새 언약 복음

보혈 능력 있도다 그의 피 믿으오…" 하고 찬양은 잘하면서도 그 피가 무엇을 말하는지 모릅니다. 예수의 피를 말할 때는 반드시 새 언약을 말해야 합니다. 예수 피와 새 언약은 뗄 수 없는 관계입니다. 제가 수없이 강조했습니다. 성경을 짜고 짜면 무엇이 나옵니까? 예수의 피가 나옵니다. 그런데 예수의 피는 무엇을 위한 피입니까? 새 언약을 세우기 위한 피입니다.

> 마 26:28(쉬운말) 이것은 새 언약을 표시하는 나의 피다. 곧 많은 사람의 죄를 용서하기 위하여 흘리는 나의 피다.

> 막 14:24(쉬운말) 그런 뒤, 예수께서 제자들에게 말씀하셨다. "이 잔은 내 피다. 곧 모든 사람을 위하여 흘리는 새 언약의 피다.

예수님의 피는 새 언약을 표시하는 새 언약의 피입니다. 성경이 이렇게 강력하게 새 언약을 말하고 있는데, 왜 한국교회에서 새 언약을 말하지 않습니까? TV와 유튜브에 수많은 설교가 쏟아져 나오는데 왜 새 언약을 말하는 설교는 없습니까? 복음이 가리어져 있기 때문입니다. 말씀을 들어보면 얼마나 해박한 지식을 가지고 있는지 모릅니다. 헬라어가 어떻고 히브리어가 어떻고 하면서 역사적으로 철학적으로 유명한 사람들의 말을 인용하면서 성경을 잘 풀어갑니다. 그런데 아브라함에게 전한 복음과 새 언약만 말하지 않습니다. 그래서 복음은 사람에게서 배우거나 가르침 받아서 되는 것이 아니라 오직 그리스도의 계시로만 깨달을 수 있다고 바울이 말하는 것입니다.

히 10:9-10 그 후에 말씀하시기를 보시옵소서 내가 하나님의 뜻을 행하러 왔나이다 하셨으니 그 첫째 것을 폐하심은 둘째 것을 세우려 하심이라 이 뜻을 따라 예수 그리스도의 몸을 단번에 드리심으로 말미암아 우리가 거룩함을 얻었노라

(쉬운말) 그런 다음에 그리스도께서는 또 "보십시오, 하나님! 내가 주님의 뜻을 이루려고 이 세상에 왔습니다." 하고 말씀하셨습니다. 이처럼 그리스도께서는 두 번째 것 곧 새 언약을 세우시려고, 첫 번째 것 곧 옛 언약을 폐하셨습니다. 결국 하나님의 이런 뜻에 따라, 이 세상에 오신 그리스도께서는 우리 죄를 없애시려고 자기 몸을 단번에 바치셨고, 그 결과로 오늘날 우리는 거룩하게 되었습니다.

예수님이 왜 오셨습니까? 하나님의 뜻을 행하러 오셨습니다. 하나님의 뜻이 무엇입니까? 첫째 것을 폐하고 둘째 것을 세우는 것입니다. 첫째 것은 무엇이고 둘째 것은 무엇입니까? 첫째 것은 옛 언약이고 둘째 것은 새 언약입니다. 마태복음 7장을 보면, 아버지의 뜻대로 행하는 자가 천국에 들어간다고 하셨는데, 아버지의 뜻이 무엇입니까? 새 언약입니다. 아버지의 뜻대로 행하지 않는 자, 새 언약으로 살지 않는 자들이 불법을 행하는 자들이고 그들은 결국 밖으로 쫓겨나 슬피 울며 이를 갈게 될 것입니다. 한국교회에 불법을 행하는 목사, 장로, 권사, 집사가 얼마나 많은지 모릅니다. 자신들이 주님의 이름으로 무엇을 했다면서 얼마나 자랑하고 교만을 떠는지 모릅니다. 하나님의 뜻은 새 언약입니다. 예수님은 그 뜻을 이루려고 오셔서 그 뜻에 따라 십자가에 피 흘려 죽으셨습니다. 첫째 것 옛 언약을 폐하고 둘째 것 새 언약을 세우려는 하나님의 뜻에 따라 십자가

에 단번에 자신의 몸을 드리신 것입니다. 그러니까 이 새 언약이 얼마나 중요한 것입니까?

하나님은 그 아들 예수 그리스도를 십자가에 못 박아 피 흘려 죽게 하심으로 우리를 새 언약의 일꾼 되기에 조금도 부족함이 없게 하셨습니다(고후 3:6).

04

삼위일체 하나님의 합작품, 새 언약

히브리서 8장

히 8:13 새 언약이라 말씀하셨으매 첫 것은 낡아지게 하신 것이니 낡아지고 쇠하는 것은 없어져 가는 것이니라

(쉬운성경) 하나님께서는 이것을 새 언약이라 부르시고, 첫 번째 언약은 옛 언약으로 돌리셨습니다. 낡고 오래된 것은 사라지게 마련입니다.

성경에 분명히 하나님께서 '새 언약'이라고 말씀하셨다고 합니다. 그 앞에 히브리서 8장 8-10절까지를 보면 새 언약은 하나님께서 이스라엘 집과 유다 집과 맺은 새로운 언약으로, 하나님의 법을 돌판에 써서 주었던 옛 언약과는 달리 말씀을 마음에 기록해 주시는 것입니다. 왜 말씀을 마음에 기록할까요? 말씀이 마음에 있어야 말씀대로 행할 수 있기 때문입니다. 우리를 하나님의 뜻대로 살게 하시려고 말씀을 마음에 기록해 주시는 것입니다.

율법은 내가 하는 것입니다. "사랑하라!", "용서하라!" 하며 나에게 하라고 명하는 것입니다. 그런데 복음은 나에게 하라는 것이 아니라 하나님께서 그렇게 할 수 있게 만들어 주시겠다는 것입니다. 나는 말씀을 지킬 수 없습니다. 나는 말씀대로 살 수 없습니다. 그런데 전능하신 하나님은 그런 나를 말씀대로 살게 만드실 수 있습니다. 그래서 하나님이 친히 나를 말씀대로 살도록 만들어 주시겠다는 것입니다. "내가 너로 사랑하게 해주겠다!", "내가 너로 용서하게 해주겠다!" 이것이 복음입니다.

사랑할 마음이 없고 용서할 마음이 없는데 어떻게 사랑하고 용서할 수 있겠습니까? 그런데 복음은 아예 사랑하는 마음과 용서하는 마음을 주신 후에 사랑하라, 용서하라 말씀하시니까 사랑하고 용서하는 것이 어렵지 않은 것입니다. 이것이 율법과 복음의 차이입니다. 무슨 일을 할 때도, 하고 싶은 마음이 있어서 하면 힘들거나 어렵지 않습니다. 그런데 하고 싶은 마음이 없는데 억지로 하려고 하면 힘든 것입니다. 복음은 마음이 없이 형식적인 신앙생활을 하지 않도록, 하나님을 사랑하고 형제를 사랑하는 마음을 주시겠다는 하나님의 약속입니다.

새 언약 복음은 성부 하나님이 약속하셨고, 성자 예수님이 이루셨고, 성령 하나님이 증거하시는, 삼위일체 하나님의 최고의 합작품입니다. 이것이 진짜 중요한 복음이요, 복음의 핵심이며 복음의 진수입니다. 그런데 이 복음이 망하는 자들에게는 가리어져 있습니다.

신 29:4 그러나 깨닫는 마음과 보는 눈과 듣는 귀는 오늘 여호와께서 너희에게 주지 아니하셨느니라 깨닫는 마음과 보는 눈과 듣는 귀는 하나님께서 주셔야 가질 수 있습니다.

> 마 13:13-16 그러므로 내가 그들에게 비유로 말하는 것은 **그들이 보아도 보지 못하며 들어도 듣지 못하며 깨닫지 못함이니라** 이사야의 예언이 그들에게 이루어졌으니 일렀으되 **너희가 듣기는 들어도 깨닫지 못할 것이요 보기는 보아도 알지 못하리라** 이 백성들이 마음이 완악하여져서 그 귀는 듣기에 둔하고 눈은 감았으니 이는 눈으로 보고 귀로 듣고 마음으로 깨달아 돌이켜 내게 고침을 받을까 두려워함이라 하였느니라 **그러나 너희 눈은 봄으로, 너희 귀는 들음으로 복이 있도다**

많은 사람이 보아도 보지 못하며 들어도 듣지 못합니다. 그들에게는 복음이 가리어져 있기 때문입니다. "그러나 너희 눈은 봄으로, 너희 귀는 들음으로 복이 있도다!" 이 말씀이 오늘 우리에게 임한 줄 믿습니다. 성경은 허락된 자만 보고 들을 수 있습니다.

'교회를 다닌 지 10년이 지나고 20년이 지났는데 왜 나는 말씀대로 살지 못하나?', '왜 내 신앙은 자라지 않나?', '왜 나는 작은 일에 시험 들고 항상 신앙이 이리저리 흔들리나?', '왜 아직도 교회를 갈까 말까, 예배를 드릴까 말까, 헌금을 드릴까 말까 고민해야 하나?', '왜 나는 변하지 않나?' 이렇게 스스로 자신을 보면서 갈급한 마음이 있어야 합니다. 나는 할 수 없습니다. 그러나 하나님은 하실 수 있습니다. 안 되는 내 모습, 자라지 않고 변하지 않는 내 모습을 보면서 하나님 앞에 기도하고 간구하다가 만나는 것이 새 언약입니다. 하나님 앞에 내 모습을 보면서 처절하게 몸부림칠 때, 하나님은 그때 복음이 들리게 하십니다. 갈급한 마음, 은혜를 사모하는 마음이 나를 복음의 자리로 이끄는 것입니다.

아무리 말씀이 좋다는 목사를 찾아가도, 사람이 전하는 것은 율법이고 성령께서 가르쳐 주시는 것이 복음입니다. 사람이 전하는 말은 육신의 귀로 들어가서 육신의 생각 속에 지식으로 자리 잡습니다. 지식은 사람을 교만하게 할 뿐입니다(고전 8:1). 사람이 전하는 말이라 할지라도 그것이 성령의 음성으로 되새겨지고 성령께서 그 말씀을 다시 가르쳐주실 때 비로소 그 말씀이 내 마음 안에 생명으로 자리 잡는 것입니다. 사람이 가르치는 율법, 첫 언약에는 약점이 있습니다. 무슨 약점이 있을까요? 목사가 말씀을 잘 가르치더라도 그 말씀대로 살게 만들지는 못합니다. 어떤 목사의 말씀이 좋다고 교회를 옮겨 다녀도 결국엔 항상 그 자리입니다. 삐치고 시험 드는 사람은 교회를 옮겨도 삐치고 시험에 듭니다. 싸우기 좋아하는 사람은 교회를 옮겨도 항상 성도들과 싸웁니다.

그러나 하나님이 택한 자, 하나님이 사랑하는 자는 은혜가 아니면 살 수 없다는 것을 알기 때문에 하나님 앞에 몸부림칩니다. "하나님, 하나님의 은혜가 아니면 난 살 수 없습니다! 더 이상 이대로 나를 방치해 두지 마옵소서! 더 나은 나로 살게 하옵소서!" 이렇게 하나님 앞에 몸부림칠 때 하나님의 은혜가 임하고 복음이 들리는 것입니다.

🍀 하나님이 예비하신 새 언약

고전 2:9-10 기록된 바 하나님이 자기를 사랑하는 자들을 위하여 예비하신 모든 것은 눈으로 보지 못하고 귀로 듣지 못하고 사람의 마음으로 생각하지도 못하였다 함과 같으니라 오직 하나님이 성령으로 이것을 우리에게 보이셨으니 성령은 모든 것 곧 하나님의 깊은 것까지도 통달하시느니라

하나님이 하나님을 사랑하는 자들을 위하여 예비해 두신 것, 준비해 놓은 것이 있습니다. 그것이 바로 '새 언약'입니다. 하나님을 사랑하는 자들과 새 언약으로 새롭게 관계를 맺으시려고 성부 하나님이 계획하셨고 성자 하나님이 이루셨고 성령 하나님이 그것을 증거하고 계십니다. 그런

> 하나님을 사랑하는 자들을 위하여 예비해 두신 '새 언약'을 성령께서 가르쳐주십니다.

데 이것을 보지 못하고 듣지 못합니다. 왜냐하면 새 언약은 오직 성령으로만 가르치시고 증거해 주시는 것이기 때문입니다. 이것을 바울이 먼저 깨달았고, 그리고 성령을 통해 깨닫게 된 저 또한 이렇게 책을 쓰게 된 것입니다.

바울이 그랬듯이 저도 인간적인 노력을 많이 했습니다. 40일 금식을 하고 그것으로 부족하여 또 40일 금식을 했습니다. 자정이면 산에 올라가서 새벽까지 눈이 오나 비가 오나 산 기도를 200일 동안 하루도 빠지지 않고 했습니다. 정말 처절하게 발버둥쳤습니다. 그런데 달라지지 않았습니다. 변화가 안 되는 것입니다. 예수님처럼 바울처럼 거룩하게, 정말 멋있는 목사로 살고 싶었는데 그게 잘 안되었습니다. 금식하면 잠깐은 달라진 거 같은데, 배고파서 힘이 없어서 그런 것뿐이었습니다. 밥 먹으니까 또 금방 육신이 올라옵니다. 금식할 때 속지 마십시오. 밥 먹으면 육신의 본성이 또 나타납니다. 분노가 올라오고 혈기가 올라옵니다. 내가 나를 다스릴 수 없는 것입니

다. 그래서 하나님이 하셔야 합니다.

　하나님이 예비하신 새 언약을 왜 오직 성령으로만 보여주시고 가르쳐 주실까요? 마귀가 우리의 육신을 붙들고 역사하기 때문입니다. 우리는 육신의 종이고 육신은 마귀의 종입니다. 아담은 자기 아내 하와의 말을 듣고 선악과를 따 먹었습니다. 하와는 영적으로 보면 아담의 육신입니다. 아담의 육신에서 갈빗대를 취하여 하와를 만들었기 때문입니다. 아담의 육신 하와는 뱀의 말을 듣고 선악과를 따 먹었습니다. 뱀은 사탄, 마귀입니다. 그래서 아담 이후로 모든 사람은 육신의 종, 육신은 마귀의 종이 되었습니다. 성경은 우리가 누구에게 순종하든지 그 순종함을 받는 자의 종이 된다고 했기 때문입니다(롬 6:16).

　마귀는 우리를 육신의 종이 되게 하여 육신의 정욕, 안목의 정욕, 이생의 자랑을 좇아 살게 만듭니다. 그래서 하나님께서 마귀가 붙들고 있는 '육신의 눈'과 '육신의 귀'로는 새 언약을 볼 수 없게 만드신 것입니다. '새 언약'은 하나님과 관계를 맺게 하는 언약인데, 마귀에게 속하여 마귀의 종이 된 사람이 어떻게 하나님과 관계를 맺을 수 있겠습니까? 그러므로 새 언약이 눈에 보이고 귀에 들린다면 그것이 곧 나는 하나님께서 택하신 자요, 하나님을 사랑하는 자요, 하나님께 속한 자라는 증거입니다. 할렐루야!

　새 언약을 약속하신 하나님은 그냥 약속하는 것으로 그치지 않으시고 그 약속을 반드시 이루어 주시겠다고 맹세로 보증하셨습니다. 낮에 떠 있는 해를 걸고, 밤에 떠 있는 달과 별들을 걸고, 바다에 철썩거리는 파도를 걸고 반드시 약속을 이루어 주겠다고 맹세하신 것입니다. "이 자연의 질서가 사라지지 않는 한, 내가 너에게 약속한 새 언약을 반드시 이루어서 나는 너의 하나님이 되고 너는 내 백성이 되게 하겠다!" 이것은 반드시 그렇게 하고야 말겠다는 하나님의 강력한 의지가 담겨 있는 선포입니다.

그렇다면 하나님께서 약속하신 새 언약을 언제, 누구를 통하여 이루어 주실까요? 다윗의 혈통에서 한 의로운 가지가 나게 해서 그를 통해 하나님께서 약속하신 새 언약을 이루시고, 그날에 유다가 구원을 얻게 하겠다고 말씀하셨습니다(렘 33:14-16). 하나님께서 약속하신 새 언약을 이루어 주시려고 다윗의 후손으로 하나님의 아들 예수 그리스도가 오신 것입니다.

🍀 예수님이 이루신 새 언약

> 마 1:21 아들을 낳으리니 이름을 **예수라** 하라 이는 그가 **자기 백성을 그들의 죄에서 구원할 자이심이라** 하니라

하나님의 약속에 따라 하나님의 아들 예수 그리스도께서 새 언약을 이루려고 오셨습니다. 하나님의 아들 예수께서 자기 백성을 어떻게 구원하십니까? 새 언약을 이루어서 구원하시는 것입니다. 그래서 "내가 이스라엘 집과 유다 집에 대하여 일러 준 선한 말을 성취할 날이 이르리라…내가 다윗에게서 한 공의로운 가지가 나게 하리니…그날에 유다가 구원을 받겠고"(렘 33:14-16) 이렇게 말씀하시는 것입니다. 새 언약이 성취되어야 유다가 구원을 받습니다. 예수는 새 언약을 이루어서 자기 백성을 그들의 죄에서 구원할 자입니다. 새 언약이 이루어지지

> 예수는 새 언약을 이루어서 자기 백성을 죄에서 구원할 자입니다.

않으면 구원이 없습니다.

> 히 10:9-10 그 후에 말씀하시기를 보시옵소서 내가 하나님의 뜻을 행하러 왔나이다 하셨으니 그 첫째 것을 폐하심은 둘째 것을 세우려 하심이라 이 뜻을 따라 예수 그리스도의 몸을 단번에 드리심으로 말미암아 우리가 거룩함을 얻었노라

> (쉬운말) 그런 다음에 그리스도께서는 또 "보십시오, 하나님! 내가 주님의 뜻을 이루려고 이 세상에 왔습니다." 하고 말씀하셨습니다. 이처럼 그리스도께서는 두 번째 것 곧 새 언약을 세우시려고, 첫 번째 것 곧 옛 언약을 폐하셨습니다. 결국 하나님의 이런 뜻에 따라, 이 세상에 오신 그리스도께서는 우리 죄를 없애시려고 자기 몸을 단번에 바치셨고, 그 결과로 오늘날 우리는 거룩하게 되었습니다.

예수님이 왜 오셨습니까? 하나님의 뜻을 행하기 위해 오셨습니다. 마태복음에는 "주여 주여 하는 자마다 다 천국에 들어갈 것이 아니요 다만 하늘에 계신 내 아버지의 뜻대로 행하는 자라야 들어가리라"(마 7:21) 하고 말씀합니다. 그런데 누구도 아버지의 뜻대로 행할 수 있는 자가 없습니다. 모든 인간은 타락한 죄인이기 때문입니다. 그래서 하나님의 아들 예수께서 아버지의 뜻을 행하기 위해 이 땅에 오신 것입니다.

아버지의 뜻이 무엇입니까? 첫째 것, 옛 언약을 폐하고 둘째 것, 새 언약을 세우는 것입니다. 아버지의 뜻은 새 언약입니다. 그런데 신앙생활을 하면서 아버지의 뜻도 모르고 신앙생활을 하는 사람들이 많습니다. 아버지의 뜻을 모르는데 어떻게 아버지의 뜻대로 행할

수 있겠습니까? 아버지의 뜻은 새 언약입니다. 예수님은 "내가 이스라엘 집과 유다 집에 대하여 일러 준 선한 말을 성취할 날이 이르리라…내가 다윗에게서 한 공의로운 가지가 나게 하리니…그날에 유다가 구원을 받겠고"(렘 33:14-16)라고 성부 하나님께서 약속하신 대로 오셔서 "내가 하나님의 뜻을 행하러 왔다! 새 언약을 세우려고 왔다!" 하고 말씀하시는 것입니다.

> 예수님은 아버지의 뜻인 새 언약을 세우려고 이 땅에 오셨고, 죽으셨고, 부활하셨으며 성령께서 우리를 새 언약의 일꾼으로 살게 하십니다.

예수님이 왜 오셨는지 분명히 알아야 합니다. 이를 마음에 새길 수 있기를 바랍니다.

　새 언약을 세우기 위해 오신 예수님은 아버지의 뜻에 따라 자기 몸을 단번에 바치셨습니다. 십자가에 피 흘려 죽으신 것입니다. 예수님이 이 땅에 오신 이유도, 예수님이 십자가에 죽으신 이유도 모두 새 언약을 세우기 위한 것입니다. 그러니까 새 언약이 얼마나 중요한 것입니까? 그런데 수많은 성탄 설교를 들어봤지만 왜 예수님이 성탄하셨는지 제대로 말하는 설교를 들어본 적이 없습니다. 새 언약을 말하는 설교를 들어보지 못했습니다. 성탄의 목적은 성부 하나님이 약속하신 새 언약을 이루기 위한 것입니다. 하나님의 뜻을 행하러 오신 것입니다.

　예수께서 십자가에 죽으신 이유도 새 언약을 세우기 위한 것입니다. 그렇다면 예수님이 부활하신 이유는 무엇일까요? 이것도 새 언약을 세우기 위한 것입니다(행 13:33). 사도행전 강해를 통해 자세하게 풀어드렸습니다. 그러면 성령이 오신 이유는 무엇입니까? 예수님이 새 언약을 다 이루셨으므로 우리에게 그것을 증거하시고 우리를 새 언약의 일꾼 되어 살게 하시려고 성령이 오신 것입니다(고후 3:6).

> **고전 11:25-26** 식후에 또한 그와 같이 잔을 가지시고 이르시되 **이 잔은 내 피로 세우는 새 언약이니 이것을 행하여 마실 때마다 나를 기념하라** 하셨으니 너희가 이 떡을 먹으며 이 잔을 마실 때마다 **주의 죽으심을 그가 오실 때까지 전하는 것이니라**
>
> **(새번역)** 식후에, 잔도 이와 같이 하시고서, 말씀하셨습니다. **"이 잔은 내 피로 세운 새 언약이다. 너희가 마실 때마다 이것을 행하여, 나를 기억하여라."** 그러므로 여러분이 이 빵을 먹고 이 잔을 마실 때마다, **주님의 죽으심을 그가 오실 때까지 선포하는 것입니다.**

새 언약은 예수님이 남기신 마지막 유언입니다(고전 11:25-26). 그러니까 이것이 얼마나 중요합니까! 이것이 진짜 복음입니다. 그렇기에 마귀가 진짜 복음 새 언약을 보지 못하도록 가리고 있는 것입니다.

> 새 언약은 예수님이 남기신 마지막 유언입니다.

바울은 하나님을 열심히 섬기고 있는 자기 동족 유대인들을 향한 한 가지 소원이 있었습니다. 율법을 달달달 외우면서 말씀을 미간에 붙이고 손목에 매며 말씀대로 살려고 몸부림치는 그들을 보며 안타까운 마음으로 하나님 앞에 간구하는 것이 있었습니다. 그것은 바로 자기 민족, 자기 동족 유대인들에게 하나님께서 직접 가르쳐 주신 복음을 전하는 것이었습니다. 유대인들이 복음을 듣고 구원을 받을 수만 있다면 자신은 지금 죽어도 좋다고 말할 정도로 동족을 사랑했던 사람이 바울이었습니다(롬 10:1-3; 행 20:24). 한국교회를 향한 저의 마음이 바로 그렇습니다. 그래서 요한복음 강해, 사도행전 강해, 로마서 강해, 바울서신 강해에 이어서 이렇게 히브리서 강해를 통해 또 복음을 전하고 있는 것입니다.

마지막 유언은 중요합니다. 일반 사람들이 남긴 유언이라 할지라도 유언은 가볍게 넘길 수 없는 무게가 있습니다. 하물며 예수님이 남긴 유언이라면 이것이 얼마나 중요하겠습니까? 내일이면 붙잡혀서 십자가에 죽으셔야 합니다. 그래서 사랑하는 제자들과 마지막 만찬을 나누시며 3년 반의 공생애 사역에 대해 총정리를 하시는 것입니다. 예수님이 왜 오셨으며, 왜 죽으셔야 하는지 말씀해 주시는 것입니다. 예수님이 왜 오셨으며, 왜 죽으셔야 했습니까? 바로 새 언약을 세우기 위해서입니다. 그래서 성만찬을 하시며 "이 잔은 내 피로 세우는 새 언약이니…"라고 말씀하시고 이것을 잊지 말고 꼭 기억하라고 강조하시는 것입니다.

성찬예식은 새 언약을 위해 죽으신 예수님의 죽으심을 기억하라고 만드신 예식입니다. 그런데 떡과 포도주를 나누는 교회는 많지만, 새 언약을 말하는 교회는 거의 없습니다. 성찬식의 의미도 모르고 성찬식을 하고 있으니 정말 안타까운 노릇입니다. 성찬식은 예수께서 새 언약

> 성찬식은 예수께서 새 언약 때문에 죽으셨음을 기억하고 전하라고 만든 예식입니다.

때문에 죽었다는 것을 기억하고 그것을 전하라고 만든 예식입니다. "새 언약을 기억하라! 내가 새 언약을 세우기 위해 죽었으니 그것을 잊지 말고 전하라!" 이것이 예수님의 마지막 유언입니다. 우리는 새 언약을 가지고 새 예루살렘에 들어가는 것입니다. 새 언약을 갖지

못한 자는 새 예루살렘에 들어갈 수 없습니다.

  십자가에 죽으신 예수님은 성령으로 다시 오셨습니다. 왜 오셨을까요? 새 언약을 전하게 하시려고 오신 것입니다. 우리를 새 언약의 일꾼으로 살게 하시려고 오셨습니다(고후 3:6). 주님이 다시 오시는 그 날까지 새 언약을 전하라고 하지 않았습니까? 그 일을 하게 하시려고 성령으로 다시 우리 안에 오신 것입니다. 새 언약은 예수의 피로 세워진 최고의 언약이고 예수님의 마지막 유언입니다. 새 언약이 전부입니다.

> 눅 22:20 저녁 먹은 후에 잔도 그와 같이 하여 이르시되 **이 잔은 내 피로 세우는 새 언약이니 곧 너희를 위하여 붓는 것이라**

  예수께서 피 흘려 새 언약을 세우시는 것으로 다 끝난 게 아닙니다. 그것을 우리에게 부어주십니다. 우리 가슴 속에 새 언약을 넣어주시려고 부어주시는 것입니다.

> 마 26:28(쉬운말) 이것은 **새 언약을 표시하는 나의 피다. 곧 많은 사람의 죄를 용서하기 위하여 흘리는 나의 피다.**

  예수님의 피는 새 언약을 표시하는 피입니다. '예수 피' 하면 무조건 '새 언약'을 떠올려야 합니다. 새 언약의 피는 많은 사람의 죄를 용서하기 위하여 흘리는 피입니다. 짐승의 피는 죄를 짓고 제물을 바치는 한 사람을 위해서 흘리는 피입니다. 그렇지만 예수의 피는 한 사람이 아니라 모든 사람의 죄를 용서하기 위하여 흘리는 피입니다.

요일 1:7 그가 빛 가운데 계신 것같이 우리도 빛 가운데 행하면 우리가 서로 사귐이 있고 **그 아들 예수의 피가 우리를 모든 죄에서 깨끗하게 하실 것이요**

예수의 피가 우리를 모든 죄에서 깨끗하게 합니다. 예수의 피로 세운 새 언약이 우리를 모든 죄에서 깨끗하게 하는 것입니다.

히 9:12 염소와 송아지의 피로 하지 아니하고 **오직 자기의 피로 영원한 속죄를 이루사** 단번에 성소에 들어가셨느니라

염소와 송아지의 피는 죄 사함을 받는 데 있어 일회적으로 유효한 피입니다. 그러므로 죄를 지을 때마다 짐승을 잡고 또 잡아야 합니다. 영원히 죄를 짓는다면 영원히 짐승을 잡아야 할 것입니다. 그러나 예수의 피는 영원토록 유효한 피입니다. 단 한 번 흘리신 예수의 피로 영원토록 속죄를 받는 것입니다. 예수께서 십자가에 피 흘려 죽으심으로 우리에게 영원한 속죄를 이루어 주셨습니다.

❋ 성령님이 증언하시는 새 언약

히 10:15 또한 **성령이 우리에게 증언하시되**

(현대어) **성령께서도 이 사실을 증언하여** 이렇게 말씀하셨습니다.

(쉬운말) 이 사실에 대해서는, **성령께서도 우리에게 명백히 증언하십니다.** 곧 성령께서 말씀하시기를,

성경은 성령이 증언해 주신다고 말씀합니다. 무엇을 증언하실까요? 15절을 보았으니까 이어서 16절부터 보겠습니다.

> 히 10:16 주께서 이르시되 그날 후로는 그들과 맺을 언약이 이것이라 하시고 내 법을 그들의 마음에 두고 그들의 생각에 기록하리라 하신 후에

> (쉬운성경) "나중에 내가 다시 이스라엘 백성과 함께 새 언약을 맺을 것이다. 내가 나의 가르침을 그들의 마음속에 새기고, 그들의 가슴에 기록할 것이다."

이렇게 성부 하나님께서 약속하신 새 언약을 성자 예수께서 이루셨다는 것을 성령 하나님께서 증언해 주시는 것입니다.

> 성부 하나님께서 약속하신 새 언약을 성자 예수께서 이루셨음을 성령 하나님이 증언해 주십니다.

> 히 10:17 또 그들의 죄와 그들의 불법을 내가 다시 기억하지 아니하리라 하셨으니

우리를 모든 죄에서 깨끗하게 하고 영원한 속죄를 이루어 주시는 예수의 피로 새 언약이 이루어졌기 때문에, 이제는 하나님께서 우리의 죄와 불법을 다시 기억하지 않으신다는 것을 성령께서 증언해 주십니다.

> 고후 3:6 그가 또한 우리를 새 언약의 일꾼 되기에 만족하게 하셨으니 율법 조문으로 하지 아니하고 오직 영으로 함이니 율법 조문은

죽이는 것이요 영은 살리는 것이니라

(새번역) 하나님께서 우리에게 새 언약의 일꾼이 되는 자격을 주셨습니다. 이 새 언약은 문자로 된 것이 아니라, 영으로 된 것입니다. 문자는 사람을 죽이고, 영은 사람을 살립니다.

(쉬운말) 하나님께서는 우리에게 새 언약의 일꾼이 될 수 있는 자격을 주셨습니다. 이 **새 언약은 문자로 기록된 것이 아니라, 성령으로 기록되었습니다.** 문자는 사람을 죽이는 것이지만, 성령은 사람을 살리는 것이기 때문입니다.

하나님께서 아들 예수 그리스도를 이 땅에 보내어 십자가에 피 흘려 죽게 하심으로 우리를 새 언약의 일꾼으로 살기에 조금도 부족함이 없게 하셨습니다. "이 잔은 내 피로 세우는 새 언약이니 곧 너희를 위하여 붓는 것이라"(눅 22:20)는 말씀은 "너희를 새 언약의 일꾼 되어 살기에 만족하게 하였다"는 뜻입니다. 예수의 피로 새 언약을 세우셔서 우리를 새 언약의 일꾼으로 살도록 우리에게 그 피를 부어주시는 것입니다.

새 언약은 하나님의 뜻입니다. 그러므로 새 언약으로 살지 않는 것이 불법입니다. 자격에 대해서는 앞에서 말했습니다. 자격이 있는 것과 없는 것은 다릅니다. 자격이 없으면 아무리 잘하는 듯 해도 불법이지만, 자격이 있으면 조금 부족해도 불법이 아닙니다. 새 언약은 하나님과 하나님의 백성이 맺은 새로운 언약입니다. 그래서 앞으로는 새 언약을 통해서만 하나님께서 나의 하나님이 되어 주시고 나는 하나님의 백성이 될 수 있습니다. 그러므로 새 언약을 모르면 하나님과는 관계가 없는 것입니다.

　육신을 입고 태어난 모든 사람은 죄인입니다. 그래서 죄로 인해 하나님과의 관계가 단절되었습니다. 그 단절된 관계를 다시 이어주시려고 예수께서 피 흘려 죽으심으로 우리의 죄를 깨끗하게 씻어주시고 새 언약을 가지고 우리 안에 들어오셔서 하나님과 나 사이의 관계를 다시 이어주신 것입니다. 하나님과의 관계가 회복되었다는 말은 하나님의 음성을 들을 수 있게 되었다는 뜻입니다. 하나님과의 소통이 다시 이루어지게 되었다는 뜻입니다. 그러므로 새 언약의 일꾼이 되기에 만족하게 하셨다는 말은 성령의 가르침을 받기에, 주의 음성을 듣고 살기에 만족하게 하셨다는 말입니다.

> 히 1:1-2 옛적에 선지자들을 통하여 여러 부분과 여러 모양으로 우리 조상들에게 말씀하신 하나님이 **이 모든 날 마지막에는 아들을 통하여 우리에게 말씀하셨으니** 이 아들을 만유의 상속자로 세우시고 또 그로 말미암아 모든 세계를 지으셨느니라

　마지막 때에는 아들을 통해 말씀하십니다. 그 아들이 어디에 있습니까? 우리 안에 있습니다. 새 언약을 가지고 우리 안에 들어오신 것입니다.

> 요 5:25 진실로 진실로 너희에게 이르노니 **죽은 자들이 하나님의 아들의 음성을 들을 때가 오나니 곧 이때라 듣는 자는 살아나리라**

　죽은 자들은 죄로 인해 하나님과의 관계가 단절된 자들입니다. 그들이 하나님의 아들의 음성을 들을 때가 옵니다. 그때가 언제입니

까? 새 언약이 이루어지는 때입니다. 새 언약은 주의 음성을 들으며 살게 해주시겠다는 약속입니다.

> 행 22:14 그가 또 이르되 우리 조상들의 하나님이 너를 택하여 너로 하여금 자기 뜻을 알게 하시며 그 의인을 보게 하시고 그 입에서 나오는 음성을 듣게 하셨으니

하나님은 하나님을 사랑하는 자들을 택하십니다. 그리고 그들에게 성부 하나님의 뜻을 알게 하십니다. 하나님의 뜻이 무엇입니까? 새 언약입니다. 하나님의 뜻 곧 새 언약을 알게 하시고, 그 뜻을 이루려고 오신 아들 예수 그리스도를 보게 하십니다. 그리고 아들 예수의 피로 모든 죄를 깨끗하게 씻어주셔서 하나님과의 관계를 회복시키신 후 그 입에서 나오는 음성, 주의 음성을 듣고 살게 하시는 것입니다. 성경 전체는 삼위일체 하나님의 위대한 합작품, 최고의 합작품인 새 언약을 말하고 있는 것입니다.

05

예수 피를 알면 인생이 바뀐다

히브리서 9장

> 히 9:7 오직 둘째 장막은 대제사장이 홀로 일 년에 한 번 들어가되 자기와 백성의 허물을 위하여 드리는 **피 없이는 아니하나니**

둘째 장막에는 대제사장 혼자 일 년에 한 번 들어갔는데, 자기와 백성의 죄를 용서받기 위해 짐승의 피를 가지고 들어갔습니다. 그런데 이것이 무엇을 말하고자 하는 것인지 알기 위해서는 성경을 기록한 목적이 무엇인가를 먼저 알아야 합니다.

> 요 20:31 오직 이것을 기록함은 너희로 예수께서 하나님의 아들 그리스도이심을 **믿게 하려 함이요** 또 너희로 믿고 그 이름을 힘입어 생명을 얻게 하려 함이니라

성경을 기록한 목적은 '예수께서 하나님의 아들 그리스도이심을 믿게 하려는 것'입니다. '그리스도'는 '메시아'이고, 메시아는 '구원자'

라는 뜻입니다. 예수가 '하나님의 아들'로 오셨다는 말은 '죄 없는 몸'으로 이 땅에 오셨다는 것입니다. 사람의 아들은 누구나 다 죄가 있습니다. 때문에 '하나님의 아들'이라고 굳이 표현한 이유는 죄 없는 몸으로 오셨다는 것을 나타내려는 의도가 있는 것입니다. 죄 없는 몸으로 오셔서 우리의 구원자가 되려고 오신 분이 하나님의 아들 예수 그리스도이십니다. 이것을 마태복음에서는 다음과 같이 표현합니다.

마 1:21 아들을 낳으리니 이름을 **예수라** 하라 이는 그가 **자기 백성을 그들의 죄에서 구원할 자이심이라** 하니라

예수는 자기 백성을 그들의 죄에서 구원하려고 구원자, 메시아, 그리스도로 오신 하나님의 아들입니다. 그러므로 '예수께서 하나님의 아들 그리스도'이심을 믿게 한다는 말은 '예수가 하나님의 아들 곧 죄 없는 몸으로 오셔서 우리를 죄에서 구원할 메시아, 구원자'이심을 믿게 한

> '예수'를 알려면 '예수 피'를 알아야 합니다.

다는 뜻입니다. 그것이 성경이 기록된 목적입니다. 이처럼 성경 전체는 하나님의 아들 예수 그리스도를 말하고 있습니다. '예수'와 '예수 피'는 뗄 수 없는 관계입니다. '예수'를 알려면 '예수 피'를 알아야 합니다. 육체의 생명은 피에 있으므로(레 17:11) '예수의 피'가 곧 '예수의 생명'이기 때문입니다. 성경은 예수를 말하는데 성경을 짜고 짜면 예수의 피가 나옵니다. 예수의 피가 곧 예수님의 생명이고 예수님의 전부입니다. 그러면 예수님의 전부인 예수님의 피에 대해 성경은 어

떻게 말하고 있을까요?

🍀 성경이 말하는 '예수의 피'

> 눅 22:20 저녁 먹은 후에 잔도 그와 같이 하여 이르시되 이 잔은 내 피로 세우는 새 언약이니 곧 너희를 위하여 붓는 것이라

예수님의 피는 새 언약을 세우는 피입니다. '예수 피' 하면 '새 언약', '새 언약' 하면 '예수 피'를 떠올려야 합니다. 성경이 무엇을 말하는지가 중요합니다. 예수께서 직접 "내 피로 세우는 새 언약"이라고 말씀하고 계시지 않습니까? 그런데 이렇게 중요한 새 언약을 사람들이 모릅니다.

> '예수의 피'는 새 언약을 세우는 피, 새 언약을 표시하는 피입니다.

> 마 26:28(쉬운말) 이것은 새 언약을 표시하는 나의 피다. 곧 많은 사람의 죄를 용서하기 위하여 흘리는 나의 피다.

예수님의 피는 새 언약을 표시하는 피입니다. 많은 사람의 죄를 용서하기 위하여 예수께서 그들을 대신하여 피 흘려 죽으셨는데, 그 피가 바로 새 언약을 표시하고 있는 것입니다.

> 막 14:24(쉬운말) 그런 뒤, 예수께서 제자들에게 말씀하셨다. "이 잔은 내 피다. 곧 모든 사람을 위하여 흘리는 새 언약의 피다."

성경 전체는 예수를 말합니다. 예수를 알기 위해서는 예수의 피를 알아야 합니다. 예수의 피가 곧 예수의 생명이기 때문입니다. 그런데 우리를 위해 흘리신 그 피가 바로 '새 언약'을 나타내고 있습니다. 예수님의 피는 우리에게 새 언약을 세워주는 새 언약의 피입니다. 그렇다면 정리해 봅시다. 성경을 기록한 목적은 예수께서 하나님의 아들 그리스도이심을 믿게 하려는 것이라고 했습니다. 예수께서 죄 없는 몸으로 오셔서 죄인인 우리를 대신하여 피 흘려 죽으심으로 우리를 구원해 주셨음을 믿게 하는 것이 성경을 기록한 목적입니다. 그런데 그 피가 바로 새 언약을 표시하고 있는 것입니다.

그러므로 성경을 기록한 목적은 예수께서 피 흘려 세우신 새 언약을 믿게 하려는 것입니다. 예수의 피로 우리가 죄 사함을 받고 구원받는데, 그 피가 바로 새 언약을 표시하고 있는 것입니다. 결론적으로 성경은 새 언약을 말하려고 기록한 것입니다.

🍀 예수의 피를 들고 하나님께 나아가는 새 언약의 예배

> 히 9:15 이로 말미암아 그는 새 언약의 중보자시니 이는 첫 언약 때에 범한 죄에서 속량하려고 죽으사 부르심을 입은 자로 하여금 영원한 기업의 약속을 얻게 하려 하심이라

새 언약은 하나님과 나 사이에 새롭게 맺어진 언약입니다. 누구를 통해서 맺어졌습니까? 예수 그리스도를 통해서, 예수의 피로 맺어진 언약입니다. 그래서 예수님을 새 언약의 중보자라고 합니다. 예수님이 아니면 새 언약이 이루어질 수 없고 하나님과 나 사이에 아무런 관계가 없는 것입니다. "이제는 내 아들 예수를 통해서만 너와

관계를 맺겠다. 예수의 피로만 너의 죄를 깨끗하게 씻고, 내가 너의 하나님이 되어 주고 너는 내 백성이 되게 하리라!" 이것이 새 언약 복음입니다. 그런데 마귀가 한국교회를 망하게 하려고 이 복음을 가려놓고 있습니다.

> 고후 4:3-4 만일 우리의 **복음이 가리었으면 망하는 자들에게 가리어진 것이라** 그중에 **이 세상의 신이** 믿지 아니하는 자들의 마음을 혼미하게 하여 그리스도의 영광의 **복음의 광채가 비치지 못하게 함이니** 그리스도는 하나님의 형상이니라

망하는 자에게는 복음이 가리어 있습니다. 복음은 예수 그리스도입니다. 예수 그리스도는 무엇 때문에 오셨습니까? 새 언약 때문에 오셨습니다. 새 언약을 세우려고 오셨습니다. 그러므로 진짜 복음은 예수께서 세우신 새 언약입니다. 예수님이 왜 죽으셨습니까? 새 언약 때문에 죽으셨습니다. 그래서 "이 잔은 내 피로 세우는 새 언약이니 곧 너희를 위하여 붓는 것이라"고 말씀하시지 않았습니까? 예수님이 이 땅에 오신 이유도, 십자가에 피 흘려 죽으신 이유도 모두 새 언약 때문인데, 한국교회에서 새 언약을 말하지 않습니다. 이것이 진리라면 진리를 말해야 하는데, 진리를 말하지 못하는 것입니다.

진리를 말하지 않는 우리 때문에 한국교회가 망하게 됩니다. 진리를 알고 있다면 진리를 말해야 합니다. 진리를 아는 자가 진리를 말하고, 잘못된 것은 잘못되었다고 말해야 하는데, 무슨 불이익이라도 당하면 어쩌나 하고 말하지 않고 입을 다물고 있으니 나라가 망하고 교회가 망하는 것입니다. 예수 믿는 사람은 그러면 안 됩니다. 진리를 말할 수 있어야 합니다. 이단 신천지에서 '새 언약'이라는 단어

를 사용하고 있으니까 새 언약을 말하면 이단이라고 손가락질을 받을까 봐, 분명히 성경이 새 언약을 말하고 있는데도 강대상에서 새 언약을 말하지 않습니다. 새 언약이 금기어가 되어 버린 것입니다.

새 언약은 예수의 피로 세우신 최고의 언약입니다. 주님이 다시 오는 그날까지 잊지 말고 꼭 기억하며 전하라고 예수께서 직접 마지막 유언으로 남기신 것이 새 언약입니다. 그런데 이것을 말하지 않습니다. 그러면 한국교회는 망합니다. 망하는 자에게 복음이 가리어졌다고 하지 않았습니까? 그래서 제가 분명히 말할 수 있는 것입니다. 새 언약 복음을 말하지 않는 한국교회, 새 언약 복음이 가리어진 한국교회는 망하게 됩니다.

때로는 단호해야 합니다. '들으려면 듣고, 듣기 싫으면 듣지 말아라. 믿으려면 믿고, 믿기 싫으면 믿지 말아라' 하는 식으로 있으면 안 됩니다. "새 언약 복음이 가리어져 있는 당신은 망합니다!" 하고 강력하게 말할 수 있어야 합니다. 성경은 결국 새 언약을 가리키고 있는데 새 언약을 모르면서 어떻게 죄 사함을 받고 구원을 받을 수 있겠습니까? 새 언약을 모르면 천국에 갈 수 없습니다.

예수님은 새 언약을 가지고 오셔서 우리의 죄로 인해 하나님과 단절되었던 관계를 다시 이어주신 분입니다. 죄 때문에 하나님과 나 사이의 관계가 끊어졌었는데, 그 관계를 다시 회복시키시고 연결하려고 하나님과 나 사이에 새 언약의 중보자로 오셔서 당신의 피로 우리의 죄를 깨끗하게 씻으시고 새로운 언약의 관계 곧 새 언약을 맺게 하셨습니다.

히브리서 9장을 강해하고 있는데, 히브리서 9장에서 가장 강조하고 있는 것이 무엇인지 말씀을 한번 보겠습니다.

히 9:7 오직 둘째 장막은 대제사장이 홀로 일 년에 한 번 들어가되 자기와 백성의 허물을 위하여 드리는 피 없이는 아니하나니

히 9:12 염소와 송아지의 피로 하지 아니하고 오직 자기의 피로 영원한 속죄를 이루사 단번에 성소에 들어가셨느니라

히 9:13 염소와 황소의 피와 및 암송아지의 재를 부정한 자에게 뿌려 그 육체를 정결하게 하여 거룩하게 하거든

히 9:14 하물며 영원하신 성령으로 말미암아 흠 없는 자기를 하나님께 드린 그리스도의 피가 어찌 너희 양심을 죽은 행실에서 깨끗하게 하고 살아 계신 하나님을 섬기게 하지 못하겠느냐

히 9:18 이러므로 첫 언약도 피 없이 세운 것이 아니니

히 9:19 모세가 율법대로 모든 계명을 온 백성에게 말한 후에 송아지와 염소의 피 및 물과 붉은 양털과 우슬초를 취하여 그 두루마리와 온 백성에게 뿌리며

히 9:20 이르되 이는 하나님이 너희에게 명하신 언약의 피라 하고

히 9:21 또한 이와 같이 피를 장막과 섬기는 일에 쓰는 모든 그릇에 뿌렸느니라

히 9:22 율법을 따라 거의 모든 물건이 피로써 정결하게 되나니 피

흘림이 없은즉 사함이 없느니라

히 9:25 대제사장이 해마다 다른 것의 피로써 성소에 들어가는 것 같이 자주 자기를 드리려고 아니하실지니

히브리서 9장에서 제일 많이 나오는 단어는 '피'입니다. 왜 이렇게 피를 강조하고 있을까요? 하나님의 백성들이 하나님께 나아갈 때는 반드시 피를 가지고 나가야 하는 것입니다. 왜 피로 언약을 맺으실까요? 왜 피를 갖지 않고서는 하나님 앞에 나갈 수 없을까요?

> 하나님께 나아갈 때는 반드시 '피'를 가지고 나아가야 합니다.

레 17:11 육체의 생명은 피에 있음이라 내가 이 피를 너희에게 주어 제단에 뿌려 너희의 생명을 위하여 속죄하게 하였나니 생명이 피에 있으므로 피가 죄를 속하느니라

죄를 씻을 수 있는 것은 피밖에 없습니다. 아담이 하나님의 말씀에 불순종하여 범죄한 이후 아담의 후손으로 태어난 모든 사람은 죄인이 되었습니다. 죄인은 하나님 앞에 나아갈 수 없습니다. 하나님은 거룩하신 분이기 때문입니다. 반드시 피로 죄를 씻어야만 하나님 앞에 나아갈 수 있습니다.

히 9:22 율법을 따라 거의 모든 물건이 피로써 정결하게 되나니 피 흘림이 없은즉 사함이 없느니라

피만이 우리를 정결하게 합니다. 피 흘림이 없으면 죄 사함이 없습니다. 그래서 죄인인 우리가 하나님 앞에 나아갈 때는 반드시 우리의 죄를 씻는 피를 가지고 나아가야 하는 것입니다.

히 9:1 **첫 언약에도 섬기는 예법과** 세상에 속한 성소가 있더라

(쉬운성경) **<옛 언약의 예배> 첫 번째 언약에도 예배 규칙이 있었으며,** 또한 예배를 위해 사람이 만든 장소도 있었습니다.

첫 언약이 첫 번째 언약이고 옛 언약입니다. 예수님은 새 언약의 중보자로 오셨는데, 예수님이 오시기 전에 있었던 언약 곧 새 언약 이전의 언약을 옛 언약이라고 합니다. 새 언약이 있으면 그 이전에 옛 언약도 있는 것입니다. 그런데 옛 언약에도 예배 규칙 곧 하나님께 나아가기 위한 규칙이 있었다는 것입니다. 죄인인 인간은 아무나 그냥 하나님 앞에 나아갈 수 없습니다. 반드시 하나님이 세우신 규칙에 따라서만 하나님 앞에 나아가 하나님을 섬길 수 있습니다. 그 규칙이 무엇이었을까요?

히 9:18 이러므로 **첫 언약도 피 없이 세운 것이 아니니**

(쉬운성경) 이처럼 옛 언약도 죽음을 나타내는 **피 없이 세운 것이 아닙니다.**

새 언약뿐 아니라 옛 언약에서도 반드시 피가 있어야 합니다. 하나님 앞에 나아가는 규칙은 피를 가지고 나아가는 것입니다. 그런데

무엇이 다른가 하면, 옛 언약은 짐승의 피를 가지고 나아갔지만 새 언약은 예수의 피를 가지고 하나님 앞에 나아가는 것입니다. 짐승의 피로는 우리의 죄를 영원히 씻을 수 없습니다. 그것은 일회적으로 죄를 씻고 하나님 앞에 나아가게 하는 피였습니다. 하나님께 나아갈 때마다 반복해서 짐승을 잡고 피를 흘려 그 피를 들고 하나님 앞에 나아가야 했습니다. 이러한

> 옛 언약은 일회적으로 죄를 씻는 짐승의 피, 새 언약은 영원히 죄를 씻는 '예수의 피'를 가지고 하나님께 나아갑니다.

옛 언약의 한계 때문에 하나님께서 죄 없는 하나님의 아들 예수 그리스도를 보내어 그 피로 하나님께 나아오는 길을 활짝 열어놓으셨습니다. 하나님께로 나아가는 길을 가로막고 있던 휘장을 위로부터 아래로 확 찢어서, 하나님께 나아가는 길을 영원히 열어놓으신 것입니다. 이것이 새로운 언약, 새 언약입니다.

> 히 9:19-22 모세가 율법대로 모든 계명을 온 백성에게 말한 후에 **송아지와 염소의 피 및 물과 붉은 양털과 우슬초를 취하여 그 두루마리와 온 백성에게 뿌리며** 이르되 이는 하나님이 너희에게 명하신 **언약의 피라** 하고 또한 이와 같이 **피를 장막과 섬기는 일에 쓰는 모든 그릇에 뿌렸느니라** 율법을 따라 거의 모든 물건이 **피로써 정결하게 되나니 피흘림이 없은즉 사함이 없느니라**

다시 한번 말씀드립니다. 하나님과 맺은 모든 언약은 피로 세워졌습니다. 하나님께 나아갈 때는 옛 언약에서도, 새 언약에서도 모두 피를 가지고 나아갑니다. 그런데 옛 언약에서는 짐승의 피를 가지고

나아갔고, 새 언약에서는 하나님의 아들 예수의 피를 가지고 나아가게 하셨습니다. 짐승의 피로는 우리의 죄를 영원히 씻을 수 없고 우리를 구원할 수 없기 때문입니다. 오직 예수의 피로만 우리의 죄를 영원히 씻을 수 있기에 우리가 구원받아 천국에 들어갈 수 있습니다.

> 시 50:5 이르시되 나의 성도들을 내 앞에 모으라 그들은 제사로 나와 언약한 이들이니라 하시도다

제사는 예배입니다. 하나님과 하나님의 백성은 예배로 언약한 관계입니다. 하나님께 예배할 때 그들을 하나님의 백성이라 부르시고 하나님께서 그들의 하나님이 되어 주시는 것입니다. 하나님의 백성이 되기 위해 하나님께 예배를 드리려면 반드시 제물이 있어야 합니다. 옛 언약에서는 짐승을 제물로 삼아 그 피로 하나님 앞에 나아갔고 새 언약에서는 아들을 제물로 삼아 그 피로 하나님 앞에 나아가게 하셨습니다.

> 히 9:7 오직 둘째 장막은 대제사장이 홀로 일 년에 한 번 들어가되 자기와 백성의 허물을 위하여 드리는 피 없이는 아니하나니

> (새번역) 그러나 둘째 칸 장막에는 대제사장만 일 년에 한 번만 들어가는데, 그때에는 반드시 자기 자신을 위하여, 또 백성이 모르고 지은 죄를 사하기 위하여 바칠 피를 가지고 들어갑니다.

> (현대인) 안쪽에 있는 지성소에는 대제사장만 일년에 한 차례씩 피를 가지고 들어갔습니다. 이 피는 대제사장 자신과 백성들이 모르

고 지은 죄를 위해 드리는 것입니다.

(쉬운말) 그러나 성소 안쪽에 있는 두 번째 방인 지성소에는 오직 대제사장만이 일 년에 단 한 번 들어갈 수 있었는데, 그때에 대제사장은 자기 자신의 죄를 용서받기 위해, 그리고 백성들이 모르고 지은 모든 죄를 용서받기 위해, 반드시 희생제물의 피를 가지고 들어가야 했습니다.

성막을 보면 성소가 있고 지성소가 있습니다. 성소가 첫 번째 방이라면 지성소가 두 번째 방입니다. 두 번째 방인 지성소에는 아무나 들어갈 수가 없습니다. 오직 대제사장만 일 년에 단 한 번 희생제물의 피를 가지고 들어갈 수 있었습니다. 그런데 이것은 아무 의미 없이 정하신 규칙이 아닙니다. 여기에는 중요한 의미가 있습니다. 이것이 말하고자 하는 것이 무엇일까요?

> 히 9:8 성령이 이로써 보이신 것은 첫 장막이 서 있을 동안에는 성소에 들어가는 길이 아직 나타나지 아니한 것이라

(새번역) 이것은 첫째 칸 장막이 서 있는 동안에는 아직 지성소로 들어가는 길이 드러나지 않았음을 성령께서 보여주시는 것입니다.

(쉬운성경) 성령은 이것을 통해, 옛 성막 제도가 그대로 남아 있을 때는 지성소로 들어가는 길이 아직 열려 있지 않다는 것을 보여주셨습니다.

(쉬운말) 이런 사실을 통해 **성령께서 우리에게 가르쳐 주시려는 것은, 첫 번째 장막이 서 있는 동안에는 지성소에 들어갈 수 있는 길이 아직 열려 있지 않았다는 것입니다.**

(현대어) **성령께서 이를 통하여 우리에게 가르쳐 주시려 하는 것은 옛 제도 아래서는 첫 번째 방이나 또 거기에 따르는 여러 제도가 있는 한 일반 사람들은 지성소에 들어갈 수 없다고 하는 것입니다.**

하나님이 계신 지성소에는 일반 사람들이 들어갈 수 없었습니다. 오직 대제사장만 일 년에 단 한 번 피를 가지고 들어갈 수 있었습니다. 그런데 이것은 첫 장막이 서 있는 동안, 다시 말해 옛 언약이 남아 있는 동안에는 지성소로 들어가는 길, 하나님께로 나아가는 길이 아직 열려 있지 않다는 것을 가르쳐 주시고자 하나님께서 만드신 규칙입니다. 이것을 성령께서 가르쳐주시는 것입니다.

그렇다면 반대로 생각해 봅시다. 우리가 어떻게 하나님께로 나아갈 수 있습니까? 언제 하나님께로 나아가는 길이 열립니까? 오직 두 번째 언약으로만, 새 언약으로만 하나님 앞에 나아갈 수 있는 것입니다. 하나님께서 아들을 보내어 그 피로 세운 새 언약으로만 대제사장뿐 아니라 누구라도 하나님의 아들 예수의 피를 가지고 담대히 하나님 앞에 나아갈 수 있습니다.

> 그리스도께서 오셔서 세운 새 언약으로만 하나님께 나아갈 수 있습니다.

히 9:11 그리스도께서는 장래 좋은 일의 대제사장으로 오사 손으로

짓지 아니한 것 곧 이 창조에 속하지 아니한 더 크고 온전한 장막으로 말미암아

(쉬운성경) <새 언약의 예배> 그러나 그리스도께서는 지금 우리가 가지고 있는 좋은 것들의 대제사장으로 오셨습니다. 그는 더 크고 완전한 성막에 들어가셨습니다. 그것은 사람의 손으로 지은 것도 아니며, 이 세상에 속한 것도 아닙니다.

(쉬운말) 그러나 이제 그리스도께서는 새 언약의 각양 좋은 것들을 주관하시는 대제사장으로 오셔서, 사람의 손으로 지은 장막이 아닌, 다시 말하자면 이 세상의 피조물에 속하지 않은 더 위대하고 완전한 장막으로 들어가셨습니다.

쉬운성경에서는 '새 언약의 예배'라고 말합니다. 그리스도께서 오셔서 세우신 새 언약으로만 하나님 앞에 나아갈 수 있다는 것입니다. 그리스도께서는 새 언약의 각양 좋은 것들을 주관하시는 대제사장으로 오셔서 사람의 손으로 지은 장막이 아닌 더 위대하고 완전한 장막으로 들어가셨습니다. 지금 우리가 가지고 있는 좋은 것들, 새 언약의 각양 좋은 것들은 무엇을 말할까요? 그것이 바로 '보혈의 능력'입니다. 새 언약은 예수님이 흘리신 피로 세워진 것인데, 짐승의 피와는 달리 예수의 피는 일회적으로 우리의 죄를 씻는 것이 아니라 영원한 속죄를 주시는 피입니다. 과거에는 대제사장만 일 년에 한 번 지성소에 들어갈 수 있었는데 이제는 예수께서 그 문을 활짝 열어놓으셔서 언제라도, 누구라도 하나님 앞에 예수의 피를 가지고 담대히 나아갈 수 있게 하신 것입니다. 다른 말로 하면, 그리스

도께서 우리 모두를 대제사장으로 만들어 주신 것입니다.

> 히 9:3 또 둘째 휘장 뒤에 있는 장막을 지성소라 일컫나니

지성소는 둘째 휘장 뒤에 있는 장막입니다. 하나님이 계신 지성소는 아무나 들어갈 수 없도록 휘장으로 가려져 있었습니다.

> 마 27:51 이에 성소 휘장이 위로부터 아래까지 찢어져 둘이 되고 땅이 진동하며 바위가 터지고

지성소로 들어가는 길을 가로막고 있던 휘장을 예수께서 위로부터 아래까지 찢어버리셨습니다. 그래서 누구라도 언제든지 하나님께 나아갈 수 있는 새로운 길을 열어놓으신 것입니다.

> 히 10:20 그 길은 우리를 위하여 휘장 가운데로 열어 놓으신 새로운 살 길이요 휘장은 곧 그의 육체니라

휘장은 예수 그리스도의 육체입니다. 예수께서 자기의 몸을 찢으사 하나님께로 나아갈 수 있는 새로운 살 길을 열어주셨습니다. 이것이 새 언약입니다. 새 언약은 하나님과 하나님의 백성 사이에 새롭게 세워진 언약을 뜻합니다. 옛 언약에서는 일반 사람들이 지성소에 들어갈 수 없었는데, 하나님께서 예수를 믿는 사람들이라면 언제든지 하나님께 나아올 수 있도록 새로운 언약을 맺으셨습니다. 이 언약을 바로 하나님의 아들 예수의 피로 맺으신 것입니다.

히 9:12 염소와 송아지의 피로 하지 아니하고 오직 자기의 피로 영원한 속죄를 이루사 단번에 성소에 들어가셨느니라

(쉬운성경) 그리스도는 단 한 번 지성소로 들어가셨습니다. 그분은 염소나 송아지의 피가 아닌 자신의 피를 가지고 지성소로 들어가셔서 우리를 죄에서 완전히 자유롭게 해 주셨습니다.

(쉬운말) 그 장막으로 들어가실 때, 그리스도께서는 염소나 송아지의 피를 가지고 들어가신 것이 아니라, 자기 자신의 피를 가지고 단 한 번 지성소에 들어가셔서, 우리에게 영원한 구원을 가져다 주셨습니다.

새 언약의 대제사장으로 오신 예수 그리스도는 짐승의 피가 아니라 자신의 피를 가지고 단번에 지성소로 들어가셨습니다. 짐승의 피로는 영원한 속죄가 이루어질 수가 없기 때문에 죄 없는 몸으로 오신 하나님의 아들 예수께서 자기의 피로 영원한 속죄를 이루어 주시려고 그 피를 가지고 지성소로 들어가신 것입니다. 그러므로 이제 더 이상 하나님께 나아가기 위해서 피 흘릴 일은 없습니다. 예수의 피로 완전하게 하나님께 나아가는 길을 열어 놓았기 때문에 더 이상 죄 때문에 피를 흘릴 필요가 없는 것입니다. 이것이 죄로부터의 완전한 해방, 완전한 자유입니다. 조금도 부족함이 없도록 하나님께서 예수의 피로 우리의 모든 죄 문제를 완벽하게 해결해 주셨습니다. 쉬운말 성경에서는 이것을 '영원한 구원'이라고 표현합니다. 이것이 새 언약입니다. 새 언약은 우리에게 완전한 속죄와 영원한 구원을 약속하시는 언약입니다. 옛 언약 아래에서는 절대로 이루어질 수

없었던 이것을 새 언약으로 이루신 것입니다.

　성경 전체는 예수 그리스도에 대해 말합니다. 성경을 기록한 목적은 우리로 예수께서 하나님의 아들 그리스도이심을 믿게 하여 생명을 얻게 하려는 것입니다. 이 생명은 영원하신 하나님의 생명입니다. 누가 영원하신 하나님의 생명을 얻을 수 있습니까? 예수께서 하나님의 아들 그리스도이심을 믿는 자들입니다. 하나님의 아들이라는 것은 죄 없는 몸으로 오셨다는 뜻입니다. 왜 죄 없는 몸으로 오셨습니까? 우리의 모든 죄를 담당하시고 우리에게 완전한 속죄와 영원한 구원을 이루어 주시려고 죄 없는 몸으로 오신 것입니다. 예수라는 이름의 뜻은 '자기 백성을 그들의 죄에서 구원할 자'입니다. 죄 없는 몸으로 오신 하나님의 아들 예수께서 우리를 죄에서 구원하시려고 그리스도, 메시아, 구원자로 오신 것입니다. 그것을 위해 예수님은 이 땅에 오시고 십자가에 피 흘려 죽으셨습니다. 그 피가 무엇을 가리키고 있습니까? 예수의 피는 새 언약을 표시하는 새 언약의 피입니다. 성경을 짜고 짜면 예수의 피가 나오는데, 그 피가 바로 새 언약을 세우기 위한 피입니다.

　그렇다면 결국 가장 중요한 핵심은 새 언약입니다. 새 언약이 바로 성경에서 말하고자 하는 가장 중요한 핵심이요 우리가 가야 할 최종 목적지입니다. 그런데 예수의 피를 말하면서도 새 언약까지 한 발짝을 더 나아가지 못합니다.

> 새 언약이 성경의 핵심이요 우리가 가야 할 최종 목적지입니다.

　새 언약은 예수의 피로 세우는 언약입니다(눅 22:20). 예수의 피로 세웠다는 것은 예수의 생명을 던져 세웠다는 뜻입니다. 생명은 피에 있기 때문입니다. 예수님의 모든 것, 예수님의 전부를 던져서 세운 언약이 새 언약입니다. 예수님은 처음부터 그것을 위해 이 땅에 오셨고, 죽으셨고, 부활하셨습니다. 그렇다면 이것이 얼마나 중요합니까? 예수의 피는 새 언약을 세우기 위해 흘리신 피이고 새 언약을 표시하는 피인데(마 26:28), 그것은 많은 사람의 죄를 용서하기 위하여 흘리는 피입니다. 그러므로 새 언약을 통해서만 죄의 용서가 이루어지는 것입니다.

예수의 피는 새 언약의 피입니다(막 14:24). 새 언약의 중보자로 오신 예수께서 당신의 피로 하나님과 우리 사이를 새롭게 맺어주셨습니다. 새 언약으로 하나님과의 관계가 맺어지지 않으면 우리는 하나님과 아무런 관계가 없는 것이고 당연히 구원도 없고 죄 사함도 없습니다.

06
새 언약의 중보자 예수 그리스도

히브리서 9장

히 9:15 이로 말미암아 그는 새 언약의 중보자시니 이는 첫 언약 때에 범한 죄에서 속량하려고 죽으사 부르심을 입은 자로 하여금 영원한 기업의 약속을 얻게 하려 하심이라

(새번역) 그러므로 그리스도는 새 언약의 중재자이십니다. 그는 첫 번째 언약 아래에서 저지른 범죄에서 사람들을 구속하시기 위하여 죽으심으로써, 부르심을 받은 사람들로 하여금 약속된 영원한 유업을 차지하게 하셨습니다.

(쉬운성경) 그러므로 그리스도께서 새 언약의 중보자가 되셨습니다. 이제 하나님께 부르심을 받은 자들은 하나님께서 약속하신 영원한 복을 받을 수 있게 되었습니다. 옛 언약 아래에서 살던 사람들을 죄로부터 자유롭게 하기 위하여 그리스도께서 죽으셨기 때문에, 사람들이 그 축복을 누릴 수 있게 된 것입니다.

예수 그리스도는 새 언약의 중보자로 오셨습니다. 새 언약 이전에 있던 언약 곧 옛 언약, 첫 언약, 첫 번째 언약으로는 우리를 죄에서 자유롭게 할 수 없었기 때문에 '새 언약'을 세우는 중재자로 이 땅에 오신 것입니다. 히브리서에서 사용하고 있는 용어나 그 내용은 다른 성경에 비해 조금 딱딱하게 느껴질 수 있기 때문에 조금이라도 쉽게 전달할 수 있도록 기도하면서 여러 가지 성경을 통해 전하고 있습니다. 말씀이 들리는 은혜가 있기를 바랍니다.

♣ 예수 피로 이룬 샘물, 새 언약

암 8:11-13 주 여호와의 말씀이니라 **보라 날이 이를지라 내가 기근을 땅에 보내리니** 양식이 없어 주림이 아니며 물이 없어 갈함이 아니요 **여호와의 말씀을 듣지 못한 기갈이라** 사람이 이 바다에서 저 바다까지, 북쪽에서 동쪽까지 비틀거리며 **여호와의 말씀을 구하려고 돌아다녀도 얻지 못하리니** 그날에 아름다운 처녀와 젊은 남자가 **다 갈하여 쓰러지리라**

(현대어) 주 하나님께서 말씀하셨다. '**보라, 그날이 오고 있다!** 그때에는 내가 이 땅에 기근을 보내겠다. 밥이 없어서 당하는 굶주림이 아니며 물이 없어서 겪는 목마름이 아니요, **나 여호와의 말씀을 듣지 못해서 당하는 기근이다.** 그때에는 사람들이 이 바다에서 저 바다로 헤매고 다니며 북녘으로 달려갔다가 동녘으로 뛰어다니며 **아무리 나 여호와의 말씀을 찾아보아도 그들이 정녕 그 말씀을 만나지 못할 것이다.**' '그날이 오면 아름다운 처녀들과 힘센 총각들도 **하나님의 말씀에 목이 말라 쇠약해지고 죽어 갈 것이다.**'

(현대인) 주 여호와께서 말씀하신다. '내가 기근을 땅에 보낼 날이 올 것이다. 양식이 없어 굶주리거나 물이 없어 갈증을 느끼는 기근이 아니라 여호와의 말씀을 듣지 못해 굶주리고 목말라하는 기근이다. 사람들이 이 바다에서 저 바다로, 북에서 동으로 사방 비틀거리며 여호와의 말씀을 찾아다녀도 얻지 못할 것이다. 그날에는 아름다운 처녀와 건장한 청년이 다 목말라 기절할 것이며

(쉬운말) 주 하나님께서 또 말씀하셨다. "보라, 그날이 다가오고 있다. 그날이 이르면, 내가 이스라엘 온 땅에 혹독한 기근을 보낼 것이니, 그 기근은 양식이 없어서 겪는 굶주림이 아니고, 물이 없어서 겪는 목마름도 아니다. 그 기근은 나 주의 말씀을 듣지 못해서 겪는 기근이다. 그때에 사람들은 주의 말씀을 찾으려고 이 바다에서 저 바다로 떠돌고, 북쪽에서 동쪽으로 헤매고 돌아다닐 것이지만, 아무리 애써도 주의 말씀을 얻지 못할 것이다. 또 그날에는 아름다운 처녀들과 건장한 청년들까지도 다 목말라 지쳐 쓰러질 것이다.

"그날이 오고 있다!", "그날이 올 것이다!" 하고 하나님께서 아모스 선지자를 통하여 말씀하셨던 '그날'이 지금 왔습니다. '그날'은 어떤 날입니까? 양식이 없어서 굶주리거나 물이 없어서 목말라하는 날이 아니라 하나님의 말씀을 듣지 못해서 굶주리고 목말라하는 기근의 날입니다. 하나님의 말씀을 듣지 못한다고 하면 "지금도 기독교 TV만 틀면 설교 말씀이 나오는데요?", "주일마다 교회 가면 말씀 듣는데요?" 하고

> 하나님의 말씀은 율법과 복음 두 가지로 나뉩니다.

반문하는 사람들이 있을지 모릅니다. 하지만 말씀이라고 다 똑같은 말씀이 아닙니다. 말씀에는 두 가지가 있습니다. 하나는 율법이고 하나는 복음입니다. 율법도 하나님의 말씀이고 복음도 하나님의 말씀입니다. 그런데 율법의 말씀으로는 우리의 목마름을 해결할 수 없습니다.

그렇기에 복음으로 오신 예수께서 사마리아 여인과 함께 우물가에 앉아 이야기를 나누시며 그들이 지금까지 우물물을 먹었으나 그것은 다시 목마르게 하는 물이라고 말씀하셨던 것입니다(요 4:13). 우물물은 우리의 기갈을 해결할 수 없습니다. 율법으로는 우리의 영적인 기갈을 해결할 수 없다는 뜻입니다. 오직 영생하도록 솟아나는 샘물 되시는 예수께서 우리 안에 계실 때에 그분이 주시는 물을 먹는 자들만 영원히 목마르지 않게 됩니다. 그런데 이 물을 알지 못하여 이미 영적인 기갈을 경험하고 있는 사람들이 많습니다. 육신에 속한 사람들은 어차피 말씀과 상관없이 살기 때문에 말씀이 들리든 말든 그 모습 그대로 아무런 문제 없이 살아갑니다.

그러나 영적인 사람들, 하나님의 은혜를 사모하는 사람들, 말씀을 사모하는 사람들은 왜 지금 내 모습이 이러한가를 깨닫게 됩니다. 영혼의 기갈을 느끼는 것입니다. 그래서 이대로는 안 되겠다 싶어서 말씀을 찾아다니기 시작합니다. 이 바다에서 저 바다로, 이 교회에서 저 교회로, 동서남북 사방 천지로 말씀을 찾아 헤매고 다닙니다. 그런데도 말씀을 얻지 못합니다. 이것이 성경의 말씀입니다. 그렇다면 하나님의 말씀인 성경이 왜 기록되었는지를 알아야 합니다.

> 요 20:31 오직 이것을 기록함은 너희로 예수께서 하나님의 아들 그리스도이심을 믿게 하려 함이요 또 너희로 믿고 그 이름을 힘입어

생명을 얻게 하려 함이니라

성경을 기록한 목적은 예수께서 하나님의 아들 그리스도이심을 믿게 하려는 것입니다. '하나님의 아들'이라는 말은 '죄가 없다'는 뜻입니다. 제가 여러 번 반복해서 말씀드렸습니다. 아예 마음에 새길 수 있기를 바랍니다. 사람의 아들은 모두 죄가 있습니다. 죄인의 씨에서는 죄인이 나오기 때문입니다. 그런데 하나님은 죄가 없으십니다. 따라서 하나님의 아들도 죄가 없는 것입니다.

그렇다면 예수께서 왜 '하나님의 아들'로, 다시 말하면 '죄 없는 몸'으로 오셔야만 했을까요? 그것은 그분이 그리스도로 오셨기 때문입니다. 그리스도는 메시아, 구원자라는 뜻입니다. 예수님은 우리를 죄에서 구원하려고 오신 분입니다. 죄 있는 사람이 죄인을 구원할 수 있습니까? 없습니다. 메시아로 오신 예수님은 죄인인 우리를 죄에서 구원하기 위해, '죄 없는 몸'으로 이 땅에 오신 것입니다. '예수'라는 이름의 의미는 '자기 백성을 그들의 죄에서 구원할 자'입니다(마 1:21). 성경 전체가 이처럼 우리를 죄에서 구원하기 위해 하나님의 아들로 오신 예수를 말하고 있습니다.

예수를 말하려면 반드시 예수의 피를 말해야 합니다. 예수께서 우리를 죄에서 구원하시려고 우리의 죄를 대신 지시고 십자가에 피 흘려 죽으셨기 때문입니다. 오직 예수의 피로만 우리를 구원하고 우리에게 영원한 속죄를 이루어주셔서 죄에서 자유롭게 해 주시기 때문에, 반드시 예수를 말하는 자들은 예수의 피를 말해야 합니다. 예수의 피를 알지 못하면 예수를 믿는다고 말할 수 없습니다. 예수의 피가 아니면 우리는 천국에 들어갈 수 없습니다. 예수의 핵심은 예수의 피입니다. 그렇다면 이렇게 중요한 예수의 피에 대해 성경은 무엇이라고 말하고 있을까요?

> 눅 22:20 저녁 먹은 후에 잔도 그와 같이 하여 이르시되 **이 잔은 내 피로 세우는 새 언약이니 곧 너희를 위하여 붓는 것이라**

> 마 26:28(쉬운말) 이것은 새 언약을 표시하는 나의 피다. 곧 많은 사람의 죄를 용서하기 위하여 흘리는 나의 피다.

> 막 14:24(쉬운말) 그런 뒤, 예수께서 제자들에게 말씀하셨다. "이 잔은 내 피다. 곧 모든 사람을 위하여 흘리는 **새 언약의 피다.**

똑같은 성경 구절을 자꾸 살펴보는 것은 그것이 그만큼 중요하기 때문입니다. 예수의 피는 '새 언약'을 표시하는 피입니다. 마태복음에서도, 마가복음에서도, 누가복음에서도 모두 새 언약의 피를 말하고 있습니다. 예수님은 새 언약을 세우기 위해, 그 언약을 우리에게 이루어 주시기 위해 피 흘려 죽으신 것입니다. 피에는 생명이 있습니다. 피 흘렸다는 것은 생명을 던졌다는 것이고, 자신의 전부를 희생했다는 것입니다. 무엇을 위해 예수께서 자신의 전부를 던지셨습니까? 바로 새 언약을 세우기 위해서였습니다. 그렇다면 새 언약이 얼마나 중요한 것입니까!

그런데 이렇게 중요한 새 언약 복음을 마귀가 가리고 있는 것입니다.

> 고후 4:3-4 만일 우리의 **복음이 가리었으면 망하는 자들에게 가리어진 것이라** 그중에 이 세상의 신이 믿지 아니하는 자들의 마음을

혼미하게 하여 그리스도의 영광의 복음의 광채가 비치지 못하게 함이니 그리스도는 하나님의 형상이니라

(공동번역) 우리가 전하는 복음이 가려졌다면 그것은 멸망하는 자들에게나 가려졌을 것입니다. 그들이 믿지 않는 것은 이 세상의 악신이 그들의 마음을 어둡게 했기 때문입니다. 그들은 하나님의 형상이신 **그리스도의 영광스러운 복음의 빛을 보지 못하게** 되었습니다.

마귀가 그리스도의 영광스러운 복음의 빛을 보지 못하도록 가리고 있습니다. 복음은 예수 그리스도입니다(롬 1:2-4). 예수를 가리고 있다는 것은 예수께서 하신 일을 보지 못하도록 가리고 있다는 것이고, 예수께서 자신의 전부를 던져서 세운 새 언약을 보지 못하도록 가리고 있다는 뜻입니다.

> 마귀는 예수 피로 세운 새 언약 복음을 가리고 있습니다.

예수께서 자신의 생명을 다해 피를 뿌리고 세우신 언약이 새 언약입니다. 예수님의 피에는 예수님의 생명이 들어 있는 것입니다.

망하는 자들에게는 복음이 가려졌다고 말씀합니다. 그래서 제가 감히 '한국교회는 망한다!' 하고 단언할 수 있는 것입니다. 예수의 피로 세운 새 언약 복음이 가려졌기 때문입니다. 교회 다니는 사람들에게 어떻게 천국에 갈 수 있는지 물어보면 하나님 말씀 잘 듣고 착하게 살면 천국 간다고 말하는 이들이 얼마나 많은지 모릅니다. 교회에 다니면서도 예수를 모르고 예수 피를 모릅니다. 예수 피로 세운 새 언약을 모릅니다. 그러니 누구도, 아무도 새 언약 복음을 말하지 않는 것입니다. 마음에 있는 것이 입으로 나오는 것인데,

그 속에 새 언약이 이루어지지 않았기 때문에 새 언약 복음을 말할 수 없는 것입니다. 새 언약 복음이 가려져 있는 한국교회는 망합니다. 그래서 먼저 눈 뜬 자들이 이 복음을 전해야만 하는 것입니다.

기독교 TV를 보거나 유튜브를 보면 얼마나 많은 설교들이 쏟아져 나옵니까! 그야말로 말씀의 홍수 시대를 살고 있습니다. 그런데 진짜 복음, 새 언약 복음을 말하는 설교를 찾아보기 어렵습니다. 그러니까 성도들이 말씀에 목이 말라 생수를 찾아 이리저리 헤매고 다니는 것입니다. 영생하도록 솟아나는 샘물은, 예수의 피와 예수의 생명으로 세운 새 언약 복음입니다. 새 언약이 아니고서는 하나님과 관계를 맺을 수 없습니다. 하나님께서 이제부터 새 언약으로만 하나님의 백성들과 새롭게 관계를 맺겠다고 선포하셨기 때문입니다(히 8:10). "내 아들 예수의 피로 세운 새 언약으로만 나는 너의 하나님이 될 것이고 너는 나의 백성이 될 것이다!" 이것을 꼭 마음에 새기고 기억해야 합니다.

> 영생하도록 솟아나는 샘물은 예수의 피와 예수의 생명으로 세운 새 언약입니다.

새 언약이 아니면 안 됩니다. 지금은 자신의 아름다움을 자랑하고 건강함과 젊음을 자랑한다고 할지라도 하나님이 보내시는 기근이 오면 다 쓰러지고 넘어집니다. 반석 위에 세운 집이 아니라면 바람 한 번만 휙 불어도 다 쓰러지고 마는 것입니다. 10년, 20년을 교회에 다녀도 변화되지 않는 이유가 무엇입니까? 사람의 말 한마디에 언제나 삐치고 시험에 들고, 믿음의 뿌리를 내리지 못하고 여기저기 교회를 옮겨 다니는 이유가 무엇입니까? 생수의 말씀, 새 언약 복음이 없기 때문입니다.

새 언약은 예수님의 피로 세운 언약일 뿐만 아니라 예수님의 마지막 유언이기도 합니다(고전 11:25-26). 그런데 목사들마저도 예수님의 마지막 유언을 무시합니다. 한 번, 두 번은 전할 수 있습니다. 그러나 계속해서 목숨을 걸고 피 토하는 심정으로 전하는 목사들은 거의 없습니다. 복음이 가려져 있기 때문입니다.

> 히 9:15 이로 말미암아 **그는 새 언약의 중보자시니** 이는 첫 언약 때에 범한 죄에서 속량하려고 죽으사 부르심을 입은 자로 하여금 영원한 기업의 약속을 얻게 하려 하심이라

새 언약이 있다는 것은 옛 언약도 있었다는 것입니다. 그런데 옛 언약으로는 하나님 앞에 온전히 나아갈 수 없었기 때문에 옛 언약을 폐하시고 새 언약을 세우신 것입니다. 그 새 언약을 세우시려고 하나님의 아들 예수 그리스도께서 새 언약의 중보자로 오셨습니다. '중보자'는 '중재자'의 의미입니다. 중재자가 없이는 하나님과의 관계가 맺어질 수 없기 때문에 하나님의 아들 예수 그리스도께서 새 언약의 중보자로 오셔서 죄로 인해 단절되었던 하나님과의 관계를 다시 맺어주신 것입니다.

새 언약의 관계가 맺어지기 위해서는 첫 언약 때에 범한 죄의 문제가 해결되어야 합니다. 이 죄 문제를 해결할 수 있는 방법은 다른 것이 없습니다. 오직 예수의 피로만 우리의 죄를 깨끗하게 씻을 수 있습니다.

> 눅 22:20 저녁 먹은 후에 잔도 그와 같이 하여 이르시되 **이 잔은 내 피로 세우는 새 언약이니 곧 너희를 위하여 붓는 것이라**

그렇기에 예수님은 "내 피로 세우는 새 언약"이라고 말씀하시는 것입니다. 하나님과 죄인인 우리 사이를 연결하는 새 언약은 죄를 씻는 예수의 피 없이는 이루어질 수 없습니다. 그래서 이 피를 "너희를 위하여 붓는 것"이라고 말씀하시는 것입니다. 죄인인 우리와 하나님의 관계를 다시 맺어주려고 세운 언약이 새 언약인데, 이것을 위해 예수께서 피를 흘리신다는 것입니다.

> 하나님과 죄인인 우리 사이의 관계를 다시 맺어주는 새 언약을 세우시려고 예수께서 피 흘리셨습니다.

이것이 복음의 핵심입니다. 그런데 목사 또한 교인 한 사람이 떠날까 봐 진짜 복음을 말하지 않습니다. 새 언약이라는 단어를 이단 신천지가 사용한다고 해서 성경에서 말하고 있는 새 언약, 예수의 피로 세운 새 언약을 금단의 열매로 취급하면 안 됩니다. 새 언약 복음에 대해 확실하게 알지 못하는 사람들이 새 언약이라는 말만 듣고 우리 교회를 이단 취급한다고 할지라도, 새 언약 복음이 아니면 죄인이 하나님과 올바른 관계를 맺을 수 없다는 진리는 변함이 없습니다. 이것이 진리이기 때문에 저는 목숨을 걸고 이 복음을 전하지 않을 수 없는 것입니다. 다시 말씀드립니다. 죄인인 우리가 하나님 앞에 나아가는 길은 새 언약 복음 외에는 다른 길이 없습니다. 새 언약으로만 하나님과 관계를 다시 맺을 수 있고, 새 언약으로만 죄 사함을 받을 수 있고, 새 언약으로만 구원을 받고 천국에 들어갈 수 있습니다.

🍀 피의 언약

히 9:7 오직 둘째 장막은 대제사장이 홀로 일 년에 한 번 들어가되

자기와 백성의 허물을 위하여 드리는 **피 없이는 아니하나니**

히 9:12 염소와 송아지의 **피로 하지 아니하고** 오직 자기의 **피로** 영원한 속죄를 이루사 단번에 성소에 들어가셨느니라

히 9:13 염소와 황소의 **피와** 및 암송아지의 재를 부정한 자에게 뿌려 그 육체를 정결하게 하여 거룩하게 하거든

히 9:14 하물며 영원하신 성령으로 말미암아 흠 없는 자기를 하나님께 드린 그리스도의 **피가** 어찌 너희 양심을 죽은 행실에서 깨끗하게 하고 살아 계신 하나님을 섬기게 하지 못하겠느냐

히 9:18 이러므로 첫 언약도 **피 없이** 세운 것이 아니니

히 9:19 모세가 율법대로 모든 계명을 온 백성에게 말한 후에 송아지와 염소의 **피** 및 물과 붉은 양털과 우슬초를 취하여 그 두루마리와 온 백성에게 뿌리며

히 9:20 이르되 이는 하나님이 너희에게 명하신 **언약의 피라** 하고

히 9:21 또한 이와 같이 **피를** 장막과 섬기는 일에 쓰는 모든 그릇에 뿌렸느니라

히 9:22 율법을 따라 거의 모든 물건이 **피로써** 정결하게 되나니 **피 흘림이** 없은즉 사함이 없느니라

히 9:25 대제사장이 해마다 다른 것의 **피로써** 성소에 들어가는 것 같이 자주 자기를 드리려고 아니하실지니

히브리서 9장에서 가장 많이 사용하고 있는 단어는 '피'라고 했습니다. 왜 그렇게 피를 강조한다고 했습니까? 피가 죄를 속하기 때문에(레 17:11), 죄인인 우리가 하나님께 나아가는 길에 대해 말하면서 피를 강조하고 있는 것입니다.

히 9:22 율법을 따라 거의 모든 물건이 피로써 정결하게 되나니 **피 흘림이 없은즉 사함이 없느니라**

피를 흘리지 않으면 죄 사함이 없습니다. 죄를 용서받을 수 있는 유일한 방법이 피밖에 없는 것입니다. 그러므로 하나님께 나아가는 자는 누구라도 모두 피를 가지고 나아가야 합니다. 그래서 하나님과 하나님 사이에 맺은 언약을 '피의 언약'이라고 합니다. 피로만 하나님 앞에 나아갈 수 있고, 피로만 하나님과의 관계가 맺어질 수 있기 때문입니다.

하나님과 인간 사이에 맺은 언약은 크게 두 가지로 나뉩니다. 그것은 옛 언약과 새 언약입니다. 성경은 두 가지 언약을 말하고 있습니다(갈 4:24). 옛 언약은 짐승의 피로 맺은 언약입니다. 그리고 새 언약은 예수의 피로 맺은 언약입니다. 아담의 자녀 가인과 아벨이 하나님 앞에 제사를 드릴 때 하나님께서 가인의 제사는 받지 않으시고 아벨의 제사만 받으

> 하나님과 인간 사이의 언약은 짐승의 피로 맺은 옛 언약과 예수의 피로 맺은 새 언약 두 가지로 나뉩니다.

셨습니다. 왜 아벨의 제사만 받으셨을까요? 아벨은 피의 예배를 드렸기 때문입니다. 아벨은 피를 가지고 하나님 앞에 나아갔지만, 가인은 피 없이 하나님 앞에 나아갔습니다. 성경은 이 사건을 통해 피가 없이는 하나님과 관계가 맺어질 수 없다는 것을 보여주고 있는 것입니다.

> 히 9:1 첫 언약에도 섬기는 예법과 세상에 속한 성소가 있더라

> (쉬운성경) <옛 언약의 예배> 첫 번째 언약에도 예배 규칙이 있었으며, 또한 예배를 위해 사람이 만든 장소도 있었습니다.

첫 언약이 옛 언약이고 첫 번째 언약입니다. 옛 언약에도 하나님 앞에 나아갈 때 규칙이 있었습니다. 그 규칙 중 가장 중요한 것이 바로 피를 가지고 하나님께 나아가는 것입니다.

> 히 9:18 이러므로 첫 언약도 피 없이 세운 것이 아니니

옛 언약, 첫 언약도 반드시 피가 필요했습니다.

> 히 9:19-22 모세가 율법대로 모든 계명을 온 백성에게 말한 후에 송아지와 염소의 피 및 물과 붉은 양털과 우슬초를 취하여 그 두루마리와 온 백성에게 뿌리며 이르되 이는 하나님이 너희에게 명하신 언약의 피라 하고 또한 이와 같이 피를 장막과 섬기는 일에 쓰는 모든 그릇에 뿌렸느니라 율법을 따라 거의 모든 물건이 피로써 정결하게 되나니 피흘림이 없은즉 사함이 없느니라

율법, 옛 언약, 첫 언약에서는 송아지와 염소와 같은 짐승의 피를 모세가 두루마리와 백성들에게 뿌려서 하나님과 언약이 세워졌음을 선포했습니다. 두루마리는 율법, 성경을 말하며 하나님을 나타냅니다. 하나님과 하나님의 백성들이 피로 언약되었음을 선포한 것입니다. 율법에서도 피를 뿌려서 죄 사함을 받고 모든 것을 정결하게 하였는데, 그 피는 짐승의 피였습니다.

> 히 9:7 오직 둘째 장막은 대제사장이 홀로 일 년에 한 번 들어가되 자기와 백성의 허물을 위하여 드리는 **피 없이는 아니하나니**

> (새번역) 그러나 둘째 칸 장막에는 대제사장만 일 년에 한 번만 들이기는데, 그때에는 반드시 자기 자신을 위하여, 또 백성이 모르고 지은 죄를 사하기 위하여 바칠 피를 가지고 들어갑니다.

> (쉬운말) 그러나 성소 안쪽에 있는 두 번째 방인 지성소에는 오직 대제사장만이 일 년에 단 한 번 들어갈 수 있었는데, 그때에 대제사장은 자기 자신의 죄를 용서받기 위해, 그리고 백성들이 모르고 지은 **모든 죄를 용서받기 위해, 반드시 희생제물의 피를 가지고 들어가야 했습니다.**

옛 언약, 첫 언약, 율법의 예배 규칙에 의하면, 두 번째 방인 지성소에는 대제사장만 일 년에 단 한 번 피를 가지고 들어갈 수 있었습니다. 성막은 성소와 지성소로 구분됩니다. 성소가 첫 번째 방이라면 하나님이 계신 지성소는 두 번째 방입니다. 왜 이러한 규칙을 만드셨을까요? 하나님은 이러한 예배 규칙을 만드시고 그것이 무엇을 의미하는지 성령을 통해서 가르쳐 주십니다. 히브리서 저자는 성령으로 그것을 깨닫고 8절에 이어서 기록했습니다.

> 히 9:8 성령이 이로써 보이신 것은 **첫 장막이 서 있을 동안에는 성소에 들어가는 길이 아직 나타나지 아니한 것이라**

> (쉬운말) 이런 사실을 통해 성령께서 우리에게 가르쳐 주시려는 것은, **첫 번째 장막이 서 있는 동안에는 지성소로 들어갈 수 있는 길이 아직 열려 있지 않았다는 것입니다.**

> (현대어) 성령께서 이를 통하여 우리에게 가르쳐 주시려 하는 것은 **옛 제도 아래서는 첫 번째 방이나 또 거기에 따르는 여러 제도가 있는 한 일반 사람들은 지성소에 들어갈 수 없다고 하는 것입니다.**

> (쉬운성경) 성령은 이것을 통해, **옛 성막 제도가 그대로 남아 있을 때는 지성소로 들어가는 길이 아직 열려 있지 않다는 것을 보여주셨습니다.**

성령이 가르쳐주시는 것은, 첫 번째 장막이 서 있는 동안에는 하나님이 계시는 두 번째 장막 곧 지성소로 들어갈 수 없다는 것입니다. 옛 제도가 무엇입니까? 옛 언약의 제도, 곧 율법 제도를 말합니다. 율법의 옛 제도 아래에서는 일반 사람들이 하나님께로 나아갈 수 없는 것입니다. 그래서 하나님이 하나님의 아들 예수를 보내어 하나님께로 나아갈 수 있는 길을 활짝 열어주셨습니다.

히 9:11 **그리스도께서는 장래 좋은 일의 대제사장으로 오사** 손으로 짓지 아니한 것 곧 이 창조에 속하지 아니한 **더 크고 온전한 장막으로 말미암아**

(쉬운성경) <새 언약의 예배> 그러나 <u>그리스도께서는 지금 우리가 가지고 있는 좋은 것들의 대제사장으로 오셨습니다. 그는 더 크고 완전한 성막에 들어가셨습니다.</u> 그것은 사람의 손으로 지은 것도 아니며, 이 세상에 속한 것도 아닙니다.

(쉬운말) 그러나 이제 <u>그리스도께서는 새 언약의 각양 좋은 것들을 주관하시는 대제사장으로 오셔서</u>, 사람의 손으로 지은 장막이 아닌, 다시 말하자면 이 세상의 피조물들에 속하지 않은 **더 위대하고 완전한 장막으로 들어가셨습니다.**

옛 언약 아래에서는 지성소로 가는 길이 열려 있지 않았는데, 그리스도께서 새 언약의 중보자로 오셔서 지성소로 들어갈 수 있는 새로운 길을 활짝 열어주셨습니다. 지금 우리가 가지고 있는 좋은 것들, 새 언약의 각양 좋은 것들은 하나님께로 나아갈 때 우리가 가지고 나아가는 예수의 피, 그 보혈의 능력입니다. 짐승의 피와 예수의 피는 비교 자체가 불가능합니다.

🍀 보혈의 능력

히 9:12 염소와 송아지의 피로 하지 아니하고 오직 **자기의 피로 영원한 속죄를 이루사** 단번에 성소에 들어가셨느니라

(쉬운말) 그 장막으로 들어가실 때, 그리스도께서는 염소나 송아지의 피를 가지고 들어가신 것이 아니라, 자기 자신의 피를 가지고 단 한 번 지성소에 들어가셔서, 우리에게 영원한 구원을 가져다 주셨습니다.

예수의 피는 우리에게 영원한 속죄와 영원한 구원을 가져다 주는 피입니다. 짐승의 피는 일회적인 피였습니다. 죄 사함을 받고 또 죄를 지으면 반복해서 짐승을 잡아 피를 내고 그 피를 들고 하나님 앞에 나아가야 했습니다. 그러나 예수의 피는 우리의 과거와 현재의 죄뿐 아니라 미래에 저지를지 모르는 모든 죄를 단 한 번에 씻어버리는 영원한 속죄의 피입니다.

> 영원한 속죄와 구원을 받고 언제라도 담대하게 하나님 앞에 나아가게 하는 것이 보혈의 능력입니다.

히 9:3 또 둘째 휘장 뒤에 있는 장막을 지성소라 일컫나니

마 27:51 이에 성소 휘장이 위로부터 아래까지 찢어져 둘이 되고 땅이 진동하며 바위가 터지고

지성소에는 아무나 들어갈 수 없도록 그것을 가리는 휘장이 있었습니다. 그런데 예수께서 십자가에 피 흘려 죽으심으로 지성소로 들어가는 휘장을 위로부터 아래로 찢으셔서 누구나 담대히 지성소에 들어가게 하셨습니다.

히 10:20 그 길은 우리를 위하여 휘장 가운데로 열어 놓으신 새로운 살 길이요 휘장은 곧 그의 육체니라

휘장은 예수 그리스도의 육체입니다. 예수께서 자신의 몸을 찢으심으로 하나님께 나아갈 수 있는 새로운 살 길을 열어주신 것입니다. 할렐루야! 그러므로 이제는 예수의 피만 있으면 누구나 하나님께 언제라도 담대히 나아갈 수 있습니다. 이것은 옛 언약 아래에서는 상상조차 할 수 없었던 일입니다. 어떻게 하나님이 계신 지성소에 감히 들어갈 수 있겠습니까! 대제사장조차 일 년에 단 한 번만 들어갈 수 있었는데 말입니다. 그런데 이제는 일 년에 한 번이 아니라 하루에 수십 번, 수만 번이라도 하나님 앞에 자유롭게 들락날락할 수 있게 되었습니다. 이것이 예수의 피로 세워진 새 언약의 위력입니다. 하나님과 죄인인 우리 사이를 연결해 주는 유일한 언약이 새 언약입니다. 그래서 죄인인 우리가 예수의 피로 말미암아 이제는 하나님 앞에 나아갈 수 있는 자격을 얻게 된 것입니다. 예수 그리스도께서 십자가에 피 흘려 죽으심으로 만인 제사장의 시대를 열어주신 것입니다.

눅 22:20 저녁 먹은 후에 잔도 그와 같이 하여 이르시되 이 잔은 내 피로 세우는 새 언약이니 곧 너희를 위하여 붓는 것이라

마 26:28(쉬운말) 이것은 새 언약을 표시하는 나의 피다. 곧 많은 사람의 죄를 용서하기 위하여 흘리는 나의 피다.

예수님의 피는 새 언약을 표시하는 피입니다. 이 피를 우리에게

부어주시는 이유가 무엇입니까? 죄인인 우리의 죄를 사할 뿐 아니라 하나님과 우리를 이어줄 수 있는 유일한 방법이 이것밖에 없기 때문입니다. 예수의 피를 우리에게 뿌려 우리의 죄를 사하고 하나님과 관계를 다시 맺게 해 주시겠다는 약속이 새 언약입니다.

성경을 기록한 목적은 예수께서 하나님의 아들 그리스도이심을 믿게 하려는 것이라고 했습니다(요 20:31). 하나님의 아들이라는 것은 죄 없는 몸으로 오셨다는 것이고, 죄 없는 몸으로 오신 이유는 우리의 죄를 대신 담당하시고 십자가에 피 흘려 죽으심으로 그 피로 우리의 죄를 씻어주시기 위한 것입니다. 예수와 예수의 피는 떼어놓고 말할 수 없습니다. 예수를 안다면 예수의 피를 알아야 하고, 예수의 피를 안다면 예수의 피로 세운 새 언약을 알아야 합니다. 성경 전체는 예수를 말하고 성경을 짜고 짜면 예수의 피가 나오는데, 예수의 피는 새 언약을 표시하는 피이기 때문입니다. 새 언약을 표시하는 예수의 피는 하나님과 죄인인 나 사이를 이어주는 유일한 수단이고 유일한 방법입니다. 하나님이 나의 하나님이 되게 하는 방법, 내가 하나님의 백성이 되는 방법은 예수의 피와 그것이 표시하는 새 언약 외에 다른 방법이 없습니다.

> 막 14:24(쉬운말) 그런 뒤, 예수께서 제자들에게 말씀하셨다. **"이 잔은 내 피다. 곧 모든 사람을 위하여 흘리는 새 언약의 피다."**

예수의 피는 모든 사람을 죄에서 구원하기 위해 흘리는 새 언약의 피입니다. 그러므로 예수를 믿는 자, 예수께서 흘리신 새 언약의 피를 아는 자들은 이것을 전해야 합니다. 예수님이 '모든 사람을 위하여' 흘리는 피라고 말씀하고 계시지 않습니까? 그런데 자기만 알고 자기만 죄 사함 받고 자기만 구원받으면 되겠습니까? 새 언약을 알게 되었으면 새 언약을 전해야 합니다. 구원받을 수 있는 길을 알고 있으면서도 죽어 가는 사람들에게 이것을 전하지 않는다면 나쁜 사람입니다. 새 언약은 예수님의 마지막 유언입니다. 이것을 전할 때 하나님이 기뻐하십니다.

07
두 번째 내 안에 오신 예수 그리스도
히브리서 9장

> 히 9:28 이와 같이 그리스도도 많은 사람의 죄를 담당하시려고 단번에 드리신 바 되셨고 구원에 이르게 하기 위하여 죄와 상관 없이 자기를 바라는 자들에게 두 번째 나타나시리라

성경은 예수께서 두 번째 나타나신다고 말씀합니다. 많은 사람이 예수님의 초림과 재림을 알고 있습니다. 그래서 두 번째 나타난다고 하면 당연히 재림을 가리킨다고 생각합니다. 그러나 여기에는 문제가 있습니다. 재림의 뜻은 '두 번째' 오시는 게 아니라 '다시' 오시는 것입니다. 하늘에 올라가셨던 모습 그대로 다시 오시는 것이 그리스도의 재림입니다. 그렇다면 여기서 말하고 있는 '두 번째 나타나는 것'은 무엇일까요?

> 재림은 '두 번째' 오시는 게 아니라 '다시' 오시는 것입니다.

갈 2:20 내가 그리스도와 함께 십자가에 못 박혔나니 그런즉 이제는 내가 사는 것이 아니요 오직 내 안에 그리스도께서 사시는 것이라 이제 내가 육체 가운데 사는 것은 나를 사랑하사 나를 위하여 자기 자신을 버리신 하나님의 아들을 믿는 믿음 안에서 사는 것이라

그리스도는 지금 내 안에 계십니다. 첫 번째 오신 예수님, 육신을 입고 오신 예수님은 우리 안에 들어오실 수 없습니다. 그러므로 바울이 "오직 내 안에 그리스도께서 사시는 것이라"고 고백한 것은 그리스도가 재림하셨다는 뜻이 아니라 두 번째 나타나셨다는 것을 의미하는 것입니다.

첫 번째 오신 것은 육신으로 동정녀 마리아를 통해 이 땅에 오신 것입니다. 그리고 두 번째 오신 것은 영으로 우리 안에 오시는 것입니다. 이것이 두 번째 나타나신 것입니다. 우리가 '재림'이라고 알고 있는 것은 세 번째 나타나시는 그리스도입니다.

> 첫 번째 육신으로 이 땅에 오셨던 예수님이, 두 번째는 영으로 내 안에 오십니다.

이러한 비밀은 하나님이 허락하시지 않으면 깨달을 수 없습니다. 예수 그리스도가 영으로 오신 분이 성령인데, 바울이 "이제는 내가 사는 것이 아니요 오직 내 안에 그리스도께서 사시는 것이라"고 말한 것은 예수 그리스도가 영으로 오셨다는 것이고 성령으로 오셨다는 것입니다. 이처럼 예수님이 반드시 내 안에 두 번째 나타나셔야 합니다. 왜 두 번째 나타나셔야 할까요?

예수와 구원, 그리고 새 언약은 떼려야 뗄 수 없는 관계입니다. 하나님은 새 언약으로 우리와 새롭게 언약을 하셨습니다. 새 언약은

예수의 피로 세워진 언약입니다. 우리가 예수를 믿으면 예수의 피로 하나님께서 우리를 반드시 완전히 그리고 영원히 구원해 주십니다. 그런데 여기에서 중요한 것이 있습니다. 예수님의 역할은 우리를 한 번 구원해 놓고 그것으로 끝나는 것이 아닙니다. "이제 구원받았으니, 네가 죄를 짓고 살든 말든 내 알 바 아니다!" 하고 내버려 두시는 것이 아니라, 우리 안에 오셔서 끝까지 구원을 이루어 가도록 함께하시고 우리의 구원을 보장해 주시는 것입니다. 이것이 하나님이 약속하신 구원입니다. 우리에게 구원을 약속하신 하나님은 예수님을 통해 끝까지 책임을 지고 영원토록 완전한 구원을 보장해 주시는 것입니다. 그래서 우리는 구원의 3단계를 분명히 알아야 합니다.

🍀 구원의 3단계

> 엡 2:8 너희는 그 은혜에 의하여 **믿음으로 말미암아 구원을 받았으니** 이것은 너희에게서 난 것이 아니요 하나님의 선물이라

우리는 구원을 받았습니다. 그런데 구원받은 사람이 타락할 수 있을까요, 없을까요? 구원받은 사람도 타락할 수 있습니다. 그래서 구원의 2단계가 필요한 것입니다.

> 빌 2:12 그러므로 나의 사랑하는 자들아 너희가 나 있을 때뿐 아니라 더욱 지금 나 없을 때에도 항상 복종하여 **두렵고 떨림으로 너희 구원을 이루라**

우리는 육신을 가지고 있기 때문에 언제든지 타락할 수 있고 죄

를 지을 수 있고 구원의 반열에서 떨어질 수 있습니다. 그래서 성경은 두렵고 떨림으로 너희 구원을 이루라고 말씀하는 것입니다. '구원을 이루라'는 것은 한 번 구원받은 것으로 끝이 아니라는 뜻입니다. 구원은 완성된 것이 아니라 주님이 다시 재림하시는 그 순간까지 진행형이라는 사실을 깨달아야 합니다. 그러므로 구원을 받았다면 그 구원을 잃어버리지 않도록 계속해서 구원을 이루어 가야 합니다. 구원받은 백성으로 살아야 한다는 뜻입니다. 그리고 그것을 위해 그리스도께서 우리 안에 들어오시는 것입니다.

> **딤후 4:18** 주께서 나를 모든 악한 일에서 건져내시고 또 그의 **천국에 들어가도록 구원하시리니** 그에게 영광이 세세무궁토록 있을지어다 아멘

믿음으로 구원을 받아서 두렵고 떨림으로 구원을 이루어 간 자들을 하나님께서 천국에 들어가도록 구원하십니다. 이것이 구원의 3단계입니다. 구원을 계획하시고 시작하신 하나님께서 그것을 이루어 가시려고 예수님을 이 땅에 보내셨습니다. 그래서 "아들을 낳으리니 이름을 예수라 하라 이는 그가 자기 백성을 그들의 죄에서 구원할 자이심이라"(마 1:21)고 하였습니다. 예수님은 자기 백성을 그들의 죄에서 구원하시려고 오신 분입니다. 그러므로 우리의 구원을 끝까지 책임져 주시는 분이 바로 예수 그리스도이십니다. 예수께서 이루신 구원, 우리가 받은 구원을 잃어버리지 않게 하시려고 예수께서 직접 우리 안에 두 번째

> 믿음으로 구원을 받아서 두렵고 떨림으로 구원을 이루어 간 자들을 천국에 들어가도록 구원하십니다.

07_두 번째 내 안에 오신 예수 그리스도

나타나시는 것입니다. 처음에는 육신으로 오셨던 예수님께서 성령으로 다시 오셔서 우리에게 주신 구원을 끝까지 완성하십니다.

그렇다면 육신으로 오셨던 예수님께서 왜 성령으로 다시 오셔야 했을까요? 육신으로는 우리 안에 들어오실 수 없기 때문입니다. 영으로 우리 안에 들어오셔서 우리와 함께하시려고 성령으로 두 번째 내 안에 나타나시는 것입니다.

♣ 새 언약을 가지고 오신 예수님

> 히 9:15(현대어) 그리스도께서는 이처럼 새로운 계약을 가지고 오셨습니다. 그리고 옛 제도 아래서 범한 죄의 형벌에서 인간을 구원하려고 죽으셨기 때문에 그분에게 초청받은 사람들은 모두 하나님께서 약속하신 놀라운 복을 영원히 받을 수 있게 될 것입니다.

예수님은 우리 안에 두 번째 나타나실 때 새 언약을 가지고 오십니다. 새 언약이 아니면 하나님과 관계를 맺을 수 없고 새 언약이 아니면 죄 사함도 구원도 없습니다. 예수의 피로 우리의 죄를 깨끗하게 사하시고 완전히 구원하시겠다고 약속하신 것이 새 언약입니다. 그러므로 새 언약이 아니면 구원이 없습니다.

그렇다면 예수께서 새 언약을 우리 안에 가지고 오셔서 우리를 완전한 구원에 이르게 하려고 무슨 일을 하십니까? 그것이 고린도후서에 나와 있습니다.

> 고후 3:6 그가 또한 우리를 새 언약의 일꾼 되기에 만족하게 하셨으니 율법 조문으로 하지 아니하고 오직 영으로 함이니 율법 조문은

죽이는 것이요 영은 살리는 것이니라

하나님께서 예수 그리스도를 보내어 우리를 새 언약의 일꾼 되기에 만족하게 하셨는데, 오직 '영으로' 그렇게 하셨다는 것입니다. 영으로 예수 그리스도를 우리 안에 두 번째 나타나게 하셔서 우리를 새 언약의 일꾼으로 살기에 조금도 부족함이 없도록 만족하게 하신 것입니다.

> 눅 22:20 저녁 먹은 후에 잔도 그와 같이 하여 이르시되 이 잔은 내 피로 세우는 새 언약이니 곧 너희를 위하여 붓는 것이라

예수님의 피는 새 언약을 세우는 피인데, 그것을 우리를 위하여 붓는다는 것은 새 언약을 이루어 주시겠다는 것이고, 새 언약의 일꾼으로 살기에 부족함이 없도록 예수의 피를 계속해서 부어주시겠다는 뜻입니다.

> 고후 3:6(쉬운말) 하나님께서는 우리에게 새 언약의 일꾼이 될 수 있는 자격을 주셨습니다. 이 새 언약은 문자로 기록된 것이 아니라, 성령으로 기록되었습니다. 문자는 사람을 죽이는 것이지만, 성령은 사람을 살리는 것이기 때문입니다.

새 언약은 문자로 돌판에 기록된 것이 아니라 성령으로 마음판에 기록된 것입니다. 새 언약이 내 안에 일단 들어오게 되면 이제까지의 신앙생활과는 모든 게 달라집니다. 이전의 신앙생활은 아무리 훌륭한 목사의 설교를 듣고 은혜를 받아도 그 은혜가 오래 못 가고,

삐치고 시험에 들기를 반복하는 신앙생활이었습니다. 문자로 기록된 말씀을 사람에게 가르침 받는 것은 육신의 생각으로 들어가서 지식으로 자리잡습니다. 지식은 사람을 교만하게 할 뿐(고전 8:1) 그것이 나의 생명을 풍성하게 하지는 못합니다. 그런데 새 언약은 말씀이 성령으로 마음에 기록되는 것입니다. 문자가 아니라는 말입니다. "이 새 언약은 문자가 아니라 성령으로 기록된 것이라…" 얼마나 멋집니까! 얼마나 감동이 됩니까! 말씀이 마음에 기록되면 그 말씀이 곧 마음이 되기 때문에 말씀대로 살게 됩니다. 말씀이 생명이 되고 경험되는 것입니다. 이것이 새 언약의 신앙생활, 진짜 신앙생활입니다.

말씀이 지식에 머물러 있으면 안 됩니다. "말씀이 지식을 넘어 경험되게 하시고 생명 되게 하옵소서!" 항상 이렇게 기도해 보십시오. 놀라운 일이 벌어집니다. 성령은 사람을 살리는 것입니다. 새 언약은 사람을 살리는 것입니다. 언제, 어디서 무슨 일이 생기든 새 언약만이 나를 살릴 수 있습니다. 우리는 무슨 말을 해놓고 그 말에 책임지지 못하는 경우가 많습니다. 무책임한 사람들이 얼마나 많은지 모릅니다. 그러나 하나님은 한번 말씀하신 것을 끝까지 책임지시는 분입니다. 예수를 우리에게 구원자로 보내신 것은, 그 예수를 통해 우리에게 영원토록 완전한 구원을 책임져 주시겠다는 하나님의 뜻과 의지가 담겨 있는 것입니다. 그래서 그 뜻을 따라 먼저는 육신으로 오신 예수 그리스도께서 모든 구원을 이루어 놓으시고,

> 새 언약을 가지고 두 번째 내 안에 오신 예수 그리스도께서 끝까지 구원을 책임져 주십니다.

당신의 피 값으로 이루신 구원을 빼앗기지 않도록 그분이 직접 새 언약을 가지고 성령으로 우리 안에 들어오셔서 끝까지 우리의 구원

을 책임져 주십니다.

> 히 9:28 이와 같이 **그리스도도 많은 사람의 죄를 담당하시려고 단번에 드리신 바 되셨고 구원에 이르게 하기 위하여** 죄와 상관 없이 자기를 바라는 자들에게 **두 번째 나타나시리라**

첫 번째 오신 예수 그리스도는 많은 사람의 죄를 담당하시려고 단번에 십자가에 죽으셨습니다. 그리고 예수께서 피 흘려 죽으심으로 이제는 죄와 상관없게 된 자들을 구원에 이르게 하시려고 성령으로 두 번째 우리 안에 나타나십니다.

구원은 전적으로 하나님의 고유 사역입니다. 내가 구원받으려고 아무리 노력해도 내 노력으로는 구원에 이를 수 없습니다. 구원은 끝까지 하나님이 책임져 주시는 것입니다.

> 롬 8:9-10 만일 너희 속에 **하나님의 영이 거하시면** 너희가 육신에 있지 아니하고 영에 있나니 누구든지 **그리스도의 영이 없으면 그리스도의 사람이 아니라** 또 **그리스도께서 너희 안에 계시면** 몸은 죄로 말미암아 죽은 것이나 **영은 의로 말미암아 살아 있는 것이니라**

하나님의 영이 그리스도의 영이고 성령입니다. 그리스도께서 우리 안에 어떻게 계십니까? 영으로 계시는 것입니다. 이것을 위해 그리스도께서 영으로 우리 안에 두 번째 나타나십니다. 누구든지 그리스도의 영이 없으면, 곧 그리스도께서 우리

> 그리스도께서 내 안에 영으로 두 번째 나타나셔야 구원받은 것입니다.

안에 두 번째 나타나시지 않으면 그리스도의 사람이 아니고 구원받은 것이 아닙니다.

구원은 그냥 지식적으로 예수를 안다고 받는 것이 아닙니다. 아무리 자신은 구원받았다고 우겨도 구원되시는 예수님이 내 안에 들어오시지 않았다면 구원받은 것이 아닙니다. 구원되시는 예수님이 내 안에 영으로 두 번째 나타나셔야 진짜 구원받은 것입니다. 교회에 수십 년 다니면서도 이것을 알지 못하고 경험하지 못한 사람들이 수없이 많습니다.

그리스도께서 예수의 피로 세운 새 언약을 가지고 내 안에 들어오셔야 합니다. 예수님만이 나를 새 언약으로 살게 하십니다. 예수님이 우리를 새 언약의 일꾼으로 살기에 조금도 부족함이 없게 하셨습니다. 그러므로 새 언약을 이루신 예수님이 영으로 내 안에 들어오셨다는 말은 이제부터 새 언약으로만 살게 하시려고 내 안에 들어오셨다는 뜻입니다. 새 언약은 말씀이 돌판에 문자로 기록된 것이 아니라 성령으로 마음에 기록된 것입니다.

☘ 천국에 들어가도록 구원하시리니

> 마 13:51-52 이 모든 것을 깨달았느냐 하시니 대답하되 그러하오이다 예수께서 이르시되 그러므로 **천국의 제자 된 서기관마다 마치 새것과 옛것을 그 곳간에서 내오는 집주인과 같으니라**

마태복음 13장은 천국에 대한 비유로 가득 찬 천국 장입니다. 여러 가지 비유로 천국에 대해 말씀하신 예수님이 제자들에게 "이 모든 것을 깨달았느냐?" 하고 물으십니다. 그리고 결론적으로 하시는 말씀이 천국에 들어갈 사람, 천국에 대해 가르침을 받은 사람들은 자기 곳간에서 새것과 옛것을 구분해서 내올 수 있는 집주인과 같다고 말씀하십니다. 다시 말하면 성경에서 새 언약과 옛 언약을 구분할 수 있다는 뜻입니다.

옛것으로는 천국에 들어갈 수 없습니다. 오직 새것으로만, 새 언약으로만 천국에 들어갈 수 있습니다. 옛것, 옛 언약은 율법을 말합니다. 말씀을 돌판에 문자로 기록한 것을 사람이 가르쳐 지키게 하는 것입니다. 우리에게 말씀을 지키라고 요구하는 것입니다. 그런데 말씀대로 살 수 있는 사람이 있습니까? 죄인인 우리는 죽었다 깨어나도 율법을 다 지키고 살 수 없습니다. 그런데 새 언약은 돌판이 아니라 마음판에 말씀을 기록해 주시는 것입니다. 사람이 가르치는 것이 아니라 성령께서 직접 가르쳐 주시는 것입니다. 다시 말해 예수 그리스도께서 영으로 내 안에 들어와 나와 함께하시며 내가 말씀대로 살 수 있도록 이끌어 주시는 것입니다. "내가 너로 하여금 말씀대로 살게 해 주겠다!" 이것이 복음입니다. "빛이 있으라!"고 말씀하시니 그대로 되었던 전능하신 하나님께서 말씀하시면 그대로 이루어지는 것입니다.

> 그리스도께서 나와 함께 하시며 나를 말씀대로 살도록 이끌어 주시려고 내 안에 영으로 두 번째 나타나십니다.

> 신 30:14 오직 그 **말씀**이 네게 매우 가까워서 네 입에 있으며 네 마음에 있은즉 네가 이를 행할 수 있느니라

말씀이 마음에 기록되면 말씀대로 행할 수 있습니다. 이 일을 우

리 안에 계신 성령께서 하시는 것입니다. 이것이 새 언약입니다.

> **히 8:10** 또 주께서 이르시되 그날 후에 내가 이스라엘 집과 맺을 언약은 이것이니 **내 법을 그들의 생각에 두고 그들의 마음에 이것을 기록하리라** 나는 그들에게 하나님이 되고 그들은 내게 백성이 되리라

> **(쉬운성경)** 나중에 내가 다시 이스라엘 백성과 함께 **새 언약을 맺을 것이다. 내가 나의 가르침을 그들의 마음속에 새기고 그들의 가슴에 기록할 것이다.** 나는 그들의 하나님이 되고, 그들은 내 백성이 될 것이다.

> **(쉬운말)** 또 나 주가 말한다. '그때 이후로 내가 이스라엘 집과 맺을 언약은 이것이다. 곧, 나는 **내 율법을 그들의 생각 속에 집어넣고, 그들의 마음속에 새길 것이다.** 그리하여 나는 그들의 하나님이 되고, 그들은 나의 백성이 될 것이다.

새 언약은 돌판에 새겼던 율법을 우리의 마음속에 새겨주시는 것입니다. 이렇게 하신 후에 "나는 너의 하나님이고 너는 내 백성이다!" 하고 선포해 주십니다. 하나님의 말씀대로 살지도 못하는데 그들이 하나님의 백성이라면 하나님 입장에서 얼마나 부끄러운 일이겠습니까! 그래서 하나님은 우리로 하여금 하나님의 말씀을 지키고 살 수 있도록 완전하게 만들어 주신 이후에 떳떳하게 "말씀대로 사는 그들이 내 백성이다!"라고 만천하에 공표하시는 것입니다. 반드시 이렇게 만들어 주시겠다고 약속하신 것이 새 언약입니다. 이 약속을 이루어 주시려고 예수 그리스도께서 내 안에 두 번째 영으로 나타나십니다(히 9:28).

08

율법은 그림자, 실체는 복음

히브리서 10장

히 10:1-5 율법은 장차 올 좋은 일의 그림자일 뿐이요 참 형상이 아니므로 해마다 늘 드리는 같은 제사로는 나아오는 자들을 언제나 **온전하게 할 수 없느니라** 그렇지 아니하면 섬기는 자들이 단번에 정결하게 되어 다시 죄를 깨닫는 일이 없으리니 어찌 제사 드리는 일을 그치지 아니하였으리요 그러나 이 제사들에는 해마다 죄를 기억하게 하는 것이 있나니 이는 **황소와 염소의 피가 능히 죄를 없이 하지 못함이라** 그러므로 주께서 세상에 임하실 때에 이르시되 하나님이 제사와 예물을 원하지 아니하시고 오직 나를 위하여 한 몸을 예비하셨도다

율법은 장차 올 좋은 일의 그림자입니다. 그림자가 있다는 것은 실체가 있다는 뜻입니다. 실체가 바로 '장차 올 좋은 일'입니다. 그것이 무엇일까요? 오늘 말씀을

> 그림자가 있다는 것은 실체가 있다는 뜻입니다.

통해 하나님께서 주시는 은혜가 있기를 축원합니다.

하나님께 속한 사람은 하나님의 말씀을 듣습니다. 그러므로 말씀이 들리지 않으면 혹시라도 아직 구원에 이르지 못한 것은 아닌지 한 번쯤 생각해 보아야 합니다. 구원받았다는 것은 마귀의 손아귀에서 벗어나 하나님께 속한 자가 되었다는 뜻이고, 하나님과 소통할 수 있는 존재가 되었다는 뜻입니다. 육신을 입고 태어난 우리는 모두 죄인입니다. 죄인은 죄로 인해 하나님과의 관계가 단절된 사람입니다. 그래서 하나님의 말씀을 들을 수 없고 하나님과 소통이 이루어질 수 없습니다. 그럼에도 하나님께서 하나님의 백성과는 다시 관계를 맺으시려고 언약을 세우시는데, 이것을 '피의 언약'이라고 합니다. 죄인들이 하나님 앞에 나아가기 위해서는 반드시 피가 있어야 하기 때문입니다.

> 레 17:11 **육체의 생명은 피에 있음이라** 내가 이 피를 너희에게 주어 제단에 뿌려 너희의 생명을 위하여 속죄하게 하였나니 **생명이 피에 있으므로 피가 죄를 속하느니라**

피가 죄를 속하기 때문에, 죄인인 우리가 하나님께 나아가기 위해서는 반드시 죄를 씻을 수 있는 '피'를 가지고 나아가야 하는 것입니다.

> 히 9:7 오직 둘째 장막은 대제사장이 홀로 일 년에 한 번 들어가되 자기와 백성의 허물을 위하여 드리는 **피 없이는 아니하나니**

> (쉬운말) 그러나 성소 안쪽에 있는 **두 번째 방인 지성소에는 오직 대**

제사장만이 일 년에 단 한 번 들어갈 수 있었는데, 그때에 대제사장은 자기 자신의 죄를 용서받기 위해, 그리고 백성들이 모르고 지은 모든 죄를 용서받기 위해, **반드시 희생제물의 피를 가지고 들어가야 했습니다.**

(현대어) 그러나 그 안쪽에 있는 방에만 대제사장만이 일년에 단 한 번 그것도 혼자서만 들어갈 수 있었습니다. 그때 그는 **모든 백성의 죄는 물론 자신의 허물과 죄를 용서받기 위한 제물의 피를 가지고 들어가 뿌렸습니다.**

모든 사람이 하나님과 관계가 끊어졌지만, 그래도 하나님의 백성들과는 관계를 완전히 끊지 않으시고 그 끊어진 관계를 다시 회복시키시려고 하나님께서 그들과 특별히 언약을 맺으십니다. 우리도 하나님과 언약이 이루어진 하나님의 백성인 줄 믿습니다. 예수를 믿는 모든 사람, 하나님을 믿는 모든 사람은 하나님과 언약이 이루어진 사람입니다. 하나님은 택한 자와 언약을 맺으신다고 말씀하셨고 그 언약을 맺기 위해서는 반드시 '피'가 있어야 하는 것입니다. '피'를 가지고 계십니까?

> **시 89:3** 주께서 이르시되 **나는 내가 택한 자와 언약을 맺으며** 내 종 다윗에게 맹세하기를

하나님은 하나님이 택한 자와 언약을 맺으십니다. 그 언약은 반드시 '피'로 맺는 것입니다. 그러므로 내가 하나님과 언약을 맺었다면 나에게도 '피'가 있어야 합니다. 하나님의 백성들이 하나님께 나아갈

때 반드시 '피'를 가지고 나아가야 하기 때문입니다.

여기까지 깨달아졌다면, 다시 본문을 보겠습니다.

🍀 그림자와 실체는 다르다

히 10:1 율법은 장차 올 좋은 일의 그림자일 뿐이요 참 형상이 아니므로 해마다 늘 드리는 같은 제사로는 나아오는 자들을 언제나 온전하게 할 수 없느니라

(쉬운말) 율법은 장차 있을 좋은 것들의 그림자에 불과할 뿐이고, 실체가 아닙니다. 그렇기에 똑같은 제사를 해마다 반복해서 드릴지라도, 예배를 드리기 위해 하나님께 나아오는 사람들을 온전하게 만들 수 없습니다.

'율법'이 '그림자'라면 그 그림자의 '실체'는 '복음'입니다. 그림자와 실체는 어떤 차이가 있을까요? 손을 예로 들어봅시다. 실체인 손이 있고 손의 그림자가 있습니다. 손의 그림자로는 주전자를 들 수 없습니다. 다만 그림자를 통해 '이것이 손이구나!' 하는 정도를 짐작할 수 있을 뿐입니다. 이 말은 그림자와 실체는 엄청난 차이가 있다는 것입니다. 그림자로는 아무것도 할 수 없습니다. 그림자인 율법과 실체인 복음도 마찬가지입니다. 하나님은 우리를 구원하시려는 계획을 세우시고 그 과정 가운데 하나로 율법을 주셨습니다. 그러나 율법은 위대하신 하

> 율법이 그림자라면 그 그림자의 실체는 복음입니다.

나님의 구원을 이루시는 과정 가운데 하나로, 우리를 복음으로 인도하시려고 주신 것뿐입니다. 율법이 아무리 훌륭하다 할지라도 율법으로는 우리를 구원할 수 없습니다. 율법을 통해서는 '아, 하나님이 우리를 구원하려고 하시는구나!' 하는 정도를 알 뿐입니다. 그것으로 구원받을 수

> 율법의 실체인 복음으로만 우리를 구원할 수 있습니다.

는 없습니다. 오직 율법의 실체인 복음으로만 우리를 구원할 수 있는 것입니다.

그렇다면 이 말씀을 통해 각자에게 적용해 보아야 합니다. 나는 정말 복음을 듣고 있는가? 하나님의 입으로부터 나오는 말씀을 듣고 있는가? 나는 정말 구원받은 하나님의 자녀인가 심각하게 생각해 보아야 합니다. 구원받았다는 것은 죄로부터 구원받았다는 것이고, 이제는 하나님과 막혀 있던 관계가 뚫려서 하나님과 자유롭게 소통할 수 있는 존재가 되었다는 뜻입니다. 하나님의 말씀을 먹고 사는 하나님의 자녀가 되었다는 말입니다. 구원받은 모든 사람은 육신의 생명을 예수 그리스도와 함께 십자가에 못 박고, 또 부활하신 예수 그리스도와 함께 부활하여 하나님의 생명으로 다시 태어난 자들입니다. 하나님의 생명으로 태어난 자들은 하나님의 말씀을 먹고 삽니다. "내가 너희에게 이른 말이 영이요 생명이라"(요 6:63) 하시지 않았습니까? 하나님의 말씀이 곧 생명입니다.

육신의 생명과 하나님의 생명은 다릅니다. 요즘 건강을 생각해서 녹즙을 챙겨 먹는 사람들이 있습니다. 그런데 좋은 녹즙기를 통해서 녹즙을 먹으며 내 육신을 건강하게 하고 혈관을 맑게 할 수는 있지만, 영혼을 맑게 할 수는 없습니다. 내 영혼을 맑게 하는 건 하나

님의 말씀입니다. '영생'은 단순히 영원히 산다는 뜻이 아닙니다. 영원하신 하나님의 생명이 내 안에 들어와 그 생명으로 산다는 뜻입니다. 예수 믿으면 영생을 얻는다는 말은, 예수 믿으면 하나님이 주신 생명으로 산다는 뜻입니다. 그런데 구원받았다고 하면서도 하나님의 말씀을 듣지 않습니다. 그러면서 '한 번 구원은 영원한 구원이다!' 하고 제멋대로 삽니다. '한 번 구원은 영원한 구원'이라는 말은 하나님의 입장에서 그렇다는 뜻입니다. 우리를 구원하신 하나님은 우리를 떠나지 않고 그 구원이 영원한 구원이 되도록 계속해서 우리를 구원의 길로 인도하신다는 뜻입니다. 그러므로 구원받은 하나님의 자녀라면 계속해서 성령님의 인도하심을 받아 하나님이 주신 생명으로, 하나님의 말씀을 먹고 살아야 합니다. 육신으로 태어난 사람도 밥을 먹지 않으면 힘이 없고 사람 구실을 할 수 없습니다. 제대로 영양분을 섭취하지 않으면 병에 걸립니다. 마찬가지입니다. 영적으로 건강하게 성장하기 위해서는 하나님의 말씀을 먹어야 하는 것입니다.

구원받았다는 것은 죄로 인해서 단절되었던 하나님과의 관계가 다시 회복되었다는 뜻이고, 하나님과 소통할 수 있는 길이 열렸다는 뜻입니다. 하나님의 말씀을 다시 들을 수 있게 되었다는 뜻입니다. 영적인 생명은 하나님의 말씀을 먹고 사는 생명이기 때문에, 말씀을 먹지 못하면 영이 갈급해집니다. 그래서 말씀을 먹기 위해 말씀을 찾아가는 것입니다. 육신의 생명도 배가 고프면 먹을 것을 찾아가지 않습니까? 이것은 너무나 당연한 것입니다. 하나님께 구원받은 우리의 영혼은 하나

> 구원받은 것은 하나님의 생명으로 거듭난 것이고, 하나님의 말씀을 먹고 사는 생명이 된 것입니다.

님의 말씀을 먹어야만 그 생명이 풍성해질 수 있습니다. 우리가 구원받았다는 얘기는, 하나님의 생명으로 거듭났다는 얘기고, 하나님의 생명으로 거듭났다는 얘기는 이제는 하나님의 말씀을 먹고 사는 생명이 됐다는 말입니다. 육신의 밥만 먹고 사는 생명, 육신의 생명으로 사는 것이 아니라 구원받은 사람은 하나님이 주신 생명, 하나님의 말씀을 먹고 사는 생명으로 바뀌었다는 말입니다.

그런데 말씀이 들리지 않습니다. 세상의 이야기를 하고 간증을 하고 재미난 이야기를 하면 깔깔대고 좋아하면서 하나님의 말씀을 시작하면 못 알아듣고 꾸벅꾸벅 졸기 시작한다면 구원받은 것이 아니고 하나님의 생명으로 거듭나지 못한 것입니다. 하나님의 생명으로 거듭난 우리의 영은 항상 하나님을 향해 있다는 것을 알아야 합니다. 하나님이 주시는 것, 하나님이 공급해 주시는 것이 아니면 살 수 없는 생명이기 때문입니다. 그런데 하나님이 공급해 주시는 것은 하나도 받지 못하면서 돼지처럼 육신의 것만 찾아서 오늘은 돼지고기, 내일은 소고기, 모레는 회를 먹고 그다음엔 또 뭘 먹을까를 생각하고 있다면 심각하게 나는 정말 구원받았는지 고민해 보아야 한다는 것입니다.

말씀이 들리지 않으면 하나님의 말씀이 들리게 해달라고 기도해야 합니다. 구원받은 자들은 육신의 음식을 탐하는 자들이 아니라, 영의 양식을 탐하는 자들입니다. 그래서 말씀을 먹어야만 하고 말씀이 들려야만 합니다.

렘 6:10 내가 누구에게 말하며 누구에게 경책하여 듣게 할꼬 보라 그 귀가 할례를 받지 못하였으므로 듣지 못하는도다 보라 여호와의 말씀을 그들이 자신들에게 욕으로 여기고 이를 즐겨 하지 아니하니 하나님은 택한 자들을 구원하셔서 하나님의 생명으로 거듭나게 하시고 이제는 그 생명으로 계속해서 살 수 있도록 말씀을 들려주십니다. 그러므로 하나님의 생명으로 살기 위해서는 귀가 할례를 받아야 합니다. 할례받은 귀가 아니라면 하나님의 말씀이 들리지 않습니다. 말씀이 들리지 않으니까 말씀을 전해도 항상 "목사님이 또 까네…" 하면서 자신들에게 욕하는 것으로 듣는 것입니다.

지금은 마지막 때입니다. 심판대가 가까이 왔습니다. 그러므로 무엇을 먹을까, 무엇을 마실까, 무엇을 입을까 하면서 돌아다니지 말고 먼저 그의 나라와 그의 의를 구해야 합니다. 이것이 하나님의 말씀입니다. 지금은 정신 똑바로 차리고 신앙생활을 바르게 해야 할 때입니다. 사람의 말 한마디에 휘청거리는 신앙, 거짓말로 믿고 믿는 척만 하는 신앙에서 벗어나 제대로 믿는 진짜 신앙생활을 해야 할 때입니다.

율법은 그림자요 실체는 복음이라고 했는데, 복음은 바로 예수 그리스도입니다(롬 1:2-4).

♣ 실체는 복음, 복음은 예수 그리스도

> 히 10:8-10 위에 말씀하시기를 주께서는 **제사와 예물과 번제와 속죄제는 원하지도 아니하고 기뻐하지도 아니하신다** 하셨고 (이는 다 율법을 따라 드리는 것이라) 그 후에 말씀하시기를 보시옵소서 **내가 하나님의 뜻을 행하러 왔나이다** 하셨으니 그 **첫째 것을 폐하심은 둘째 것을 세우려 하심이라** 이 뜻을 따라 예수 그리스도의 몸을 단번에 드리심으로 말미암아 우리가 거룩함을 얻었노라

율법으로는 하나님을 기쁘시게 할 수 없습니다. 율법에 따라 제사와 예물과 번제와 속죄제를 드린다고 하나님이 그것을 기뻐하시는 것이 아닙니다. 율법은 더 좋고 완전한 복음, 하나님의 뜻을 행하려고 오신 예수 그리스도께로 우리를 인도하도록 주신 것입니다.

> 롬 3:20 그러므로 율법의 행위로 그의 앞에 의롭다 하심을 얻을 육체가 없나니 **율법으로는 죄를 깨달음이니라**

율법은 우리를 구원할 수 없습니다. 율법으로는 죄를 깨닫는 것입니다. 이것이 율법의 첫 번째 기능입니다.

> 갈 3:24 이같이 **율법이 우리를 그리스도께로 인도하는 초등교사가 되어** 우리로 하여금 믿음으로 말미암아 의롭다 함을 얻게 하려 함이라

율법의 두 번째 기능은 우리를 그리스도께로 인도하는 것입니다. 죄를 깨닫게 하여 우리를 죄에서 구원하실 예수 그리스도께로 인도하는 것이 우리에게 율법을 주신 목적입니다. 이 두 가지만 마음에 새기면 됩니다. 그런데 이것을 알지 못하고 율법을 지키라고 강조하는 사람들이 있습니다. 율법을 지켜서 구원받으려는 사람은 저주 아래 있는 것입니다(갈 3:10). 마귀의 힘은 율법에 있습니다(고전 15:56). 그래서 율법을 지켜야 구원받는다고 우리를 속여서 율법을 지키지 못한 죄책감으로 우리를 옭아매는 것입니다. 하나님께서 구원의 과정 가운데 먼저 율법을 주신 이유는 자신이 죄인이라는 걸 깨달아야 죄인을 부르시는 예수께로 가서 구원받을 수 있기 때문에, 죄를 깨닫게 하려고 주신 것입니다. '나는 어찌할 수 없는 죄인이구나…나에

게는 반드시 구원이 필요하고, 나를 죄에서 건져낼 구원자가 필요하구나…' 이것을 알게 하려고 그림자로 주신 것이 율법입니다.

> 마 1:21 아들을 낳으리니 이름을 **예수라** 하라 이는 그가 **자기 백성을 그들의 죄에서 구원할 자이심이라** 하니라

예수는 자기 백성을 그들의 죄에서 구원할 자입니다. 우리를 죄에서 구원할 분은 예수밖에 없습니다. 그래서 율법으로 죄를 깨닫게 하여 우리를 죄에서 구원할 예수께로 인도하시는 것입니다. 율법은 우리를 그리스도에게로 인도하는 지도교사입니다. 예수 그리스도가 복음입니다.

> **히 10:1-4** 율법은 장차 올 좋은 일의 그림자일 뿐이요 참 형상이 아니므로 해마다 늘 드리는 같은 제사로는 나아오는 자들을 언제나 **온전하게 할 수 없느니라** 그렇지 아니하면 섬기는 자들이 단번에 정결하게 되어 다시 죄를 깨닫는 일이 없으리니 어찌 제사 드리는 일을 그치지 아니하였으리요 그러나 이 제사들에는 **해마다 죄를 기억하게 하는 것이 있나니** 이는 황소와 염소의 피가 **능히 죄를 없이 하지 못함이라**

율법은 그림자일 뿐입니다. 그림자인 율법 아래 있을 때는 짐승의 피로 하나님 앞에 나아갔습니다. 그러나 짐승의 피로 드리는 제사는 항상 죄를 다시 생각나게 할 뿐이었습니다. 짐승의 피로는 우리의 죄를 완전히 제거할 수 없었기 때문에 짐승의 피를 가지고 하나님 앞에 나아갔다가 그 후에는 또 죄를 짓는 생활이 반복됩니다. 그래

서 그 후에 또 하나님 앞에 나아갈 때는 다시금 짐승을 잡아 그 피를 들고 나아가야 했습니다.

> 히 10:5 그러므로 주께서 세상에 임하실 때에 이르시되 **하나님이 제사와 예물을 원하지 아니하시고 오직 나를 위하여 한 몸을 예비하셨도다**

그래서 하나님이 우리를 구원할 실체를 준비하셨는데, 그분이 바로 죄 없는 몸으로 오신 하나님의 아들 예수 그리스도이십니다.

> 우리를 구원하려고 하나님이 준비하신 실체는 죄 없는 몸으로 오신 하나님의 아들 예수 그리스도입니다.

> 히 10:8 위에 말씀하시기를 주께서는 제사와 예물과 번제와 속죄제는 원하지도 아니하고 기뻐하지도 아니하신다 하셨고 (이는 다 **율법을 따라 드리는 것이라**)

(쉬운말) 이와 같이 그리스도께서는 먼저 "주님은 제사와 예물과 번제물과 속죄제물을 원하지도, 기뻐하지도 않으셨습니다." 하고 말씀하셨습니다. 사실, 이런 것들은 모두 **옛 언약인 율법에 따라 드리는 것들입니다.**

율법이 옛 언약입니다. 율법이 그림자라고 했는데 이것이 옛 언약이니까, 실체는 복음이고 그것이 새 언약입니다. 옛 언약은 그림자, 새 언약이 실체입니다. 짐승을 잡아서 그 피로 하나님 앞에 나아갔던 것이 그림자인 옛 언약이고, 하나님이 준비하신 한 몸 곧 죄 없는 몸으로 이 땅에 오신 하나님의 아들 예수의 피로 하나님 앞에 나아가게 하신 것이 실체인 새 언약입니다.

짐승의 피로 하나님 앞에 나아갔던 그림자인 옛 언약에서는 하나님 앞에 나아갈 때마다 반복해서 짐승을 잡아 그 피를 들고 나아가야 했지만, 아들의 피로 하나님 앞에 나아가게 된 새 언약은 이와 다릅니다. 예수 그리스도께서 단 한 번 십자가에 피 흘려 죽으심으로 우리에게 영원한 속죄와 완전한 구원을 이루어 주셨기 때문에 반복해서 피를 흘리셔야 할 필요도 없고 다른 어떠한 피를 들고 나아가야 할 필요도 없습니다. 언제라도 하나님 앞에 당당하게 나아갈 수 있도록 새로운 길을 하나님의 아들 예수께서 자기 몸을 찢으심으로 활짝 열어 놓으셨기 때문입니다.

새 언약은 죄로 인해 하나님과 관계가 단절되었던 하나님의 백성들을 위해 하나님이 새롭게 맺으신 언약인데, 이 언약은 오직 하나님의 아들 예수의 피로만 하나님 앞에 나아갈 수 있게 하신 언약입니다. 하나님의 아들 예수를 통해서만 하나님과 새롭게 관계를 맺게 하신 것이 새 언약입니다.

> 짐승의 피로 하나님 앞에 나아갔던 게 그림자인 옛 언약이고, 하나님의 아들 예수의 피로 하나님 앞에 나아가는 게 실체인 새 언약입니다.

> 히 10:9-10 그 후에 말씀하시기를 보시옵소서 **내가 하나님의 뜻을 행하러 왔나이다** 하셨으니 그 **첫째 것을 폐하심은 둘째 것을 세우려 하심이라 이 뜻을 따라 예수 그리스도의 몸을 단번에 드리심으로** 말미암아 우리가 거룩함을 얻었노라

(쉬운말) 그런 다음에 그리스도께서는 또 "보십시오, 하나님! 내가 주님의 뜻을 이루려고 이 세상에 왔습니다." 하고 말씀하셨습니다. 이처럼 **그리스도께서는 두 번째 것 곧 새 언약을 세우시려고, 첫 번째 것 곧 옛 언약을 폐하셨습니다.** 결국 하나님의 이런 뜻에 따라, 이 세상에 오신 그리스도께서는 **우리 죄를 없애시려고 자기 몸을 단번에 바치셨고**, 그 결과로 오늘날 우리는 거룩하게 되었습니다.

예수 그리스도께서 옛 언약을 폐하시고 새 언약을 세우셨다는 것은 그림자를 몰아내시고 실체를 드러내셨다는 뜻입니다. 복음의 실체인 예수께서 등장하심으로 우리가 영원토록 하나님 앞에 나아갈 수 있도록 완전한 구원에 이를 수 있는 새로운 길을 열어 놓으셨습니다. 옛 언약을 폐하시고 새 언약을 세웠다는 것은 짐승의 피로 나아갔던 방법을 폐하시고 오직 예수의 피로 하나님 앞에 나아가게 하셨다는 뜻입니다. 그러므로 우리 안에 예수의 피가 있어야 합니다. 하나님 앞에 나아가는 자는 반드시 피를 가지고 나아가야 하고, 새 언약은 하나님의 아들 예수의 피로 세워진 언약이기 때문입니다.

히 10:11-20(현대어) 옛 계약 아래서는 제사장들이 날마다 제단 앞에 서서 희생제물을 드렸으면서도 **결코 우리의 죄를 제거할 수 없었습니다. 그러나 그리스도께서는 언제까지나 유효한 단 한 번의 희생제물로서 자신의 몸을 하나님께 드리고 우리 죄를 용서받으셨습니다.** 그러고 나서 그리스도께서는 가장 높은 영예의 자리인 하나님 오른편에 앉으셔서 자신의 원수들이 발 아래 굴복할 그날을 기다리고 계십니다. **그리스도께서는 이 단 한 번의 희생제사로 거룩하게 만든 사람들을 모두 영원히 하나님 앞에서도 완전한 사람으로 만들어 주셨습니다. 성령께서도 이 사실을 증언하여 이렇게 말씀하셨습니다. '이스라엘 사람들이 비록 첫 번째 계약을 어겼을지라도 나는 그들과 새로운 계약을 맺을 것이다. 나는 내 율법을 그들의 마음에 새겨 그들이 언제나 내 뜻을 알 수 있도록 하겠다.' 그러고 나서 성령께서는 다시 덧붙여 말씀하셨습니다. '나는 이제 결코 그들의 죄와 잘못을 기억하지 않을 것이다.' 이제 죄를 영원히 용서하고 또 기억조차 않겠다고 하셨으므로 앞으로는 죄를 없애려고 희생제물을 드릴 필요가 없습니다. 그러므로 사랑하는 형제들이여, 이제 우리는 예수께서 흘려 주신 그 피의 덕분으로 하나님이 계시는 지성소에 들어갈 수 있게 되었습니다. 신선하고 새로운 이 생명의 길을 그리스도께서는 그 휘장, 곧 당신의 몸을 찢으심으로써 우리에게 열어 주셨습니다.

짐승의 피는 일회적으로 유효한 피였습니다. 그것으로는 결코 우리의 죄를 제거할 수 없었습니다. 그러나 예수 그리스도께서 우리를 위해 흘리신 피는 언제까지나 유효한 피입니다. 무슨 죄를 지었든지 상관없습니다. 이제는 예수의 피만 있으면 언제라도 하나님 앞에 나아갈 수 있게 된 것입니다. 제사는 하나님께 나아가는 것입니다. 예수께서 친히 희생제물이 되사 당신의 몸을 찢으심으로 우리가 하나님께 나아갈 수 있도록 새로운 생명의 길을 완전하게, 그리고 영원히 열어 주셨습니다. 이 말을 바꿔 말하면, 예수의 피로 우리가 완전한 구원을 받게 되었다는 것입니다. 구원받았다는 말은 언제나 하나님 앞에 나아가 하나님의 말씀을 들을 수 있는 사람이 되었다는 뜻입니다. 이것이 구원입니다.

정리합니다. 율법은 그림자요 그 실체는 복음입니다. 복음은 하나님께서 선지자들을 통해 하나님의 아들 예수 그리스도에 관해 성경에 미리 기록하신 것입니다(롬 1:2-4). 성경 전체가 예수에 대해 말하고 있습니다. 그런데 예수를 말하려면 예수 피를 알아야 합니다. 예수 피는 새 언약을 세우기 위한 피, 새 언약을 표시하는 피입니다. 오직 예수의 피로 세워진 새 언약으로만 죄인인 우리들이 하나님과 새로운 관계를 맺고 하나님 앞에 담대히 나아가 구원받은 자로서 하나님의 백성답게 살 수 있습니다. 결론적으로 성경 전체가 새 언약을 말하고 있는 것입니다.

09

피를 가지고 나아가라

히브리서 10장

> 히 10:22 우리가 **마음에 뿌림을 받아** 악한 양심으로부터 벗어나고 몸은 맑은 물로 씻음을 받았으니 **참 마음과 온전한 믿음으로 하나님께 나아가자**

우리는 참 마음과 온전한 믿음을 가지고 하나님께 나아가야 합니다. 이것이 구원받은 자들의 모습입니다. 참 마음과 온전한 믿음이 있습니까? 표현을 다르게 하여 다시 물어보겠습니다. 진짜 구원을 받았습니까?

한 번 구원받았으면 영원히 구원받은 것이라고 여기고 제멋대로 사는 사람들이 있습니다. 예수 믿고 구원받았으니 천국행 티켓을 땄다며 그다음부터는 예배도 안 드리고 날마다 술 먹고 자기 마음대로 산다면 그가 정말 구원받은 사람이 맞습니까? 구원을 받았다면 구원받은 자의 삶이 있어야 합니다. 구원은 하나님의 고유 사역입니다. 삼위일체 하나님은 구원받은 하나님의 자녀들이 구원받은 자의 삶을 살도록 우리와 함께하시며 우리의 삶을 이끌어 주십니다. 나에게 주신 구원이 영원한 구원이 되도록 일하시는 것입니다.

육신을 입고 태어난 우리는 태어날 때부터 죄인입니다. 죄인은 죄로 인해 하나님과의 관계가 단절된 사람을 말합니다. 영적으로 관계가 단절된 죄인은 하나님을 볼 수 없고 하나님의 음성을 들을 수도 없습니다. 하나님과의 관계가 끊어졌기 때문입니다. 죄가 하나님과 나 사이를 가로막고 있기 때문입니다. 그래서 하나님의 아들 예수 그리스도께서 죄의 담을 허무시고 예수의 피로 하나님과 나 사이를 다시 연결해 주셨습니다. 예수의 피를 믿는다는 것은 예수께서 나의 죄를 위하여 십자가에 피 흘려 죽으실 때 나의 타락한 육신도 함께 죽었음을 믿는 것입니다. 나의 죄 짐을 짊어지고 죽으신 예수와 함께 나도 십자가에서 죽었음을 믿는 것이 예수 믿는 것입니다.

그렇다면 지금 살고 있는 나는 누구입니까? 하나님의 생명으로 거듭난 나, 이전과는 전혀 다른 새로운 생명으로 다시 태어난 나입니다. 이것이 영생입니다. 영생은 하나님의 영원하신 생명이 내 안에 들어왔다는 것을 뜻합니다.

이전의 타락한 생명은 하나님과 소통할 수 없는 생명이었습니다. 그러나 새로 태어난 하나님의 생명은 하나님과 소통하는 생명입니다. 이전의 생명은 육신의 양식을 먹고 사는 생명이었습니다. 그러나 하나님이 주신 새 생명은 영의 양식을 먹고 사는 생명입니다. 영의 양식은 하나님의 말씀입니다. 그래서 "내가 너희에게 이른 말은 영이요 생명이라"(요 6:63)고 말씀

> 하나님의 생명은 하나님과 소통하는 생명, 영의 양식을 먹고 사는 생명, 하나님의 말씀이 들려지는 생명입니다.

09 _ 피를 가지고 나아가라

하시는 것입니다. 하나님의 생명은 하나님의 말씀이 들려지는 생명입니다. 그러므로 구원받았다면 반드시 하나님의 말씀이 들려야 합니다. 구원받기 전에는 하나님의 말씀이 들리지 않았습니다. 그런데 구원받은 생명으로 바뀌면 하나님의 말씀이 들리기 시작합니다.

 육신의 생명은 육신적인 이야기, 세상적인 이야기를 하면 좋아하고 재미있다고 합니다. 그런데 하나님의 말씀을 전하기 시작하면 그때부터 졸기 시작합니다. 만약 내 상태가 그렇다면 혹시 구원 받지 못한 것은 아닌지 스스로 진지하게 생각해 보고 위기의식을 가져야 합니다. 말씀이 들리지 않으면 울어야 합니다. 구원받은 자라면 말씀이 들리는 것이 정상인데, 말씀이 들리지 않으면 구원받지 못했다는 것 아닙니까? 구원받은 생명은 하나님의 말씀을 먹고 사는 생명입니다. 하나님의 말씀을 듣고 사는 생명입니다. 아이들이 배고프면 엄마를 찾고 밥 달라고 보채고 우는 것처럼, 영혼이 갈급한 사람들은 하나님 앞에 매달리며 말씀을 찾습니다. 육신의 생명도 육신의 양식을 먹지 못하면 배가 고픈 것처럼, 하나님의 생명도 하나님의 말씀을 듣지 못하면 영적인 배고픔이 오기 때문입니다. 말씀을 듣지 못하는데도 영적인 배고픔을 느끼지 못하고 예배를 빼먹고 낚시하러 가고 백화점에 쇼핑하러 가면서 언제나 육신에 속하여 짐승처럼 밥만 먹고 산다면 그것은 비참한 일입니다.

 우리는 구원받은 하나님의 자녀요, 하나님의 생명으로 사는 자들입니다. 하나님의 생명으로 사는 자들은 하나님의 말씀을 듣고 살아야 하는 것입니다. 우리의 영이 날마다 하나님의 말씀을 듣고 풍성해지기를 바랍니다.

 히 10:22(새번역) 그러니 우리는 확고한 믿음을 가지고, 참된 마음으로 하나님께 나아갑시다. 우리는 마음에다 예수의 피를 뿌려서 죄책감에서 벗어나고, 맑은 물로 몸을 깨끗이 씻었습니다.

본문을 새번역 성경으로 보면, 확고한 믿음과 참된 마음으로 하나님께 나아가기 위해 마음에 예수의 피를 뿌리라고 말합니다. 하나님의 백성이라면 그 마음에 예수의 피가 있어야 합니다. 예수의 피가 뿌려지지 않으면 악한 양심에서 벗어나지 못하고 거짓된 행동, 진실하지 못한 행동을 합니다.

예를 들어볼까요? 슈퍼에서 천 원짜리 물건을 사고 오천 원을 냈는데 주인이 만 원을 낸 줄 착각하고 9천 원을 거슬러 준다면 어떻게 하겠습니까? "저는 5천 원을 냈는데, 잘못 거슬러 주셨네요" 하고 5천 원을 되돌려 주겠습니까? 아니면 "앗싸! 이게 웬 횡재야! 하나님이 나 돈 없는 거 아시고 공돈을 주셨네! 하나님, 감사합니다!"라고 하겠습니까? 남의 돈을 사기쳐 놓고 하나님께 축복받았다고 하는 것이 우리의 악한 양심입니다. 이런 마음으로는 하나님께 나아갈 수 없습니다. 반드시 그 마음에 예수의 피가 뿌려져야 합니다.

> 히 9:7 오직 둘째 장막은 대제사장이 홀로 일 년에 한 번 들어가되 자기와 백성의 허물을 위하여 드리는 피 없이는 아니하나니

율법에 따라 대제사장이 지성소에 들어갈 때도 피를 가지고 들어갔습니다.

> 히 10:1 율법은 장차 올 좋은 일의 그림자일 뿐이요 참 형상이 아니므로 해마다 늘 드리는 같은 제사로는 나아오는 자들을 언제나 온

전하게 할 수 없느니라

율법은 그림자입니다. 대제사장이 피를 가지고 지성소에 들어간 것도 그림자에 불과합니다. 그림자가 있다는 것은 실체가 있다는 뜻입니다. 율법의 실체가 무엇일까요? 복음입니다. 그림자와 실체는 엄청난 차이가 있습니다. 그림자인 율법으로는 우리가 구원받을 수 없습니다. 오직 그 실체인 복음만이 우리를 구원하고 천국에 들어가게 할 수 있는 것입니다. 복음은 예수 그리스도입니다.

> 히 10:9-10 그 후에 말씀하시기를 보시옵소서 **내가 하나님의 뜻을 행하러 왔나이다** 하셨으니 그 **첫째 것을 폐하심은 둘째 것을 세우려 하심이라 이 뜻을 따라 예수 그리스도의 몸을 단번에 드리심으로** 말미암아 우리가 거룩함을 얻었노라

> **(쉬운말)** 그런 다음에 그리스도께서는 또 "보십시오, 하나님! 내가 주님의 뜻을 이루려고 이 세상에 왔습니다." 하고 말씀하셨습니다. 이처럼 **그리스도께서는 두 번째 것 곧 새 언약을 세우시려고, 첫 번째 것 곧 옛 언약을 폐하셨습니다.** 결국 하나님의 이런 뜻에 따라, 이 세상에 오신 그리스도께서는 우리 죄를 없애시려고 자기 몸을 **단번에 바치셨고**, 그 결과로 오늘날 우리는 거룩하게 되었습니다.

복음의 실체인 예수님이 왜 이 땅에 오셨습니까? 하나님과 나를 연결해 주는 새로운 언약을 이루어 주시려고 오신 것입니다. 이 새로운 언약을 '새 언약'이라고 합니다. 예수님은 옛 언약을 폐하고 새 언약을 세우려는 하나님의 뜻에 따라 죽으셨습니다. 그림자를 폐하

시고 실체를 드러내시려고 죽으신 것입니다. 그 실체를 통해서만 진정한 죄 사함이 있고 구원이 있기 때문입니다.

> 히 10:1(새번역) **율법은 장차 올 좋은 것들의 그림자일 뿐이요, 실체가 아니므로,** 해마다 반복해서 드리는 똑같은 희생제사로써는 하나님께로 나오는 사람들을 완전하게 할 수 없습니다.

| 예수님은 그림자인 율법, 옛 언약을 폐하시고 실체인 복음, 새 언약을 드러내시려고 이 땅에 오셔서 죽으셨습니다.

율법은 그림자일 뿐 실체가 아닙니다. 그런데 마귀는 실체인 복음을 가려 놓고 그림자를 실체인 양 착각하게 만듭니다. 그래서 실체를 보지 못하게 하는 것입니다. 기억하십시오! 율법은 복음으로 들어가는 통로입니다. 실체인 복음, 더 좋은 복음이 있다는 것을 알게 하시려고 주신 그림자일 뿐입니다. 참 형상, 실체는 복음 곧 새 언약입니다.

우리를 하나님께로 나아가게 하는 것이 진짜입니다. 우리를 구원에 이르게 하는 것이 진짜입니다. 우리에게 영원한 속죄와 완전한 구원을 가져다주는 것이 진짜이고 참 형상이고 실체입니다. 그것이 복음 곧 새 언약입니다. 피가 없으면 하나님께 나아갈 수 없습니다. 첫 번째 언약조차도 피 없이는 세워질 수 없었습니다. 하나님께 나아가는 자는 반드시 피를 가지

| 우리를 하나님께 나아가게 하는 것, 우리에게 영원한 속죄와 완전한 구원을 가져다주는 새 언약 복음이 참 형상이고 실체입니다.

고 나아가야 합니다. 언약이 무엇입니까? "나는 너의 하나님이 될 것이고 너는 내 백성이 될 것이다!" 이것이 언약입니다.

> 시 89:3 주께서 이르시되 나는 내가 택한 자와 언약을 맺으며 내 종 다윗에게 맹세하기를

하나님은 택한 자와 언약을 맺으십니다. 그런데 이 언약은 반드시 피로만 맺어집니다. 그래서 하나님의 언약을 '피의 언약'이라고 말합니다. 그러므로 나에게 언약이 있다는 것은 나에게 피가 있다는 뜻입니다. 예수의 피가 있다는 뜻입니다. "내 안에 예수의 피가 있다!" 이것이 확실하게 믿어지고 고백될 수 있기를 바랍니다. 첫 언약, 옛 언약, 율법의 시대에는 짐승의 피를 가지고 하나님께 나아갔습니다. 그러나 예수 그리스도께서 이 땅에 오신 이후 새 언약, 복음의 시대에는 짐승의 피가 아닌 예수의 피를 가지고 하나님께 나아가는 것입니다. 예수 그리스도께서 십자가 위에서 단번에 죽으심으로 말미암아 우리가 영원히 하나님 앞에 나아갈 수 있는 자격을 얻게 된 것입니다.

우리는 "성령이 오셨네, 성령이 오셨네, 내 주의 보내신 성령이 오셨네…" 하고 찬양합니다. 성령이 어디에 오셨습니까? 내 안에 오시는 것입니다. 그런데 성령이 우리 안에 오실 때 가지고 오시는 것이 있습니다. 그것이 바로 '예수의 피'입니다. 어떤 사람들은 성령이 오셨다고 하면 무조건 방언만 하는 것으로 잘못 알고 있습니

> 예수의 피가 아니면 하나님 앞에 나아갈 수 없기 때문에 성령이 우리 안에 예수의 피를 가지고 오십니다.

다. 방언은 성령이 주시는 은사 중 하나일 뿐입니다. 성령이 우리 안에 오시는 진짜 중요한 목적은 예수의 피를 우리 안에 가져오시는 것입니다. 예수의 피가 아니면 하나님 앞에 나아갈 수 없기 때문에, 하나님 앞에 나아갈 수 있도록 예수의 피를 가지고 예수 믿는 자들 안에 들어오시는 것입니다.

♣ 성령은 반드시 예수의 피를 가지고 오신다

> 히 10:22 우리가 마음에 **뿌림을 받아** 악한 양심으로부터 벗어나고 몸은 맑은 물로 씻음을 받았으니 **참 마음과 온전한 믿음으로 하나님께 나아가자**

> (새번역) 그러니 우리는 확고한 믿음을 가지고, 참된 마음으로 하나님께 나아갑시다. **우리는 마음에다 예수의 피를 뿌려서 죄책감에서 벗어나고**, 맑은 물로 몸을 깨끗이 씻었습니다.

성령이 우리 안에 예수의 피를 가지고 오셔서 그 피를 우리 마음에 뿌려 주십니다. 그래서 거짓된 마음, 상황과 환경에 따라 언제나 흔들리는 불완전한 믿음을 참 마음과 확고한 믿음으로 바꿔주시고 그것으로 하나님 앞에 나아가게 하십니다. 참된 마음과 온전한 믿음을 갖게 하는 것은 예수의 피 외에 다른 방법이 없습니다. 성령께서 예수의 피를 우리 마음에 뿌려 주시는 것이 마음의 할례입니다.

> 롬 2:29(새번역) 오히려 속 사람으로 유대 사람인 이가 유대 사람이며, 율법의 조문을 따라서 받는 할례가 아니라 **성령으로 마음에 받**

는 할례가 참 할례입니다. 이런 사람은, 사람에게서가 아니라, 하나님에게서 칭찬을 받습니다.

'성령으로 마음에 받는 할례'는 성령께서 예수의 피를 가지고 우리 안에 오셔서 그 피를 마음에 뿌려 주시는 것입니다. 그것만이 우리의 속 사람을 변화시킵니다.

골 2:11 또 그 안에서 너희가 **손으로 하지 아니한 할례를 받았으니** 곧 육의 몸을 벗는 것이요 **그리스도의 할례니라**

'성령으로 마음에 받는 할례'를 다른 말로는 '그리스도의 할례'라고 합니다. '그리스도의 할례'는 '그리스도의 피로 이루어진 마음의 할례'입니다. 성령께서 예수 그리스도의 피를 가지고 우리 안에 들어오셔서 그 피를 우리 마음에 뿌려 주심으로 우리를 모든 죄에서 깨끗하게 씻어주시고 날마다 구원해 주십니다. 이것이 우리 안에 오신 성령께서 하시는 가장 중요한 일입니다. 예수의 피가 우리 마음에 뿌려지지 않으면 구원이 있을 수 없습니다. 사람이 우리 마음에 예수의 피를 뿌릴 수 있습니까? 없습니다. 이것은 오직 성령께서만 하실 수 있는 일입니다. 이 일을 위해 성령이 우리 안에 예수의 피를 가지고 오시는 것입니다.

렘 4:4 유다인과 예루살렘 주민들아 **너희는 스스로 할례를 행하여 너희 마음 가죽을 베고 나 여호와께 속하라** 그리하지 아니하면 너희 악행으로 말미암아 나의 분노가 불같이 일어나 사르리니 그것을 끌 자가 없으리라 진짜 할례는 육신의 껍질, 육신의 가죽을 베는 것이 아니라 마음의 가죽을 베는 것입니다. 이것이 마음의 할례입니다. 마음의 할례가 아니면 하나님께 속할 수가 없습니다.

> 신 10:16 그러므로 너희는 **마음에 할례를 행하고** 다시는 목을 곧게 하지 말라

구약에서도 성경은 온통 마음에 할례를 받으라고 강조하고 있습니다. 그런데 마음은 굳어진 채로 그냥 내버려 두고 살갗에 할례를 받은 것으로 자신은 하나님의 백성인 것처럼 착각하고 살았던 것이 율법주의자들의 모습입니다.

> 행 7:51 목이 곧고 **마음과 귀에 할례를 받지 못한 사람들아** 너희도 너희 조상과 같이 **항상 성령을 거스르는도다**

마음과 귀에 할례를 받아야 합니다. 마음에 할례를 받지 못하면 하나님의 말씀이 그 안에 머무를 수 없고, 귀에 할례를 받지 못하면 하나님의 말씀이 들리지 않습니다. 이처럼 마음과 귀에 할례를 받지 못하면 항상 성령을 거스르게 되는 것입니다. 성령은 진리의 영이고(요 16:13) 아버지의 말씀이 진리입니다(요 17:17). 마음과 귀에 할례를 받지 않으면 성령의 인도함을 받아 살 수 없고 말씀과 상관없는 삶을 살게 되는 것입니다. 그러므로 성령을 거스르지 않기 위해서는 반드시 마음에 할례를 받아야 합니다. 성령께서 예수의 피를 우리 마음에 뿌려 주시고 우리 귀에 뿌려 주셔야 합니다. 머리부터 발끝까지 우리의 온몸을 피로 적셔주셔야 합니다.

우리 안에 예수의 피가 있음을 믿으십니까? 성령이 내 안에 오셨다면 예수의 피도 내 안에 있다는 것을 믿어야 합니다. 우리는 예수의 피로만 하나님 앞에 나아갈 수 있습니다. 우리 안에 성령이 계시고, 그 성령께서 예수의 피를 가지고 오셔서 마음에 뿌려 주시는 것이 구원받은 증거입니다.

> 성령이 우리 안에 예수의 피를 가지고 오셔서 그 피를 마음에 뿌려주시는 것이 구원 받은 자의 증거입니다.

옛 언약도, 새 언약도 모두 피로 맺어진 언약입니다. 옛 언약은 짐승의 피로 하나님 앞에 나아갔고, 새 언약은 예수의 피로 하나님 앞에 나아갑니다. 짐승의 피는 일회적인 피였습니다. 그러나 예수의 피는 영원토록 유효한 피입니다. 예수께서 자기 몸을 찢어 피 흘리심으로 하나님과 죄인 사이에 가로막혀 있던 휘장을 찢으셨기 때문에 우리는 언제라도 담대히 하나님 앞에 나아갈 수 있게 된 것입니다.

그렇다면 왜 참 마음과 온전한 믿음이 되어야만 할까요? 우리 마음에 무슨 문제가 있었길래 반드시 예수의 피가 뿌려져야만 할까요?

🍀 왜 성령께서 '마음'에 예수의 피를 뿌려 주시나?

> 전 9:3 모든 사람의 결국은 일반이라 이것은 해 아래에서 행해지는 모든 일 중의 악한 것이니 곧 **인생의 마음에는 악이 가득하여** 그들의 평생에 **미친 마음을 품고 있다가** 후에는 죽은 자들에게로 돌아가는 것이라

인생의 마음에는 악이 가득합니다. 그렇게 평생 미친 마음을 품고 살다가 죽는다는 것입니다. 이것은 누구보다도 인간을 잘 알고 있는 하나님의 말씀입니다. 사람은 사람의 속을 모릅니다. 그러나 하나님은 사람의 속을 꿰뚫어 보십니다. 그분이 성경을 통해 말씀하시기를, 인간은 누구나 한 사람도 예외 없이 모두 다 똑같이 미친 마음으로 살다가 죽는다는 것입니다. 조석으로 변하는 것이 사람의 마음입니다. 손바닥 뒤집는 것처럼 얼마나 마음을 잘 뒤집는지 모릅니다. '미친년 널뛰듯 한다'라는 말을 들어보셨습니까? 우리의 마음이 그렇습니다. 그래서 나도 피곤하고 상대방도 피곤하게 만드는 것입니다.

> 렘 17:9 만물보다 거짓되고 심히 부패한 것은 마음이라 누가 능히 이를 알리요마는

그냥 부패한 것이 아닙니다. '심히' 부패한 것이 사람의 마음입니다. 이렇게 거짓되고 썩은 마음으로 어떻게 하나님을 믿고 하나님 앞에 나아갈 수 있겠습니까? 그래서 반드시 우리 마음에 예수의 피가 뿌려져야 하는 것입니다. 예수의 피로만 이러한 마음을 씻을 수 있습니다.

우리 마음에 성령이 오셔서 예수의 피를 뿌려 주시면 놀라운 일이 생깁니다. 악하고 더러운 마음이 순식간에 참되고 깨끗한 마음으로 변화되는 것입니다. 내 마음에 조금이라도 악한 것이나 더러운 것이 들어오면 언제든지 성령께서는 예수의 피를 우리 마음에 뿌려 주셔서 깨끗하게 만들어 주십니다.

히 10:22(쉬운말) 또한 **우리 마음은 그리스도의 피 뿌림으로 인해 악한 양심에서 벗어나 깨끗해졌으며, 우리 몸도 맑은 물로 인해 정결해졌으므로, 이제는 확고한 믿음과 진실한 마음으로 하나님께 담대히 나아갑시다.**

날마다 우리 마음에 할례가 이루어져야 합니다. 날마다 성령께서 우리 마음에 예수의 피를 뿌려 주셔서, 날마다 거짓된 마음이 아니라 참 마음과 온전한 믿음으로 하나님께로 나아갈 수 있는 은혜가 있기를 바랍니다.

> 성령께서
> 예수의 피를 마음에
> 뿌려 주셔야만
> 참 마음과
> 온전한 믿음으로
> 하나님께
> 나아갈 수 있습니다.

10
새 언약의 피를 부정하면 구원은 없다

히브리서 10장

히 10:24-29 서로 돌아보아 사랑과 선행을 격려하며 모이기를 폐하는 어떤 사람들의 습관과 같이 하지 말고 오직 권하여 그날이 가까움을 볼수록 더욱 그리하자 우리가 **진리를 아는 지식을 받은 후 짐짓 죄를 범한즉 다시 속죄하는 제사가 없고 오직 무서운 마음으로 심판을 기다리는 것과 대적하는 자를 태울 맹렬한 불만 있으리라** 모세의 법을 폐한 자도 두세 증인으로 말미암아 불쌍히 여김을 받지 못하고 죽었거든 하물며 **하나님의 아들을 짓밟고 자기를 거룩하게 한 언약의 피를 부정한 것으로 여기고 은혜의 성령을 욕되게 하는 자가 당연히 받을 형벌은 얼마나 더 무겁겠느냐** 너희는 생각하라

하나님의 아들을 통해 이루어진 언약이 새 언약입니다. 그러므로 언약의 피는 새 언약의 피, 예수 그리스도의 피를 말합니다. 새 언약의 피를 부정한 것으로 여기는 자들이 받는 형벌이 있습니다. 그 형벌은 모세의 법을 폐한 자들이 받는 형벌과는 비교할 수 없을 정도

로 무거운데, 모세의 법을 폐한 자들이 어떠한 형벌을 받았는가 하면 불쌍히 여김을 받지 못하고 죽었다는 것입니다. 그림자에 불과한 모세의 법을 어긴 자들도 그 형벌이 죽임을 당하는 것이라면, 실체인 하나님의 아들을 짓밟고 언약의 피를 부정한 것으로 여기고 은혜의 성령을 욕되게 하는 자가 받는 형벌은 얼마나 더 무거울까요? 죽음보다 더 큰 형벌이 무엇이겠습니까? 이것은 한마디로, 새 언약을 부정하면 절대 구원받을 수 없다는 뜻입니다.

아들을 짓밟고 언약의 피를 부정한 것으로 여기고 은혜의 성령을 욕되게 하는 것이 곧 새 언약을 부정하는 것입니다. 하나님은 하나님의 백성을 택하시고 그들에게 예수 그리스도를 주어서 그를 통해 새 언약을 맺으셨습니다. 새 언약은 "오직 예수로만 내가 너와 언약을 맺겠다. 오직 예수로만 내가 너와 관계를 맺겠다!"라는 말입니다. 이것이 새 언약인데, 아들을 짓밟았다는 것입니다. 하나님의 아들을 짓밟았다는 얘기는 하나님의 아들을 통해서 행하실 일을 짓밟았다는 얘기입니다. 하나님이 그 아들을 통해서 행하실 일이 무엇이었느냐 하면, 마귀의 일을 멸하시는 것이었습니다(요일 3:8).

> 하나님의 아들을 짓밟고 언약의 피를 부정한 것으로 여기고 은혜의 성령을 욕되게 하는 것이 새 언약을 부정하는 것입니다.

하나님께서 하나님의 아들을 보내신 이유는 여자의 후손을 보내어 뱀의 머리를 밟겠다고 창세기에서 약속하셨던 그 언약을 이루시려고, 다시 말하면 사탄의 머리를 밟으시려고 보내신 것입니다. 이것이 하나님의 뜻입니다. 하나님 아버지의 뜻은, 죄 없는 몸으로 오셔서 우리의 죄를 담당하시고 죽으심으로 언제나 죄를 가지고 역사하던 마귀의 일을 멸하신 아들을 보고 믿는 것입니다(요 6:40). 하나님의 아들이 와서 행하신 이런 일들을 보고 믿는 것이 하나님의 뜻인데, 그 아들을 통해서 하나님이 행하신 일을 믿지 않는 것이 곧 하나님의 아들을 짓밟고 언약의 피를 부정한 것으로 여기는 것입니다. 언약의 피가 구체적으로 무엇을 말하는지 현대어 성경으로 살펴보겠습니다.

> 하나님의 아들이 와서 행한 일을 믿지 않는 것이 하나님의 아들을 짓밟고 언약의 피를 부정한 것으로 여기고 은혜의 성령을 욕되게 하는 것입니다.

> **히 10:29(현대어)** 그런데 하물며 **하나님의 아들을 짓밟고 죄를 정결케 하신 그리스도의 피를 무시하거나 부정한 것으로 보며** 또 하나님의 자비를 그분 백성들에게 가져다 주시는 성령을 모욕하고 부끄럽게 하는 자에게는 얼마나 더 큰 형벌이 내릴 것인지 생각해 보십시오.

개역개정에서는 '언약의 피'라고 하지만 현대어 성경에서는 '그리스도의 피'라고 구체적으로 말하고 있습니다. '언약의 피'가 '그리스도의 피'입니다. 새 언약은 예수 그리스도의 피로 우리를 죄에서 정결케 해주시겠다는 언약입니다. '새 언약'이라고 하면 '예수 피', '예수 피'라고 하면 '새 언약'이 떠올라야 합니다. '그리스도'가 '예수'니까, '그리스도의 피'는 '예수 피' 곧 '새 언약의 피'입니다. 예수님이 오시고 난 이후로 하나님께서 모든 언약을 예수님을 통해서 맺으셨기 때문에, 여기에서 말하는 '언약'은 예수의 피로 맺어진 '새 언약'을 말합니다.

옛 언약에 흠이 있기에 하나님께서 새 언약을 세우시려고 아들을 보내셨다고 했습니다.

♣ 하나님의 아들이 오셔서 행한 일

히 10:9 그 후에 말씀하시기를 보시옵소서 내가 하나님의 뜻을 행하러 왔나이다 하셨으니 그 첫째 것을 폐하심은 둘째 것을 세우려 하심이라

(쉬운말) 그런 다음에 그리스도께서는 또 "보십시오, 하나님! 내가 주님의 뜻을 이루려고 이 세상에 왔습니다." 하고 말씀하셨습니다. 이처럼 그리스도께서는 두 번째 것 곧 새 언약을 세우시려고, 첫 번째 것 곧 옛 언약을 폐하셨습니다.

예수님은 하나님의 뜻을 행하러 오셨습니다. 우리가 하나님의 뜻을 행할 수 없기 때문에 하나님이 아들을 보내서 그 하나님의 뜻을 다 행하게 하셨습니다. 하나님의 뜻이 무엇입니까? 첫째 것을 폐하고 둘째 것을 세우는 것입니다. 택한 사람이 아니면 이 복음이 가려져서 알 수도, 볼 수도 없습니다. 눈이 있어도 보지 못하고, 귀가 있어도 듣지 못하며 깨닫지 못합니다. 그래서 새 언약이 마음에 새겨져 있어야 합니다.

성경에서 말하고 있는 하나님의 뜻은 첫째 것을 폐하고 둘째 것을 세우는 것입니다. 이것을 확실히 알아야 합니다. 천국에는 입으로만 '주여 주여!' 한다고 들어가는 것이 아니라 반드시 아버지의 뜻대로 행하는 자라야 들어갑니다(마 7:21). 그런데 우리가 아버지의 뜻대로 살 수 있습니까? 이 세상에 아버지의 뜻대로 살 수 있는 사람은 아무도 없습니다. 인간은 태어날 때부터 하나님의 뜻대로 살 수 없는 죄인입니다. 오직 하나님의 아들 예수 그리스도 외에는 아버지

의 뜻대로 살 수 있는 자가 없습니다. 그래서 예수님이 오셔서 "내가 하나님의 뜻을 행하러 왔나이다!" 하고 말씀하시는 것입니다.

하나님의 뜻은 우리를 새 언약으로 살게 하는 것입니다. 왜 새 언약을 세우겠습니까? 새 언약으로 살라고 새 언약을 세우는 것 아닙니까? 하나님의 뜻은 새 언약을 통해서 택한 백성과 관계를 맺겠다는 것입니다. 하나님의 뜻은 새 언약을 통해서만 영원한 속죄와 완전한 구원을 이루어 주겠다는 것입니다. 하나님의 뜻은 새 언약을 통해서 우리를 새 예루살렘에 입성하게 하겠다는 것입니다. 그래서 성부, 성자, 성령의 삼위일체 하나님이 합심하여 새 언약이라는 위대한 작품을 이루셨습니다. 성부 하나님이 새 언약을 약속하셨고, 그 아들 예수 그리스도께서 이 땅에 오셔서 당신의 피로 새 언약을 이루셨습니다. 그리고 성령 하나님이 이것을 증언하십니다. 새 언약은 삼위일체 하나님이 이루어 놓으신 가장 위대한 합작품이요 업적입니다. 그러니까 하나님의 뜻을 거스르고 방해하는 마귀가 바로 이 새 언약을 가리고 있는 것입니다.

> 히 10:28-29 모세의 법을 폐한 자도 두세 증인으로 말미암아 불쌍히 여김을 받지 못하고 죽었거든 하물며 하나님의 아들을 짓밟고 자기를 거룩하게 한 언약의 피를 부정한 것으로 여기고 은혜의 성령을 욕되게 하는 자가 당연히 받을 형벌은 얼마나 더 무겁겠느냐 너희는 생각하라

성경 전체가 하나님의 뜻을 말하고 있고, 그것을 위해 하나님의 아들이 오셔서 자신의 생명을 던져 피 흘리면서까지 하나님의 뜻인 새 언약을 세우셨습니다. 그리고 그것을 은혜의 성령께서 증언하고

있는데, 그것을 부인하거나 무시하고 하나님의 뜻과는 상관없이 산다면 하나님의 진노가 얼마나 크겠는지, 그들이 받을 형벌이 얼마나 크겠는지 생각해 보라고 합니다. 그런 사람들이 받을 형벌이 얼마나 무겁겠는지 생각해 보라는 것은 그런 사람들이 있다는 것입니다. 마귀의 앞잡이가 되어서 하나님의 뜻을 가리고 대적하고 방해하는 자들이 지금도 있다는 뜻입니다.

우리들이 해야 할 일은 하나님의 아들이 오셔서 행한 일이 짓밟히지 않도록 하는 것입니다. 죄를 이기게 하셨는데도 여전히 죄를 짓고, 제멋대로 살면서 형제를 미워하고 당을 지어서 서로 수군거리고 비방하는 것이 하나님의 아들을 짓밟는 것입니다. 마귀의 편에서 마귀 짓거리를 하는 것이 하나님의 아들을 짓밟는 것입니다.

"하나님의 아들이 오셔서 행한 일이 짓밟히지 않도록 하라!"

예수님 당시에도 하나님의 아들을 짓밟는 사람들이 있었습니다. 누가 그랬습니까? 율법주의자들입니다. 유대인들은 예수께서 하나님의 아들이심을 믿지 않았습니다. 그 대표적인 인물이 바울입니다.

🍀 하나님의 아들을 짓밟는 사람들

> 행 22:3 나는 **유대인으로** 길리기아 다소에서 났고 이 성에서 자라 **가말리엘의 문하에서 우리 조상들의 율법의 엄한 교훈을 받았고** 오늘 너희 모든 사람처럼 **하나님께 대하여 열심이 있는 자라**

유대인으로 태어난 바울은 가말리엘이라는 유명한 율법 교사 밑에서 철저하게 율법을 배우고 살았던 사람입니다. 그렇지만 예수께서 하나님의 아들이심을 알지도 못했고 믿지도 못했기 때문에 예수 믿는 사람들을 잡아다 죽이고 감옥에 가두고 핍박했습니다. 예수께서 하나님의 아들이심을 몰랐다는 것은 예수 피로 세운 새 언약을 몰랐다는 것이고 복음을 몰랐다는 것입니다. 지금도 똑같습니다. 새 언약을 모르는 사람들이 자기 나름대로는 복음으로 살고 있다고 착각합니다. 새 언약이 진짜 복음이라고 하면 "무슨 새 언약이 복음이야?" 하고 예수 피로 세운 새 언약을 무시하면서 하나님의 아들을 짓밟고 언약의 피를 부정한 것으로 여깁니다. 그들은 복음으로 살고 있다고 착각하지만, 사실은 율법으로 살고 있는 것입니다. 율법과 복음의 차이를 모르기 때문에 율법으로 살면서도 복음으로 살고 있다고 마귀에게 속고 있는 것입니다.

기록된 말씀을 사람에게서 가르침 받아서 사는 것이 율법입니다. 바울이 그랬습니다. 돌판에 기록된 하나님의 말씀, 선지자들이 기록한 하나님의 말씀을 율법 선생 가말리엘에게서 배웠습니다. 그리고 하나님께 대하여 열심이 있었습니다. 율법을 열심히 배워서 율법대로 사는 것이 하나님의 뜻인 줄 알고 그것이 하나님을 잘 섬기는 것이라고 생각했습니다.

그런데 그가 몰랐던 것이 있습니다. 예수께서 하나님의 아들이심을 몰랐고, 예수의 피가 언약의 피라는 것을 몰랐던 것입니다. 하나님을 잘 섬긴다고 착각하면서 정작 하나님의 아들을 짓밟고 언약의 피를 부정한 것으로 여겼던 사람이 바울입니다. 성령이 계심도 알지 못하고 은혜의 성령을 욕되게 했던 사람이 바울입니다. 그런데도 율법에 대한 해박한 지식을 자랑하면서 나름대로 자기만큼 하나님을 잘 섬기는 사람은 없다고 최고의 자부심을 가지고 신앙생활을 했던 것입니다.

지금 한국교회와 목사들이 그러고 있습니다. 복음을 아는지 모르는지 구별할 수 있는 기준은 하나님께서 아브라함에게 전한 복음을 아는지 모르는지를 보면 알 수 있습니다. 아브라함에게 전한 복음을 알고 있는지가 왜 그렇게 중요할까요? 예수님은 아브라함의 자손만 구원하려고 오셨기 때문입니다. 아브라함에게서 태어난 모든 사람이 아브라함의 자손이 아니라, 아브라함에게 전해진 복음을 통해서 태어난 자만이 아브라함의 자손입니다. 아브라함이 믿음의 조상이 될 수 있었던 이유는 그에게 가장 먼저 복음이 전해졌기 때문입니다. 복음이 아니면 믿음을 가질 수가 없습니다. 복음만이 믿음으로 믿음에 이르게 하기 때문입니다(롬 1:17).

그러니까 아브라함에게 전해진 복음을 모르면 진짜 복음을 모르는 것이고 진짜 믿음으로 살고 있는 것이 아니라는 말입니다. 입으로 "주여, 주여!" 한다고 다 천국에 들어가는 것이 아닌 것처럼, 입으로 "믿습니다! 믿습니다!" 한다고 다 믿는 것이 아닙니다. 진짜 믿음은 오직 복음을 통해서 주시는 하나님의 선물입니다. 복음만이 모든 믿는 자들에게 구원을 주시는 하나님의 능력이 됩니다(롬 1:16).

혹시 아브라함에게 전해진 복음을 이전에 들어본 적이 있습니까? 성경에 분명히 하나님께서 우리와 같은 이방인을 믿음으로 구원하시려고 먼저 아브라함에게 복음을 전했다고 말하고 있는데, 이것에 대해 들어본 적이 있습니까? 복음을 말하려고 하면 반드시 '아브라함에게 전한 복음'과 '예수 피로 세운 새 언약'을 알아야 합니다. 복음의 핵심은 '예수 피'입니다. 복음의 핵심이 십자가에서 흘리신 예수 피 아닙니까? 그 예수 피가 무엇을 가리키고 있습니까? 새 언약을 가리킨다고 수없이 말씀드렸습니다. 그러니까 복음을 말하고자 한다면 반드시 예수 피로 세운 새 언약이 나와야 합니다.

말씀을 가르치는 자가 아무리 대단한 신학대학에서 박사학위를 받았다고 할지라도, 유튜브에서 엄청난 구독자와 조회수를 자랑하는 유명한 목사님이라 할지라도 아브라함에게 전해진 복음과 새 언약 복음을 모르면 복음을 모르는 것입니다. 예수님이 왜 오셨다고 했습니까? 하나님의 뜻을 행하러 오셨다고 했습니다. 하나님의 뜻이 무엇이라고 했습니까? 새 언약을 세우는 것입니다. 하나님의 뜻은 첫째 것, 옛 언약, 율법을 폐하는 것입니다. 둘째 것, 새 언약, 복음을 세우는 것입니다(히 10:9). 하나님의 아들을 짓밟고 언약의 피를 부정한 것으로 여긴다고 하면 교회에 다니지 않는 사람들, 예수 믿지 않는 사람들만 그런다고 생각합니다.

그런데 그렇지 않습니다. 교회 다니는 사람들, 자기는 예수를 잘 믿고 있다고 생각하는 사람들이 하나님의 아들을 짓밟고 언약의 피를 부정한 것으로 여기며 은혜의 성령을 욕되게 합니다. 율법을 철저하게 배우고 지키며 하나님을 잘 섬긴다고 착각했던 유대인들과 바울이 그랬던 것처럼 말입니다. 바울은 자신이 그러한 삶을 살았기 때문에 복음을 알게 된 이후 자신의 삶이 어떻게 달라졌는지를 성경에 그대로 기록하면서 복음을 드러내고 있습니다.

> 갈 1:11-12 형제들아 내가 너희에게 알게 하노니 **내가 전한 복음은 사람의 뜻을 따라 된 것이 아니니라 이는 내가 사람에게서 받은 것도 아니요 배운 것도 아니요 오직 예수 그리스도의 계시로 말미암은 것이라**

"내가 전한 복음은 사람의 뜻을 따라 된 것이 아니니라…"는 말은, 반대로 생각하면 복음을 알기 이전에 율법으로 살 때는 사람의 뜻을 따랐다는 말이고, 사람에게서 말씀을 받고 배웠다는 말입니다. 하나님의 뜻과 상관없이 살았다는 말입니다. 그런데 주님을 만나고 예수 그리스도의 계시로 복음을 알게 된 이후로 하나님의 뜻을 알게 되었고, 그래서 복음을 전하게 되었다는 것입니다. 바울이 갈라디아 교회에 전한 복음이 무엇입니까? 갈라디아서를 읽다 보면 그가 전한 복음이 무엇이었는지 알게 됩니다. 갈라디아서 3장을 살펴보겠습니다.

갈 3:8 또 하나님이 이방을 믿음으로 말미암아 의로 정하실 것을 성경이 미리 알고 먼저 아브라함에게 복음을 전하되 모든 이방인이 너로 말미암아 복을 받으리라 하였느니라

바울은 성령의 계시로, 창세기에 나오는 아브라함에게 하나님께서 이미 복음을 전하셨다는 것을 깨닫게 되었습니다. 우리와 같은 이방인들을 믿음으로 구원하시려고 하나님께서 가장 먼저 아브라함에게 복음을 전하셨다는 것을 알게 된 것입니다.

고후 4:3 만일 우리의 복음이 가리었으면 망하는 자들에게 가리어진 것이라

고린도후서를 누가 썼습니까? 바울이 썼습니다. 바울은 한이 맺혔습니다. 자신이 복음을 몰라서 하나님의 뜻을 대적하고 예수 믿는 사람들을 잡아 죽이고 핍박했던 것에 대해 한이 맺힌 것입니다. 그래서 망하는 자들에게는 복음이 가리어졌다고 강력하게 외칩니다. 복음이 가리어졌으면 망한다는 것입니다. 그러므로 반드시 복음이 열려야 합니다. 복음은 사람에게서 가르침을 받는 것이 아닙니다. 예수 그리스도의 계시로 말미암았다는 건 예수님이 나타나셔서 직접 가르쳐주셨다는 말입니다. 율법은 문자로 기록된 말씀을 사람이 가르쳐서 지키게 하는 것이고, 복음은 성령께서 마음에서 말씀해 주셔서 말씀대로 살 수 있게 해주시는 것입니다.

히 7:28 율법은 약점을 가진 사람들을 제사장으로 세웠거니와 율법 후에 하신 맹세의 말씀은 영원히 온전하게 되신 아들을 세우셨느니라

교회를 수십 년 동안 다니고 목사님 말씀에 은혜를 받았어도 달라지지 않는 이유가 무엇입니까? 약점을 가진 사람에게서만 가르침을 받았기 때문입니다. 약점을 가진 사람을 제사장으로 세웠다는 것은, 하나님과 하나님의 백성 중간에 서서 말씀을 전하는 자도 결국은 약점이 있다는 뜻입니다. 죄인이라는 사실입니다. 모든 사람은 다 죄인입니다. 목사도 예외가 아닙니다. 목사가 말씀을 잘 가르칠 수는 있을지 몰라도 말씀대로 살게 만들 수는 없습니다. 그것이 약점입니다.

말씀대로 살게 만드시는 분은 누구입니까? 성령입니다. 그렇게 말씀대로 살게 만들어 주겠다고 하나님께서 직접 약속하신 언약이 새 언약입니다. 그리고 그 약속을 이루기 위해 하나님의 아들 예수께서 이 땅에 오셔서 피 흘려 죽으심으로 그 약속을 다 이루신 것입니다. 이것을 믿고 살 수 있도록 우리 안에서 이끌어 주시는 분이 성령님이십니다. 그런데 하나님께서 아들을 십자가에 못 박으면서까지 이루신 새 언약을 무시하는 자, 하나님의 아들을 짓밟고 언약의 피를 부정한 것으로 여기는 자, 은혜의 성령을 욕되게 하는 자들이 받을 형벌이 얼마나 크겠습니까! 히브리서 기자는 지금 그 말을 하고 있는 것입니다.

하나님은 우리가 율법에 매여 있는 것을 원하지 않으십니다. 그래서 원수와 같은 율법을 폐하셨습니다. 그리고 우리를 복음으로 인도하십니다. 다시 말씀드립니다. 율법은 지키라고 주신 것이 아닙니다. 지킬 수 없음을 깨달으라고 주신 것입니다. 율법을 지켜서는 구원에 이를 수 없다는 것을 알게 하려고 주셨다는 말입니다. 그런데 이 복음이 가리어진 사람들이 율법을 지키라고, 율법을 지켜야 구원받고 천국에 간다고 지금도 강단에서 말하고 있으니 얼마나 답답하고 한심한 일입니까!

바울은 자신의 답답하고 안타까운 심정을 빌립보서에서 토로합니다. "내가 여러 번 너희에게 말하였거니와 이제도 눈물을 흘리며 말하노니 여러 사람들이 그리스도의 십자가의 원수로 행하느니라"(빌 3:18). 십자가의 원수로 행하는 것이 하나님의 아들을 짓밟는 것입니다. 언약의 피를 부정한 것으로 여기는 것입니다. 그러면서도 자기는 하나님을 잘 믿는다고 착각하고 무슨 잘못을 저지르고 있는지 알지 못하는 것입니다.

오늘날 교회도 그렇습니다. 신학교에 가서 신학을 배웁니다. 또 교회에서 어릴 때부터 목사님을 통해 성경을 배웠습니다. 목사에게 배웠다는 것은 사람에게 배웠다는 뜻입니다. 그러니까 자신이 과거에 어떤 교수에게, 어떤 목사님에게, 또는 주석을 통해 배우고 아는 지식이 전부인 줄 알고 예수 피로 세운 새 언약을 받아들이려고 하지 않습니다. '새 언약'을 말하면 무조건 이단인 줄 알고, 아무리 목이 터지게 외쳐도 귓등으로도 듣지 않습니다. 그런 사람들이 목회자가 되면 또 자기가 가지고 있는 지식을 성도들에게 먹이는 것입니다.

지식으로는 결코 천국에 갈 수 없습니다.

바울도 사람에게서 가르침을 받았을 때는 복음을 몰랐습니다. 예수 피로 세운 새 언약을 몰랐습니다. 그런데 성령의 계시를 받고 나니까 달라진 것입니다. 하나님께서 이방인을 믿음으로 구원하시려고 창세기에 나오는 아브라함에게 먼저 복음을 전했다는 사실을 깨닫게 되었고, 그 복음을 이루시려고 하나님의 아들 예수 그리스도를 보내서 그 피로 새 언약을 세우시고 그것을 믿는 우리를 새 언약의 일꾼 되기에 만족하게 했다는 것을 깨달았습니다(고후 3:6). 생각해 보십시오. 새 언약을 모르는 사람들이 새 언약의 일꾼이 될 수 있겠습니까? 성경이 분명히 말하고 있는데, 왜 새 언약을 받아들이지 않습니까! 복음이 가리어졌기 때문입니다. 복음이 가리어진 사람들이 지금도 하나님의 아들을 짓밟고, 새 언약의 피를 부정한 것으로 여기고, 새 언약을 증언하시며 우리를 새 언약의 일꾼으로 살게 하시는 은혜의 성령을 욕되게 하고 있는 것입니다.

> 복음이 가리어진 사람들이 하나님의 아들을 짓밟고 새 언약의 피를 부정한 것으로 여기고 새 언약의 일꾼으로 살게 하는 성령을 욕되게 합니다.

♣ 새 언약의 피를 부정하지 말라!

눅 22:20 저녁 먹은 후에 잔도 그와 같이 하여 이르시되 **이 잔은 내 피로 세우는 새 언약이니** 곧 너희를 위하여 붓는 것이라

예수님이 오신 이유는 하나입니다. 예수님이 피 흘려 죽어야 했던

이유는 하나입니다. 새 언약을 세우기 위한 것입니다. 예수님이 이 땅에 오셔야 했던 이유, 죽어야만 했던 이유가 바로 새 언약을 세우기 위함이었다는 말입니다. 그뿐만이 아닙니다. 하나님의 뜻은 무엇입니까? 첫째 것을 폐하고 둘째 것을 세우는 것, 옛 언약을 폐하고 새 언약을 세우는 것입니다. 그런데 하나님의 뜻도 모르면서 "주님 뜻대로 살기로 했네…"라고 찬송은 잘합니다. 하나님의 뜻을 모르는데 어떻게 하나님의 뜻대로 삽니까! 말씀을 통해 복음의 비밀이 활짝 열리고, 이제는 진정으로 하나님의 뜻대로 살 수 있게 되기를 주님의 이름으로 축원합니다.

> 막 14:24(쉬운말) 그런 뒤, 예수께서 제자들에게 말씀하셨다. "이 잔은 내 피다. 곧 모든 사람을 위하여 흘리는 새 언약의 피다.

예수님의 피는 '모든 사람을 위하여 흘리는 새 언약의 피'입니다. 이것은 주님이 직접 하신 말씀입니다.

> 마 26:28(쉬운말) 이것은 새 언약을 표시하는 나의 피다. 곧 많은 사람의 죄를 용서하기 위하여 흘리는 나의 피다.

예수님의 피는 새 언약을 표시하는 피입니다. 많은 사람의 죄를 용서하기 위하여, 우리에게 영원한 속죄를 이루어 주시기 위하여 흘리신 새 언약의 피입니다.

> 히 10:26-27 우리가 진리를 아는 지식을 받은 후 짐짓 죄를 범한즉 다시 속죄하는 제사가 없고 오직 무서운 마음으로 심판을 기다리는

것과 대적하는 자를 태울 맹렬한 불만 있으리라

(쉬운말) 만일 우리가 이 같은 진리에 대한 지식을 얻은 후에도, **일부러 계속해서 죄를 짓는다면 더 이상 그 죄를 용서받을 수 있는 제사가 없습니다.** 그런 사람들에게는 대적하는 자들을 **모조리 불에 태워 버리시는 하나님의 무서운 진노와 심판만이** 기다리고 있을 따름입니다.

(현대인) 만일 우리가 진리를 알고 난 후에도 **고의적으로 계속 죄를 짓는다면 그것을 속죄하는 제사는 없고** 두려운 마음으로 심판을 기다리는 것과 하나님을 대적하는 원수들을 소멸할 무서운 불만 있을 것입니다.

성경이 이렇게 말하고 있는 까닭은, 진리를 알고서도 일부러 계속해서 고의적으로 죄를 짓는 사람들이 있기 때문입니다. 진리가 새 언약입니다. 새 언약 복음을 알고서도 새 언약을 외면하고 복음을 떠나 일부러 계속해서 죄를 지으면 용서받을 수 있는 다른 방법이 없습니다. 그러므로 마음이 바뀌는 것을 경계해야 합니다.

> 진리인 새 언약 복음을 알고서도 일부러 새 언약을 외면하고 계속해서 죄를 지으면 용서받을 다른 방법이 없습니다.

출 13:17 바로가 백성을 보낸 후에 블레셋 사람의 땅의 길은 가까울지라도 하나님이 그들을 그 길로 인도하지 아니하셨으니 이는 하나님이 말씀하시기를 이 백성이 전쟁을 하게 되면 **마음을 돌이켜 애굽**

으로 돌아갈까 하셨음이라

(쉬운말) 파라오가 이스라엘 백성을 내보냈을 때, 하나님께서는 블레셋 사람들의 땅을 지나서 가나안 땅으로 가는 길이 훨씬 가까운데도 이스라엘 백성을 그리로 이끌지 않으셨다. 만일 전쟁을 치르게 되면, 이스라엘 백성이 **마음을 바꾸어 이집트로 되돌아갈 것을** 염려하셨기 때문이다.

(현대인) 바로가 백성들을 보냈을 때 하나님은 블레셋 사람의 땅을 거쳐가는 것이 가까운데도 그들을 그 길로 인도하지 않으셨다. 이것은 그들이 전쟁을 보면 **마음이 변해 이집트로 되돌아갈 것이라고** 생각하셨기 때문이었다.

하나님께서는 이스라엘 백성들을 출애굽 시킨 후 가나안 땅으로 인도하실 때 더 가까운 길이 있는데도 그들을 그 길로 인도하지 않으셨습니다. 왜 그렇게 하셨을까요? 그들의 마음이 바뀌는 것을 염려하셨기 때문입니다. 개역개정에서는 '마음을 돌이켜', 쉬운말 성경에서는 '마음을 바꾸어', 현대인의 성경에서는 '마음이 변해'라고 말하고 있습니다.

'나도 모르게 교만해져 가는 나를 경계하라!', '나도 모르게 죄를 짓고 있는 나를 경계하라!', '나도 모르게 타락해져 가는 나를 경계하라!', '나도 모르게 마음이 변해 가는 나를 경계하라!' 이것을 마음에 새기십시오. 우리는 하나님께서 출애굽

> "나도 모르게 마음이 변해가는 나를 경계하라!"

시키신 하나님의 백성입니다. 조금 힘들다고, 어려움을 만났다고, 내가 생각했던 꽃길이 아니라고 애굽으로 돌아가서는 안 됩니다. 하나님이 이스라엘 백성들을 왜 출애굽 시키셨습니까?

> 출 3:7-10 여호와께서 이르시되 내가 **애굽에 있는 내 백성의 고통을 분명히 보고** 그들이 그들의 감독자로 말미암아 **부르짖음을 듣고 그 근심을 알고 내가 내려가서 그들을 애굽인의 손에서 건져내고 그들을 그 땅에서 인도하여** 아름답고 광대한 땅, 젖과 꿀이 흐르는 땅 곧 가나안 족속, 헷 족속, 아모리 족속, 브리스 족속, 히위 족속, 여부스 족속의 지방에 데려가려 하노라 이제 가라 **이스라엘 자손의 부르짖음이 내게 달하고 애굽 사람이 그들을 괴롭히는 학대도 내가 보았으니** 이제 내가 너를 바로에게 보내어 너에게 **내 백성 이스라엘 자손을 애굽에서 인도하여 내게 하리라**

하나님은 애굽에서 고통 중에 괴로워하며 부르짖는 이스라엘 백성들의 소리를 들었습니다. 그래서 하나님의 종 모세를 택하여 그들을 출애굽 시켜서 아름답고 광대한 땅, 젖과 꿀이 흐르는 땅으로 인도하시려고 했던 것입니다. 그런데 가나안 땅으로 가는 더 가까운 길이 있었는데도 그들을 그 길로 인도하지 않으시고 홍해가 있는 광야 길로 인도하셨습니다. 그것은 이스라엘 백성들의 마음이 변하여 다시 애굽으로 돌아가는 일이 없도록 아예 홍해를 건너게 하신 후 바다를 다시 덮어 돌아갈 길을 원천적으로 없애버리시려는 것이었습니다.

우리의 마음이 변하는 것을 경계해야 합니다. 어느 날은 은혜를 사모하여 얼굴이 해 같이 빛나는데, 어느 날은 얼굴이 시커멓게 변해 있는 사람들이 있습니다. 우리는 모두 출애굽 한 자라는 것을 잊어서는 안 됩니다. 우리의 힘으로 애굽에서 나온 것이 아닙니다. 하나님이 애굽에서 고통스럽게 종살이 하고 있던 우리를 빼내어 옮겨 주신 것입니다.

> 시 1:3(쉬운성경) 그는 마치 시냇가에 옮겨 심은 나무와 같습니다. 계절을 따라 열매를 맺고 그 잎새가 시들지 않는 나무와 같습니다. 그러므로 그가 하는 일마다 다 잘 될 것입니다.

> (현대어) 이런 이는 시냇가에 옮겨 심은 나무 같아서 철따라 열매를 맺고 그 잎사귀는 나날이 푸르리니 하는 일마다 끊임없이 번창하리라

나무가 우리, 시냇가는 교회, 심으신 분은 하나님이십니다. 하나님께서 우리를 시들지 않는 나무가 되게 하시려고 생명수 강가에 옮겨 심으셨습니다. 우리의 영혼이 갈급하기 때문에, 우리의 영혼이 살아야 하기 때문에 하나님께서 영생의 말씀을 듣게 하시려고 생명의 말씀이 전파되는 교회에 옮겨 심으셨다는 것을 깨달아야 합니다. 생수가 흐르는 교회, 생명의 말씀이 선포되는 교회에 심긴 나무는 계절을 따라 열매를 맺고 그 잎사귀가 시들지 않습니다. 시들기는커녕 나날이 푸르러집니다. 하는 일마다 끊임없이 번창합니다. 하나님의 말씀을 믿으시길 바랍니다. 하나님이 나에게 이러한 놀라운 축복을 주시려고 나를 생명수 강가로, 생명의 말씀이 선포되는 교회로 옮겨 심으셨다는 자부심이 있어야 합니다. 그런데 어느 날은 은혜받는 것 같다가 어느 날은 마음이 변합니다. 사람 때문에 시험 들고, 말 한마

디에 시험 들고 상처받아서 마음이 달라집니다. 그것을 경계해야 합니다. 마음이 변해서 애굽으로 돌아가는 것을 경계해야 합니다. 마음이 바뀌지만 않으면 하나님께서 약속하신 놀라운 축복을 누리게 될 줄 믿습니다.

내 마음은 절대로 바뀌지 않을 것이라고 장담하지 마십시오. 에덴동산에서 하나님과 친밀한 교제를 나누고 살았던 아담도 죄를 짓고 하나님의 낯을 피하여 숨었습니다. 그때 하나님이 아담을 부르십니다. "아담아, 아담아! 네가 어디 있느냐?" 아담이 어디 있는지 몰라서 하나님께서 물으시는 것이 아닙니다. 아담이 있어야 할 곳은 거기가 아니라고 말씀하시는 것입니다. 아담이 있어야 할 곳은 죄의 자리, 하나님의 낯을 피하여 숨어 있는 그 자리가 아니라는 것입니다. "아담아, 네가 있어야 할 곳은 거기가 아니다! 그런데 왜 나를 피하여 숨었느냐?" 하나님의 음성이 들려야 합니다. 하나님은 오늘도 우리를 찾으십니다. "내가 너를 생명수 강가로 옮겨 심었는데, 무엇이 너로 하여금 마음을 변하게 만들어서 네가 있어야 할 자리를 떠나게 만들었느냐!"

마음이 바뀌어서 은혜의 자리를 떠나서는 안 됩니다. 기껏 애굽에서 옮겨 심었더니 다시 애굽으로 돌아갑니다. 애굽이 무엇입니까? 육신입니다. 세상입니다. 잘못된 과거입니다. 잘못된 과거의 습관을 못 버리고 되돌아가서는 안 됩니다. 이제 진리의 복음, 새 언약 복음을 깨달았다면 새 언약의 일꾼으로 살아야 합니다. 새 언약의 일꾼이 되지 않는다면, 아무리 교회 일을 열심히 해도 지옥에 갑니다. 바울이 그러지 않았습니까? 가말리엘 선생 밑에서 율법의 말씀을 배워서 얼마나 철저하게 하나님의 말씀을 지키며 살았습니까? 율법의 의로는 흠이 없다고 할 만큼 열심히 하나님을 섬기며 살았던 사람이 바울입니다. 그러나 그 삶은 예수와 상관이 없었고, 천국과 상관이 없었습니다. 그렇게 살아서는 구원받을 수 없습니다. 새 언약 복음이 마음에 새겨지지 않으면 언제라도 마음이 달라집니다. 뭘 좀 하고 나면 했다고 으스대고, 알아주지 않으면 알아주지 않는다고 서운해하고, 그렇게 살다가 지옥에 가는 것입니다.

새 언약 복음을 들었다면 새 언약 복음으로 살아야 합니다. 복음을 짓밟아서는 안 됩니다. 하나님의 아들을 짓밟고, 언약의 피를 부정하게 여기고, 은혜의 성령을 욕되게 하는 자들, 다시 말해 진리를 알고서도 계속해서 고의적으로 죄를 짓는 자들은 결코 그 죄를 용서받을 수 없습니다.

11
원수 갚는 것은 나의 일이다

히브리서 10장

히 10:30-37(현대인) **'원수 갚는 것은 나의 일이다. 내가 갚아 주겠다.'** 하시고 또 '주께서 자기 백성을 심판하실 것이다.'라고 말씀하신 분을 우리는 알고 있습니다. 살아 계신 하나님의 심판의 대상이 된다는 것은 정말 무서운 일입니다. 여러분이 하나님의 빛을 받은 후에 심한 고난과 싸우며 견디던 그때를 생각해 보십시오. 그때 여러분은 모욕과 핍박을 당하여 사람들의 구경거리가 된 적도 있었고 그런 취급을 받는 사람들의 친구가 되기도 했습니다. 여러분은 갇힌 사람들을 동정하였고 또 재산을 빼앗기면서도 그보다 더 좋고 영원한 유산이 있다는 것을 알고 그 일을 기쁘게 당하였습니다. 그러므로 여러분은 용기를 잃지 마십시오. 이것으로 큰 상을 받게 될 것입니다. **여러분이 하나님의 뜻을 행한 후에 하나님이 약속하신 것을 받으려면 인내가 필요합니다. 멀지 않아 그리스도께서 오실 것입니다.**

히 10:37 잠시 잠깐 후면 오실 이가 오시리니 지체하지 아니하시리라

멀지 않아 그리스도께서 오실 것입니다. 개역개정 성경에서는 잠시 잠깐 후면 오실 것이라고 말씀합니다. 그날을 기다리며 사는 우리가 되기를 바랍니다.

"경계하라! 경계하라!" 때때로 내 마음속에서 이런 경계의 음성이 들려옵니다. "나도 모르게 교만해져 가는 나를 경계하라!", "나도 모르게 타락해져 가는 나를 경계하라!", "나도 모르게 하나님을 떠나 있는 나를 경계하라!", "나도 모르게 죄를 짓고 있는 나를 경계하라!", "나도 모르게 마음이 변질되고 있는 나를 경계하라!" 이를 기억하며 주님이 오시기 전까지 경계 태세를 늦추면 안 됩니다.

> **출 13:17** 바로가 백성을 보낸 후에 블레셋 사람의 땅의 길은 가까울지라도 하나님이 그들을 그 길로 인도하지 아니하셨으니 이는 하나님이 말씀하시기를 이 백성이 전쟁을 하게 되면 **마음을 돌이켜 애굽으로 돌아갈까** 하셨음이라

> **(쉬운말)** 파라오가 이스라엘 백성을 내보냈을 때, 하나님께서는 블레셋 사람들의 땅을 지나서 가나안 땅으로 가는 길이 훨씬 가까운데도 이스라엘 백성을 그리로 이끌지 않으셨다. 만일 전쟁을 치르게 되면, 이스라엘 백성이 **마음을 바꾸어 이집트로 되돌아갈 것을** 염려하셨기 때문이다.

> **(현대인)** 바로가 백성들을 보냈을 때 하나님은 블레셋 사람의 땅을 거쳐가는 것이 가까운데도 그들을 그 길로 인도하지 않으셨다. 이것

은 그들이 전쟁을 보면 마음이 변해 이집트로 되돌아갈 것이라고 생각하셨기 때문이다.

마음이 변질되는 것을 경계해야 합니다. 마음이 바뀌는 것을 경계해야 합니다. 이스라엘 백성들이 애굽 땅에서 고통 가운데 신음하는 소리를 듣고 하나님이 그들을 출애굽시키셨는데 그들이 마음을 돌이켜 애굽으로 돌아갈 것을 하나님께서 염려하셨습니다.

시 1:3(쉬운성경) 그는 마치 시냇가에 옮겨 심은 나무와 같습니다. 계절을 따라 열매를 맺고 그 잎새가 시들지 않는 나무와 같습니다. 그러므로 그가 하는 일마다 다 잘될 것입니다.

(현대이) 이런 이는 시냇가에 옮겨 심은 나무 같아서 철따라 열매를 맺고 그 잎사귀는 나날이 푸르니 하는 일마다 끊임없이 번창하리라

시냇가에 옮겨 심은 나무는 우리를 말합니다. 하나님이 우리를 택하여 하나님께서 사랑하시는 교회, 진짜 복음의 말씀이 전해지는 주님의 교회에 옮겨 심으셨습니다. 생명수 강가로 우리를 옮겨 심으신 것입니다. 그 이유는 우리로 계절을 따라 열매를 맺게 하고, 평생 그 잎사귀가 시들지 않게 하며, 하는 일마다 다 잘되게 하시려는 것입니다. 현대어 성경에서는 그 잎사귀가 나날이 푸르러지며 하는 일마다 끊임없이 번창하리라고 말씀합니다. 이 얼마나 놀라운 약속의 말씀입니까! 하나님의 뜻은 우리를 번창하게 하는 것입니다. 끊임없이 번창하게 하시려고 우리를 교회에 옮겨 심으셨습니다.

그런데 마음이 변해서, 마음을 바꾸어 애굽으로 돌아가려고 하는 것이 문제입니다. 마음이 바뀌면 안 됩니다. 하나님이 우리를 심으셨습니다. 그리고 하나님이 자라게 하십니다. 열매도 하나님이 맺게 하십니다. 이 모든 것은 하나님께서 하시는 일입니다. 그런데 우리가 해야 할 일이 하나 있습니다. 그것은 바로 뿌리를 내리는 일입니다. 하나님께서 나를 생명수 강가에 심으셨음을 믿는다면 어떠한 시련이 있다고 할지라도 그곳에 믿음의 뿌리를 깊이 내려야 합니다. 뿌리를 내리지 못하면 나무가 제대로 영양분을 흡수할 수 없고 자랄 수 없고 열매도 맺을 수 없습니다. 뿌리만 내리면 나머지는 하나님이 저절로 이루어지게 하시는 것입니다.

> 우리가 해야 할 일은 믿음의 뿌리를 내리는 것입니다.

🍀 원수 갚는 것은 내게 있으니

> 히 10:30 **원수 갚는 것은 내게 있으니 내가 갚으리라** 하시고 또다시 **주께서 그의 백성을 심판하시리라** 말씀하신 것을 우리가 아노니

하나님이 하나님의 백성을 심판하시는 날이 있습니다. 그날에 하나님께서 우리의 원수를 갚아 주실 것입니다. 그러므로 원수 갚는 일은 하나님께 맡기고 흔들림 없이 믿음의 뿌리를 내려야 합니다. 이 세상 임금은 사탄 마귀입니다. 이 땅을 살아가는 동안 사탄은 하나님이 옮겨 심은 나무가 생명수 강가에 뿌리를 내리지 못하도록 끊임없이 공격합니다. 나무를 뒤흔듭니다. 그러나 인내로 뿌리를 내려야 합니다.

> 신 32:35 그들이 실족할 그때에 **내가 보복하리라** 그들의 환난날이 가까우니 그들에게 닥칠 그 일이 속히 오리로다

하나님이 보복하십니다. 원수 갚는 것은 하나님의 일입니다. 그러므로 누구도 미워하지 마시고 무슨 말을 하든지 그냥 내버려 두시기 바랍니다. "육신으로 반응하지 말라!", "사람을 상대하지 말라!" 이것을 꼭 마음에 새기십시오. 육신으로 반응하면 내가 죽습니다. 사람 때문에 내 영혼이 지옥에 가서야 되겠습니까? 내 영혼을 사람에게 맡기지 말고 하나님께 맡길 수 있기를 바랍니다. 사람을 따라 가면 지옥에 갑니다. 우리는 주님을 따라 천국에 가야 합니다. 사람은 내 인생을 책임질 수 없습니다. 그러나 하나님께 나를 맡기면 하나님이 책임져 주십니다.

> 원수 갚는 것은 하나님의 일입니다.

> 출 15:24-25 백성이 모세에게 **원망하여** 이르되 우리가 무엇을 마실까 하매 **모세가 여호와께 부르짖었더니** 여호와께서 그에게 한 나무를 가리키시니 그가 물에 던지니 물이 달게 되었더라 거기서 여호와께서 그들을 위하여 법도와 율례를 정하시고 그들을 시험하실새

출애굽한 이스라엘 백성들이 홍해를 지나 수르 광야에 들어가서 사흘 길을 걸었는데 물을 얻지 못하니까 목이 마르기 시작했습니다. "물…물…물 좀 주세요…" 하면서 물을 찾아 헉헉대며 걸어왔는데 마침 마라라는 곳에 이르렀더니 거기에 물이 있는 것입니다. 이스라

엘 백성들은 "물이다!" 하고 소리치며 누가 먼저랄 것도 없이 달려들어서 정신없이 물을 퍼먹기 시작했습니다. 그런데 그 물이 얼마나 쓴지 도저히 먹을 수 없을 정도였습니다. 사흘이나 물 없이 걸어왔으니 얼마나 목이 말랐겠습니까? 어지간하면 그냥 그 물을 먹었을 것입니다. 그런데 그러한 목마름에도 도저히 먹을 수 없을 만큼 물이 그렇게 썼습니다. "아, 이게 뭐야! 퉤퉤!" 여기저기서 구토를 하고 난리가 났을 것입니다. 기대가 큰 만큼 실망도 큰 법입니다. 물을 먹지 못하게 된 이스라엘 백성들은 지도자 모세를 향해 원망하기 시작했습니다. 그런데 모세의 반응을 한번 보십시오. 그는 이스라엘 백성들을 상대하지 않고 하나님께 부르짖었습니다. 모세의 위대함이 바로 여기에 있습니다.

이스라엘 백성들은 문제만 생기면 모세를 원망했습니다. 한두 번이 아니었습니다. 모세도 인간인데 화가 나지 않겠습니까? 모세가 무슨 죄가 있습니까? 하나님이 인도하시는 대로 왔을 뿐인데 자기에게 화살이 다 날아오니 얼마나 성질이 나겠습니까? 모세는 목이 안 말랐겠습니까? 모세도 똑같이 지치고 힘든 상황이었을 것입니다. 오히려 80세의 나이에 부름 받아 백성들을 이끌고 나아가야 했던 육체적, 정신적 스트레스까지 더한다면, 모세가 육신적으로는 이스라엘 백성들보다 훨씬 더 힘든 상황이었을 것입니다. "나도 피해자야! 그런데 왜 문제만 생기면 다 나한테 그래!" 하면서 백성들에게 소리칠 수 있었을 것입니다. 하지만 모세는 육신대로 반응하지 않았습니다. 사람을 상대하지 않았습니다.

우리의 신앙이 자라지 않는 이유가 무엇입니까? 우리는 무슨 말을 들으면 육신으로 반응하고 사람을 상대합니다. 그러나 모든 사건과 모든 사람, 모든 문제의 배후에는 사탄이 역사할 수 있다는 것을 알아야 합니다. 그래서 성경은 아무리 사람의 말이 좋을지라도 그 말을 믿지 말라고 말씀합니다.

> "육신으로 반응하지 말라! 사람을 상대하지 말라!"

> 잠 26:25 그 말이 좋을지라도 믿지 말 것은 그 마음에 일곱 가지 가증한 것이 있음이니라

사람의 말이 좋을지라도 덮어놓고 그 말을 믿어서는 안 됩니다. 그런데 하나님의 말씀은 믿지 못하면서 꼭 사람의 말은 잘 믿는 사람들이 있습니다. 왜 믿지 말라는 사람의 말을 믿다가 사기를 당합니까! 사람의 좋은 말이 사람의 마음을 미혹하는 것입니다. 그래서 사람을 상대하면 안 됩니다. 좋은 말이든, 나쁜 말이든 사람의 말을 듣고 사람을 상대해서 좋을 것이 없습니다.

모세는 사람들의 말을 들었을 때 그들을 상대하지 않고 하나님을 상대했습니다. "하나님! 어떻게 해야 합니까? 백성들이 물이 없다고 원망하고 불평하고 있는데, 저에게는 힘이 없습니다!" 그때 하나님이 모세에게 나무를 가리켜 보여주셨고 모세가 그 나뭇가지를 꺾어 물에 던졌더니 문제가 해결되었습니다. 문제는 이렇게 해결하는 것입니다.

♣ 내가 받은 은혜를 기억하라!

> 히 10:32 전날에 너희가 빛을 받은 후에 **고난의 큰 싸움을 견디어 낸 것을 생각하라**

(현대어) 처음으로 그리스도를 알게 되던 때의 아름다운 날들을 언제까지나 잊어버리지 마십시오. 또 무서운 고난을 겪으면서도 주님과 함께 이겨 낸 그 사실을 기억하십시오.

내가 받은 은혜를 제발 아무것도 아닌 것으로 생각하지 마십시오. 내 기분이 나쁘다고, 내 감정이 상했다고 하나님이 나에게 주신 은혜를 잊어버려서는 안 됩니다. 주님을 처음으로 알게 되던 때의 기쁨과 감격을 빼앗기지 않도록, 잊어버리지 않도록 경계하시길 바랍니다. 그리고 힘들고 어려웠던 시절에 주님과 함께 고난의 큰 싸움을 견디어 냈던 것을 기억하시길 바랍니다.

저는 목회를 시작하면서 사람 앞에, 돈 앞에, 권력 앞에 무릎 꿇지 않게 해 달라고 기도하며 40일을 금식했습니다. 40일 금식은 목숨을 걸지 않고는 시작조차 할 수 없는 일입니다. 그런데 하나님의 은혜로 무사히 금식을 마쳤고, 하나님은 제가 기도했던 대로 사람 앞에, 돈 앞에, 권력 앞에 무릎 꿇지 않는 목회를 할 수 있도록 이끌어 주셨습니다. 그렇기에 저는 지금도 여전히 사람 앞에, 돈 앞에, 권력 앞에 절대 무릎 꿇을 수 없습니다. 그것을 위해 목숨을 걸고 싸웠기 때문입니다. 이제 와서 하나님이 나에게 주셨던 은혜를 헛되게 할 수 없기 때문입니다. 목회를 하면서 왜 힘들고 어려운 순간이 없었겠습니까? 그러나 "하나님은 내 편이다!"라는 것을 되새기고 기도하면서 지금까지 온 것입니다.

"하나님이 내게 주신 은혜를 헛되게 하지 말라!"

시 118:6 여호와는 내 편이시라 내가 두려워하지 아니하리니 사람이 내게 어찌할까

고난을 겪으면서도 주님과 함께 이겨 냈던 흔적이 있으십니까? 그 흔적을 없애지 말고 잊지 말고 기억해야 합니다. 문제가 생겼을 때, 고난이 다가왔을 때, 주님과 함께 어려움을 이겨 냈던 흔적이 있다면 또다시 주님과 함께 이겨 낼 수 있습니다.

저도 목회를 하면서 여러 가지 어려움을 겪었습니다. 산에 올라가 자정부터 새벽까지 200일간 산기도를 하기도 했는데, 어떤 때는 기도하러 올라가서도 기도가 나오지 않을 만큼 힘들 때가 있었습니다. 그럴 때면 밤새도록 울면서 "하나님은 내 편이다!"라는 한 가지만을 외치며 기도했습니다. 억울하고 원통하고, 때로는 내 결백을 주장하며 시비를 가리고 싶고 육신의 감정이 올라올 때가 있었지만 그럴 때마다 사람을 상대한 것이 아니라 기도하면서 "하나님은 내 편이다! 하나님은 내 편이다!" 하고 외치며 기도했던 것입니다. 그랬더니 신기하게도 나를 조롱했던 사람들이 결국엔 내 앞에 무릎 꿇게 되었습니다. 내가 받은 은혜를 헛되이 하지 말고, 내 몸에 예수의 흔적이 있음을 기억하고, 아무리 힘들고 어려워도 내가 받았던 은혜를 기억하면서 주님과 함께 싸워서 승리할 수 있기를 바랍니다.

♣ 하나님의 뜻을 행한 후에 꼭 필요한 인내

히 10:36 너희에게 인내가 필요함은 너희가 하나님의 뜻을 행한 후에 약속하신 것을 받기 위함이라

(현대인) 여러분이 하나님의 뜻을 행한 후에 하나님이 약속하신 것을 받으려면 인내가 필요합니다.

(쉬운말) 여러분이 하나님의 뜻을 행하면, 하나님께서 약속하신 것들을 받을 것입니다. 그러자면 여러분에게는 반드시 인내가 필요합니다.

하나님의 뜻을 행하는 것이 중요합니다. 하나님의 뜻을 행하면 하나님께서 약속하신 것들을 받게 되는데, 그것을 위해 필요한 것이 바로 인내입니다. 하나님의 뜻을 행한 후에는 반드시 인내가 필요합니다.

> 마 7:21 나더러 주여 주여 하는 자마다 다 천국에 들어갈 것이 아니요 다만 하늘에 계신 내 아버지의 뜻대로 행하는 자라야 들어가리라

아버지의 뜻대로 행하는 자가 천국에 들어갑니다. 그런데 우리는 하나님의 뜻대로 살 수 없는 사람들입니다. 그래서 하나님께서 우리가 하나님의 뜻을 행할 수 있도록 아들 예수 그리스도를 이 땅에 보내셨습니다. 아버지의 뜻대로 행할 수 있는 분은 하나님의 아들 예수 그리스도밖에 없기 때문입니다.

> 히 10:9 그 후에 말씀하시기를 보시옵소서 내가 하나님의 뜻을 행하러 왔나이다 하셨으니 그 첫째 것을 폐하심은 둘째 것을 세우려 하심이라

(쉬운말) 그런 다음에 그리스도께서는 또 "보십시오, 하나님! 내가 주님의 뜻을 이루려고 이 세상에 왔습니다." 하고 말씀하셨습니다. 이처럼 그리스도께서는 두 번째 것 곧 새 언약을 세우시려고, 첫 번째 것 곧 옛 언약을 폐하셨습니다.

예수님은 우리를 대신해서 하나님의 뜻을 행하러 오셨습니다. 하나님의 뜻이 무엇입니까? 첫째 것을 폐하시고 둘째 것을 세우는 것입니다. 첫째 것은 옛 언약, 율법입니다. 둘째 것은 새 언약, 복음입니다. 그러므로 새 언약이 바로 하나님의 뜻입니다.

> 요 6:38, 40 내가 하늘에서 내려온 것은 내 뜻을 행하려 함이 아니요 나를 보내신 이의 뜻을 행하려 함이니라 / 내 아버지의 뜻은 아들을 보고 믿는 자마다 영생을 얻는 이것이니 마지막 날에 내가 이를 다시 살리리라 하시니라

예수님은 예수님을 보내신 하나님 아버지의 뜻을 행하러 오셨는데, 하나님의 뜻은 첫째 것 곧 옛 언약을 폐하시고 둘째 것 곧 새 언약을 세우는 것입니다. 그것을 위해 이 땅에 오시고 십자가에 죽으신 아들을 보고 믿는 자마다 영생을 얻는 것이 아버지의 뜻입니다. 다시 말씀드립니다. 하나님의 뜻은 새 언약을 세우는 것입니다. 하나님의 뜻을 행하러 오신 예수, 새 언약을 이루신 예수를 보고 믿는 것이 하나님의 뜻입니다. 그것이 영생입니다.

> 갈 3:16-18(쉬운말) 하나님께서도 아브라함과 그의 자손에게 약속을 하셨는데, 약속을 하실 때 하나님께서는 많은 사람들을 뜻하는 '자

손들'이라는 표현을 사용하지 않으시고, 단 한 사람을 뜻하는 '자손'이라는 표현을 사용하셨습니다. 여기에서 그 한 사람 '자손'은 곧 그리스도를 가리킵니다. 내가 말하고자 하는 핵심은 이것입니다. 아주 오래전에 하나님께서 아브라함과 이미 맺은 언약을, 그때로부터 430년 후에 생긴 율법이 무효화해서 그 약속을 취소시킬 수 없다는 것입니다. 만일 하나님께서 우리에게 주시는 하늘나라의 유업이 율법에서 비롯된 것이라면, 그것은 더 이상 약속으로 말미암은 것이 아닙니다. 그러나 하나님께서는 약속을 통하여 오직 은혜로 아브라함에게 그런 하늘나라의 유업을 거저 주셨습니다.

하나님의 뜻을 행하면 약속하신 것을 주시는데, 그 약속하신 것을 받기 위해서는 인내가 필요하다고 했습니다. 그렇다면 하나님께서 하나님의 뜻을 행하는 자에게 약속하신 것이 무엇이겠습니까? 그것이 바로 하늘나라의 유업, 하나님 나라, 곧 천국입니다. 하나님 나라는 율법으로는 갈 수 없습니다. 오직 새 언약으로만 갈 수 있는 곳입니다. 복음으로만 갈 수 있는 곳이 천국입니다.

> 갈 3:22(쉬운말) 하지만 성경은, 온 세상이 죄 아래 갇혀 있다고 선언합니다. 그래서 하나님에 의해 **약속된 그것, 곧 구원을 얻는 생명이 오직 예수 그리스도를 믿는 믿음을 통하여 믿는 자들에게 주어지게 된 것입니다.**

하나님에 의해 약속된 그것이 곧 구원을 얻는 생명인데, 이것이 새 언약입니다. 새 언약으로만 하나님 나라를 유업으로 받을 수 있습니다.

갈 3:29(쉬운말) 여러분이 그리스도께 속한 사람이라면 여러분은 모두 아브라함이 자손이요, 또한 하나님의 약속에 따라 하늘나라의 유업을 이어받을 상속자들입니다.

그리스도께 속한 사람이 아브라함의 자손이고 약속에 따라 하늘나라의 유업을 이어받을 상속자들입니다. 이것은 아브라함의 자손만 하늘나라의 유업을 상속받을 수 있다는 뜻입니다.

히 6:13-15 하나님이 아브라함에게 약속하실 때에 가리켜 맹세할 자가 자기보다 더 큰 이가 없으므로 자기를 가리켜 맹세하여 이르시되 내가 반드시 너에게 복 주고 복 주며 너를 번성하게 하고 번성하게 하리라 하셨더니 그가 이같이 오래 참아 약속을 받았느니라

히 10:36(쉬운말) 여러분이 하나님의 뜻을 행하면, 하나님께서 약속하신 것들을 받을 것입니다. 그러자면 여러분에게는 반드시 인내가 필요합니다.

아브라함이 인내로 약속하신 것을 받았던 것처럼, 아브라함의 자손인 우리도 하나님 나라에 들어가기 위해서는 인내가 필요합니다.

정리합니다. 하나님의 뜻을 행하면 하나님께서 약속하신 것들을 받을 수 있습니다. 하나님의 뜻은 새 언약입니다. 새 언약으로만 하나님의 뜻을 행할 수 있고, 하나님께서 약속하신 하나님 나라의 유업

> 새 언약으로 하나님의 뜻을 행한 후 약속하신 천국에 들어갈 때까지 인내하라!

을 받을 수 있습니다. 그것을 위해서는 인내가 필요한데, 한 번만 필요한 것이 아닙니다. 두 번만 필요한 것이 아닙니다. 인내는 계속 필요합니다. 그래서 성경은 인내를 온전히 이루라고 말씀합니다.

> 약 1:4 인내를 온전히 이루라 이는 너희로 온전하고 구비하여 조금도 부족함이 없게 하려 함이라

하나님이 약속하신 천국에 들어갈 때까지 신앙생활하면서 가장 중요한 것이 바로 '인내'입니다. 인내를 온전히 이루어야 합니다. 이 세상에서도 인내하지 못해서 사람들과의 관계가 깨지고 일을 그르치는 경우가 얼마나 많은지 모릅니다. 저도 목사가 되어서 하나님의 뜻을 이루기 위해 육신을 죽이고 하나님의 은혜를 구하며 지금까지 달려왔습니다. 육신을 죽이고 인내하지 않고서는 하나님의 뜻을 이룰 수 없습니다.

인내의 유익이 무엇입니까? 첫째, 인내는 우리를 온전하게 합니다. 온전한 것과 온전하지 못한 것은 엄청난 차이가 있습니다. 과일도 흠이 있는 것과 온전한 것은 상품 가치가 다릅니다. 2%가 부족하다는 말을 들어본 적이 있습니까? 2%는 어떻게 보면 전체에서 아주 작은 부분에 불과합니다. 그렇지만 그것 때문에 안 되는 것이 많습니다. 2%가 부족해서 취업이 안 되기도 하고, 각종 면접이나 심사에서 떨어지기도 합니다. 2%가 부족해서 계약이 불발되기도 하고 최고의 자리에 오르지 못하게 되는 것입니다. 그런데 인내하는 자에게는 하나님이 온전

> 인내하면 온전하고 구비하여 조금도 부족함이 없게 해 주십니다.

함의 은혜를 주십니다. 우리에게 부족한 2%를 하나님이 채워주시는 것입니다. 그리고 인내하는 자에게 주시는 축복은 구비하게 하시는 것입니다. 나에게 없는 부분, 부족한 부분을 하나님이 두루두루 갖추게 해 주십니다. 그뿐만 아니라 모든 면에 있어서 조금도 부족함이 없게 해 주십니다. 그래서 더 이상 2%가 부족해서 억울한 일을 당하는 일이 없도록 해 주시겠다는 것입니다. 할렐루야!

12

너희의 믿음은 그들의 믿음과 달라야 한다

히브리서 10장

> 히 10:39 우리는 뒤로 물러가 멸망할 자가 아니요 **오직 영혼을 구원함에 이르는 믿음을** 가진 자니라

모든 종교는 다 믿음이 있습니다. 불교를 믿는 사람들은 "비나이다, 비나이다, 부처님께 비나이다, 우리 남편 사업 잘되게 해주세요…" 하고 기도합니다. 무속신앙을 가진 사람들은 "비나이다, 비나이다, 천지신명께 비나이다, 우리 남편 사업 잘되게 해주세요…" 하고 기도합니다. 하나님을 믿는 사람들은 어떻습니까? 그들도 똑같이 교회에 와서 "하나님! 우리 남편 사업 잘되게 해 주세요…" 하고 기도합니다. 기도를 하는 대상만 다를 뿐 모두 다 똑같은 내용으로 기도를 하는 것입니다. 그런데 하나님은 우리의 믿음이 그들과는 달라야 한다고 말

> 우리의 믿음은 영혼을 구원하는 믿음입니다.

씀하십니다. 무엇이 다를까요? 우리는 오직 '영혼을 구원함에 이르는 믿음'을 가진 자입니다.

벧전 1:9 믿음의 결국 곧 영혼의 구원을 받음이라

믿음의 결국은 영혼 구원입니다. 믿음을 가지고 있다고 말하면서도 천국에 가지 못하고 영혼을 구원하지 못한다면 그것은 바른 믿음이라고 볼 수 없습니다. 오늘 나의 믿음은 어떠한지 이에 대해 볼 수 있기를 바랍니다. 하나님은 오늘도 이러한 믿음을 가진 자들을 찾고 계십니다.

♣ 예수님은 믿음을 보신다

막 2:5 예수께서 그들의 믿음을 보시고 중풍병자에게 이르시되 작은 자야 네 죄 사함을 받았느니라 하시니

예수님은 그들의 '믿음'을 보셨습니다. 예수님은 믿음을 보기 원하십니다. 기억합시다. 모든 종교에 다 믿음이 있지만 하나님이 요구하시는 믿음은 세상 종교와는 다릅니다. 그것을 여기에서 보여주고 있는 것입니다. 네 명의 사람들은 예수께로 갈 수 없는 중풍병자를 침상 채 메고

> 예수님이 보시는 믿음은 영혼을 구원하는 믿음입니다.

예수께로 갔습니다. 그랬더니 예수님이 '그들의 믿음을 보시고' 중풍병자를 향하여 "네 죄 사함을 받았느니라" 하고 말씀하셨습니다. 죄

12 _ 너희의 믿음은 그들의 믿음과 달라야 한다

사함을 받았다는 것은 그 영혼이 구원받았다는 것을 뜻합니다. 예수님이 보시는 믿음은 '영혼을 구원하는 믿음'입니다.

♣ 믿음의 사람들에게 주시는 특별한 은혜

> 막 2:1-5 수일 후에 예수께서 다시 가버나움에 들어가시니 집에 계시다는 소문이 들린지라 많은 사람이 모여서 문 앞까지도 들어설 자리가 없게 되었는데 예수께서 그들에게 도를 말씀하시더니 사람들이 한 중풍병자를 네 사람에게 메워 가지고 예수께로 올새 무리들 때문에 예수께 데려갈 수 없으므로 그 계신 곳의 지붕을 뜯어 구멍을 내고 중풍병자가 누운 상을 달아 내리니 예수께서 그들의 믿음을 보시고 중풍병자에게 이르시되 작은 자야 네 죄 사함을 받았느니라 하시니

믿음으로 사는 사람들에게만 주시는 하나님의 은혜가 있습니다. 그것은 첫째, 누구도 아무도 보지 못하는 것을 보게 하시는 것입니다. 그리고 둘째, 똑같은 것을 보고도 똑같이 보지 않게 하시는 것입니다.

가나안 땅을 정탐했던 열두 명의 정탐꾼이 있었습니다. 열 명의 정탐꾼과 두 명의 정탐꾼은 똑같은 것을 보았습니다. 무엇을 보았습니까? 가나안 땅에 살고 있는 거인을 보았습니다. 그들의 키는 장대 같았고 그들에 비하면 이스라엘 백성들은 메뚜기와 같았습니다. 그래서 열 명의 정탐꾼은 본 대로, 사실대로, 느낀 대로 이스라엘 백성들에게 보고했습니다. 그런데 두 명의 정탐꾼은 그들과 똑같은 것을 보았는데도 다르게 보고했습니다. 똑같은 것을 보고도 똑같이 보지 않았던 것입니다.

열 명의 정탐꾼은 키가 장대 같은 가나안 거민을 보고 두려워했지만 여호수아와 갈렙은 도리어 기뻐했습니다. "아니, 저렇게 큰 거인들을 하나님이 우리 손에 붙여 주셨단 말이야? 하하하하!" 이것이 믿음으로 사는 자들에게 하나님이 주시는 은혜입니다. 하나님은 믿음으로 사는 사람들에게는 똑같은 것을 보아도 똑같이 보지 않게 하십니다.

> 믿음의 사람들에게 주시는 은혜는 똑같은 것을 보아도 똑같이 보지 않게 하시는 것입니다.

 믿음으로 살았던 다윗도 마찬가지입니다. 다윗도 다른 이스라엘 군사들과 마찬가지로 골리앗을 보았습니다. 그런데 이스라엘 군사들은 하나님을 믿고 섬긴다고 하면서도 골리앗을 보고 벌벌 떨었고 골리앗과 싸우려는 생각조차 하지 못했습니다. 하지만 다윗은 달랐습니다. 아무도 골리앗 앞에 나서지 못할 때 어린 다윗이 나서서 골리앗과 싸워 이겼습니다. 어떻게 그럴 수 있었을까요? 다윗은 골리앗보다 100배, 1000배는 더 위대하시고 크신 하나님을 보고 살았기 때문입니다. 그랬기에 다른 사람들의 눈에는 골리앗이 커 보였는지 몰라도 다윗에게는 아주 작게 보였던 것입니다.

눈에 보이는 것 때문에 사람의 믿음이 흔들립니다. 내가 본 것 때문에 흔들리고 넘어지며 시험에 듭니다. 눈에 보이는 것 때문에 순식간에 마음이 달라지는 것입니다. 그러나 믿음의 사람들에게는 하나님께서 똑같은 것을 보고도 똑같이 보지 않게 하시기 때문에 그들은 믿음이 흔들리지 않습니다. 육신의 눈에 보이는 것 때문에 믿음이 흔들리거나 넘어지지 않기를 바랍니다. 누구도 아무도 볼 수 없는 것을 보게 되는 놀라운 은혜가 임하기를 축원합니다.

믿음으로 중풍병자를 메고 예수께로 갔던 네 명의 사람들이 바로 그러한 사람들이었습니다. 여기에 누구도 아무도 보지 않고 그냥 지나치는 중풍병자 한 사람이 있습니다. 그는 누군가의 도움이 없이는 한 발짝도 움직일 수 없는 사람입니다. 그런데 병들어 괴로워하고 있는 그를 눈여겨 본 사람들이 있었습니다. 지금도 마찬가지입니다. 누군가의 도움이 없이는 절대 교회에 올 수 없는 사람들이 있습니다. 누군가의 도움이 없으면 교회에 오고 싶어도 올 수 없는 영적인 중풍병자들이 많이 있습니다. 사람들은 무관심하게 그들을 그냥 지나칩니다. 모든 사람들이 보고도 다 그냥 지나가는데, 누군가의 눈에는 그들이 보이는 것입니다. 누구도 아무도 보지 못하는 그 영혼의 귀함, 그 생명의 귀함을 알기 때문에 그들을 그냥 지나칠 수가 없는 것입니다. 그들 또한 하나님이 사랑하는 한 영혼이기 때문입니다. 하나님이 택하신 자, 하나님이 살리고자 하시는 자, 하나님이 구원하고자 하시는 그들의 영혼이 우리 눈에 보이길 바랍니다.

믿음의 네 사람은 똑같은 것을 보았고 똑같은 마음을 가졌습니다. 중풍병자를 보는 순간 그를 예수께로 데려가야겠다는 마음이 생긴 것입니다. 그래서 그들은 침상 채로 그를 메고 발걸음을 재촉했습니다. 이것이 그들의 믿음입니다. 제가 한번 묻겠습니다. 이제까지 10년, 20년, 30년 동안 신앙생활을 하면서 어떤 한 사람을 예수께로 데려가야겠다는, 이런 마음을 가져본 적이 있습니까? 하나님은 믿음으로 사는 자들에게 반드시 이러한 마음을 주십니다. 그때 주님이 주시는 마음을 외면하지 마시길 바랍니다. 하나님은 믿음으로 사는 자들에게 반드시 누구도 아무도 보지 못하는 것을 보게 하십니다. 내가 구원해

> 믿음의 사람들에게 주시는 은혜는 누구도 아무도 보지 못하는 것을 보게 하시는 것입니다.

야 할 생명, 예수께로 데려가야 할 영혼을 보게 하시는 것입니다.

네 명의 사람들은 그 마음에 순종했습니다. 그래서 중풍병자를 침상 채로 메고 예수님께로 가기 시작합니다. 예수님이 떠나시기 전에 그곳에 도착해야 했기 때문에 그들의 마음은 조급했을 것입니다. 종종걸음을 치며 뛰다시피 갔을지도 모릅니다. 그런데 한번 생각을 해보십시오. 힘들게 헉헉대며 무거운 침상을 들고 거기까지 갔는데 거기에 이미 많은 사람이 와 있는 것입니다. 얼마나 사람들이 많이 모였는지 문 앞에 접근할 수도 없을 만큼 꽉 차 있었습니다. 그렇다면 어떻게 하겠습니까? 믿음이 없는 사람들은 보통 이런 식으로 타협합니다. "안 되겠다. 돌아갔다가 내일 다시 오자!", "어쩔 수 없네. 우리 순서가 올 때까지 기다리자!" 이것이 일반적으로 보이는 반응입니다. 그러나 우리는 믿음을 가진 자입니다. 하나님은 믿음으로 사는 자들에게 누구도 아무도 생각하지 못한 것을 하게 하십니다. 네 명의 사람들은 지붕으로 올라가야겠다는 생각을 합니다. 지붕 위에 올라가서 지붕을 뚫고 침상 채로 예수님 앞에 중풍병자를 달아내려야겠다는 놀라운 생각을 한 것입니다.

> 믿음의 사람들에게 주시는 은혜는 누구도 아무도 생각하지 못하는 생각을 하게 하시는 것입니다.

하나님은 이런 사람들을 찾고 계십니다. 세상에는 정말 많은 교회가 있습니다. 많은 집사가 있고, 많은 권사가 있고, 많은 장로가 있고, 많은 목사가 있습니다. 그러나 하나님은 우리가 많은 집사 중 한 사람, 많은 권사 중 한 사람, 많은 장로 중 한 사람, 많은 목사 중 한 사람으로 있기를 원하지 않으십니다. 많은 사람 중 한 사람이 아니라 믿음을 가지고 믿음의 행위로 하나님의 위대한 믿음의 역사를 만들어 갈 믿음의 사람을 찾고 계십니다. 행함이 없는 믿음은 죽은 믿음입니다.

그들은 왜 지붕으로 올라갔을까요? 많은 사람 중 한 사람으로 있고 싶지 않았기 때문입니다. 생명을 살리고 영혼을 구원하는 일은 잠시도 머뭇거리거나 지체할 수 없기 때문입니다. 생명을 살리고 영혼을 구원하는 일에는 어떤 것도 장애물이 될 수 없기 때문입니다. 사람들은 '무리들' 탓을 합니다. "무리들 때문에 예수께로 데려갈 수 없으므로…" 이것이 그들의 핑계가 됩니다. 사람들 때문에, 시간 때문에, 돈 때문에, 건강 때문에 등 예수께로 사람들을 데려갈 수 없는 여러 가지 이유들을 나열합니다. 그러나 생명을 살리는 것, 영혼을 구원하는 일에는 어떤 것도 변명거리가 될 수 없습니다.

> 생명을 살리고 영혼을 구원하는 일은 잠시도 지체하거나 머뭇거릴 수 없고, 어떤 것도 장애물이 되거나 변명거리가 될 수 없고, 어떤 대가를 치르더라도 그것보다 중요하지 않다.

사람들은 지붕 위로 올라가는 네 사람을 보며 말합니다. "저 사람들 지금 뭐 하는 거야?" 그들은 지붕 위로 올라가는 네 사람의 행동을 이해하지 못합니다. 지붕 위로 올라간 네 사람은 갑자기 지붕을 뜯기 시작합니다. "저 사람들 미친 거 아냐?" 믿음이 없는 사람들은 항상 그런 식으로 생각하고 반응합니다. 왜 지붕 위로 올라가서 남의 집 지붕을 뜯는지 도저히 이해할 수 없기 때문입니다. 사람들은 이해할 수 없었지만 그들은 지금 위대한 하나님의 역사를 만들어 가고 있는 것입니다.

그런데 문제가 생겼습니다. 그들이 뚫은 지붕이 자기 집 지붕입니까, 남의 집 지붕입니까? 남의 집 지붕입니다. 남의 집 지붕을 허락도 없이 뜯었으니 분명 집주인이 손해배상을 청구할 것입니다. 예를 들어 지붕 수리 비용이 4천만 원이 나왔다고 합시다. 그중 한 사람이 말합니다. "집주인이 지붕 수리 비용으로 4천만 원을 청구했는데, 우리가 네 사람이니까 똑같이 천만 원씩 나눠서 비용을 부담하자!" 그랬더니 한 사람이 말합니다. "안돼! 나 돈 없어…네가 먼저 뚫자고 했으니까 뚫었지…그러니까 네가 책임져!" 또 다른 사람이 말합니다. "나는 네가 집주인인 줄 알고 뚫었지…" 만약 이런 일이 생긴다면 어떻게 되겠습니까?

그러므로 하나님의 일을 하는 사람은 언제나 같은 말, 같은 뜻, 같은 마음으로 온전히 합해야 합니다. 그러기 위해 믿음의 사람들이 꼭 가져야 할 마음이 있습니다. 그것은 바로 어떤 대가를 치르더라도 생명을 살리는 일보다 더 중요하지는 않다는 마음입니다. 주님은 이런 믿음을 보고 싶어 하시는 것입니다. 그런데 중풍병자를 메고 간 네 사람을 통해 이 믿음을 보셨습니다. 이 믿음을 보시고 주님이 얼마나 큰 감동을 받으셨겠습니까! 얼마나 감동을 하셨는지, 주님이 그 자리에서 즉시 중풍병자를 고쳐주셨습니다. 이러한 믿음을 가질 수 있게 되기를 축원합니다. 주님이 오늘 말씀하시고자 하는 것은 바로 이것입니다.

"모든 종교는 믿음이 있지만 너희들의 믿음은 그들의 믿음과는 달라야 한다. 내가 원하는 믿음은 오직 영혼을 구원하는 믿음이다. 믿음의 결국은 영혼 구원이다. 이것을 잊지 말아라!"

13

진짜 믿음, 가짜 믿음

히브리서 11장

> 히 11:4 믿음으로 아벨은 가인보다 더 나은 제사를 하나님께 드림으로 의로운 자라 하시는 증거를 얻었으니 하나님이 그 예물에 대하여 증언하심이라 그가 죽었으나 그 믿음으로써 지금도 말하느니라

히브리서 11장에는 믿음으로 산 사람들의 이름이 기록되어 있습니다. "믿음으로 아벨은…믿음으로 에녹은…믿음으로 노아는…" 등 많은 믿음의 사람들이 기록되어 있는데, 저는 하나님의 은혜를 구하면서 그들이 믿음으로 살았던 모습 전부가 나의 모습이 되게 해 달라고 기도했습니다. 그들의 삶이 우리의 삶이 되기를 바랍니다.

하나님은 사랑하는 자에게 믿음을 주시고 하나님이 주신 그 믿음으로 사는지를 지켜보고 계십니다. 믿음은 내가 가지

> 하나님은 사랑하는 자에게 믿음을 주시고 그 믿음으로 사는지를 지켜보십니다.

려고 노력해서 갖게 되는 것이 아니라 하나님이 주시는 선물입니다. '믿음'이라는 선물을 사랑하는 자에게 주신 후 그 믿음으로 살고 있는지 아닌지를 하나님께서 지켜보십니다. 그런데 우리는 여기에서 탈락하는 경우가 많습니다. 믿음을 주셨다면 그 믿음으로 살아야 합니다. 믿음은 장식용이 아닙니다. 우리는 믿음으로 구원받고, 믿음으로 천국에 가고, 믿음으로 하나님의 일을 하는 것입니다. 그것을 위해 하나님께서 믿음을 주셨는데도 믿음으로 살지 않고 여전히 자기 생각대로 살고, 자기 생각대로 일한다면 하나님을 기쁘시게 할 수 없습니다. 그래서 성경은 오직 의인은 믿음으로 사는 것(롬 1:17)이라고 말씀합니다.

그렇다면 마귀가 하는 일은 무엇이겠습니까? 그것은 하나님이 주신 믿음을 빼앗고, 하나님이 주신 믿음으로 구원받지 못하게 하고, 믿음으로 하나님의 일을 하지 못하게 하는 것입니다. 마귀는 늘 우리를 목적에서 이탈시킵니다. 우리가 교회에 오는 목적이 무엇입니까? 은혜받는 것입니다. 그런데 마귀는 그 목적에서 우리를 이탈시킵니다. 은혜받아야 할 때 은혜받지 못하게 하고 '오늘 식사 당번인데…' 하면서 식사 준비하는 일에 마음을 빼앗기게 만듭니다. 밥 먹는 것이 중요한 것이 아니고 은혜받는 것이 중요합니다.

> 마귀가 하는 일은 하나님이 주신 믿음을 빼앗는 것입니다.

그런데 우리는 종종 무엇이 중요한지를 망각합니다. 예배 후에 밥 먹으러 식당에 내려갔는데, 식사 당번이 깜빡하고 취사 버튼을 누르지 않아서 밥이 안 됐다는 얘기를 들으면 금방 눈을 부릅뜨고 도대체 누가 그랬냐며 혈기를 부립니다. 주차할 때는 어떻습니까? 주차

할 공간이 없으면 은혜받으러 왔다는 것을 까맣게 잊어버리고 성질을 냅니다. 마귀가 세상의 모든 방법을 동원하여 우리를 목적에서 이탈시킨다는 사실을 기억해야 합니다.

하나님이 우리에게 믿음을 주신 이유는 예수를 바라보고 살라는 것입니다.

> 히 12:2 믿음의 주요 또 온전하게 하시는 이인 예수를 바라보자 그는 그 앞에 있는 기쁨을 위하여 십자가를 참으사 부끄러움을 개의치 아니하시더니 하나님 보좌 우편에 앉으셨느니라

> (쉬운말) 우리는 오직 믿음의 창시자이시요 완성자이신 예수만을 바라봅시다. 그분은 자기 앞에 놓여 있는 영광스런 기쁨을 위해 모든 부끄러움을 조금도 개의치 않으시고 십자가의 고통을 견뎌 내셔서, 마침내 하나님의 보좌 오른편에 앉으셨습니다.

> (현대인) 그리고 우리 믿음의 근원이시며 우리 믿음을 완전케 하시는 예수님을 바라봅시다. 그분은 장차 누릴 기쁨을 위하여 부끄러움과 십자가의 고통을 참으셨으며 지금은 하나님의 오른편에 앉아 계십니다.

'믿음의 주'라는 것은 믿음의 창시자, 믿음의 근원, 믿음의 뿌리가 된다는 의미입니다. 예수님은 믿음의 시작이요 믿음의 완성자이십니다. 믿음의 사람은 처음부터 끝까지 오직 그 예수만을 바라보고 사는 것입니다. 믿음이 떨어졌습니까? 예수를 바라보지 않았기 때문입니다. 예수님을 바라보던 시선이 다른 곳을 향하게 되면 그 순간부

터 믿음은 떨어집니다. 그러므로 믿음이 떨어졌다 싶으면 예수를 바라보아야 합니다. 예수를 바라보고 사는 사람이 믿음의 사람입니다. 그렇다면 히브리서 11장에 믿음의 사람들이 많이 나오는데, 그들도 누구를 바라보았다는 뜻입니까? '믿음의 주'가 되시는 예수를 바라보았다는 것입니

> 예수를 바라보고 복음을 위해 사는 자가 믿음의 사람입니다.

다. 아벨이나 에녹, 노아와 모세 시대에는 예수님이 아직 안 오셨는데, 그들이 어떻게 예수를 바라볼 수 있었을까요? 우리는 오신 예수님과 다시 오실 예수님을 보고 사는 것이지만 그들은 장차 이 땅에 오실 예수님을 바라보고 살았습니다.

> **롬 1:17 복음에는 하나님의 의가 나타나서 믿음으로 믿음에 이르게 하나니** 기록된바 오직 의인은 믿음으로 말미암아 살리라 함과 같으니라

믿음으로 살았다는 말은 바꿔 말하면 복음을 위해 살았다는 말입니다. 그들의 삶 속에 복음이 나타나 있다는 뜻입니다. 복음만이 우리의 믿음으로 믿음에 이르게 합니다. 복음 없이 믿음을 말할 수는 없습니다. 복음이 아니면 믿음을 가질 수 없기 때문입니다. 하나님은 믿음이라는 선물을 반드시 복음이라는 포장지에 싸서 주십니다. 복음을 통하지 않고서는 믿음을 가질 수 없습니다. 복음이 무엇입니까? 우리 주 예수 그리스도가 복음입니다(롬 1:2-4). 복음으로 사는 자들에게는 반드시 하나님의 의가 나타납니다.

♣ 믿음으로 아벨은

> 히 11:4 믿음으로 아벨은 가인보다 더 나은 제사를 하나님께 드림으로 의로운 자라 하시는 증거를 얻었으니 하나님이 그 예물에 대하여 증언하심이라 그가 죽었으나 그 믿음으로써 지금도 말하느니라

믿음으로 살았던 아벨은 복음을 위해 살았고, 그 결과 의로운 자라는 증거를 받았습니다. 복음으로 사는 자, 믿음으로 사는 자들에게는 반드시 하나님의 의가 나타나기 마련입니다.

"믿음으로 아벨은…" 이 말씀 앞에 저는 한동안 머물러 있었습니다. 누군가가 우리의 삶에 대해 증언할 때 "믿음으로 아무개는…" 이렇게 말할 수 있게 되기를 바랍니다. 믿음으로 살았다면 그 증거가 삶 속에 있어야 합니다. 하나님은 우리에게 믿음을 주시고 그 믿음으로 사는지를 지켜보고 계십니다. "우리 목사님은 정말 믿음의 사람이야!" 이렇게 인정받을 수 있어야 목사로서 떳떳하고 당당한 것 아니겠습니까? "우리 목사님은 정말 똑똑해!", "우리 목사님은 정말 힘이 세!", "우리 목사님은 정말 돈이 많아!", "우리 목사님은 정말 잘생겼어!" 이런 것은 목사에게 아무 소용이 없습니다. 아무리 세상의 일에 능하고 세상 지식이 많아도 그것은 목사에게 칭찬이 되지 못합니다.

목사만 그렇습니까? 우리는 모두 '믿음의 사람'입니다. 우리에 대해 사람들이 말할 때 "믿음으로 아무개 장로님은…", "믿음으로 아무개 권사님은…"이라고 나와야 하는 것입니다. 이렇게 믿음으로 살았

> 믿음으로 산 사람만 천국에 들어가고 하나님의 생명책에 그 이름이 기록됩니다.

던 사람들만, 성경에 그 이름이 기록된 믿음의 사람들처럼, 하늘의 생명책에 그 이름이 기록되는 것입니다. 믿음으로 산 사람만 천국에 들어가고 믿음으로 산 사람만 하나님의 생명책에 기록됩니다. 하나님이 사랑하는 자에게 주시는 가장 큰 선물은 믿음입니다. 우리는 믿음으로 구원받고, 믿음으로 천국에 들어가고, 믿음으로 하나님의 일을 합니다. 하나님은 믿음을 주시고 그것으로 끝내는 것이 아니라 그 믿음으로 사는지, 안 사는지 그것을 지켜보십니다.

마귀는 우리가 믿음으로 살지 못하도록 믿음을 빼앗습니다. 사업이 망했습니까? 마귀가 그것을 통해 우리의 믿음을 빼앗으려는 것입니다. 돈을 빼앗는 것이 아닙니다. 마귀가 노리는 것은 바로 우리의 믿음입니다. 건강을 잃었습니까? 마귀가 그것을 통해 우리의 믿음을 빼앗으려는 것입니다. 신앙생활을 열심히 했는데 몹쓸 병에 걸렸다고, 교회 가니까 사업이 망했다고 우리는 믿음을 잃어버립니다. 사람 때문에 시험에 드는 것도 마찬가지입니다. 교회에는 다 착하고 좋은 사람들만 있는 줄 알고 장로, 권사라고 하길래 가까이 지냈는데 알고 보니까 아주 인간성이 더럽습니다. 그것을 통해 마귀가 노리는 것이 무엇입니까? 바로 우리의 믿음을 빼앗는 것입니다. 마귀의 목적은 믿음을 빼앗는 것입니다. 수단과 방법을 가리지 않고 세상의 모든 것을 동원하여 우리의 믿음을 빼앗고자 하는 것입니다.

믿음을 빼앗기면 다 빼앗기는 것입니다. 하지만 다른 것을 다 빼앗겨도 믿음만 빼앗기지 않으면 모든 것을 회복할 수 있습니다. 믿음을 잃어버리면 다 잃어버리는 것입니다. 믿음이 얼마나 중요하면 하나님께서 히브리서 11장을 '믿음의 장'으로 만드시고 거기에 믿음의 사람들을 나열하고 있겠습니까! 하나님은 이것을 통해 하나님께서 사랑하는 자에게는 반드시 믿음을 주시고 그들이 그 믿음으로 사는 것을 하나님께서 얼마나 기뻐하시고 귀하게 여기시는지 우리에게 보여주고 있는 것입니다. 믿음의 사람들은 반드시 믿음으로 살아야 합니다. 그런데 믿음도 진짜 믿음이 있고 가짜 믿음이 있습니다.

🍀 더 나은 제사를 하나님께 드림으로

> 히 11:4 **믿음으로 아벨은 가인보다 더 나은 제사를 하나님께 드림으로 의로운 자라 하시는 증거를 얻었으니** 하나님이 그 예물에 대하여 증언하심이라 그가 죽었으나 그 믿음으로써 지금도 말하느니라

"믿음으로 아벨은…" 이 말은 하나님이 아벨에게 믿음을 주셨고 아벨이 그 믿음으로 살았다는 뜻입니다. 믿음으로 살았던 아벨에 대해 말하면서 가장 먼저 언급하고 있는 것이 무엇입니까? 더 나은 제사, 더 나은 예배를 드렸다고 말씀합니다. 구약의 제사가 오늘날의 예배입니다. 그러니까 진짜 믿음과 가짜 믿음을 구별하는 첫째 기준은 바로 예배입니다.

> 진짜 믿음과 가짜 믿음을 구별하는 기준은 예배입니다.

여기에 두 사람이 있습니다. 한 사람은 가인이고 한 사람은 아벨입니다. 가인과 아벨 두 사람 모두 하나님께 예배를 드렸습니다. 그런데 하나님께서 가인의 예배는 받지 않으시고 아벨의 예배만 받으셨습니다. 왜 가인의 예배는 받지 않으시고 아벨의 예배만 받으셨을까요? "믿음으로 아벨은 더 나은 제사를 하나님께 드림으로…"라고 말씀합니다. 믿음을 주신 하나님께서 그 믿음으로 사는지를 지켜보

시는데 바로 아벨의 예배를 보시고 아벨이 믿음으로 살았다고 인정하시며 그것을 히브리서 11장에 나오는 많은 믿음의 사람 중에 가장 먼저 기록하고 있는 것입니다. 이것을 통해 우리는 믿음의 사람이 가져야 할 삶의 모습 중에 가장 우선되어야 하는 것이 바로 '예배'라는 것을 깨달아야 합니다.

> **시 50:5** 이르시되 나의 성도들을 내 앞에 모으라 **그들은 제사로 나와 언약한 이들이니라** 하시도다

예배는 하나님과 하나님이 택한 백성 사이에 맺는 언약입니다. 언약은 "나는 너의 하나님이 되고 너는 나의 백성이 될 것이다!" 하고 하나님과 하나님의 백성 사이에 맺는 약속입니다. 그런데 '예배'로 언약했다고 말씀합니다. 예배를 통해서만 하나님은 우리의 하나님이 되어 주시고 우리는 하나님의 백성이 될 수 있다는 뜻입니다. "너는 나에게 예배함으로 나의 백성임을 보이라! 네가 나에게 예배할 때 나는 너의 하나님 됨을 보이리라!" 이것이 하나님과 하나님의 백성 사이에 맺은 '예배 언약'입니다.

> **시 89:3** 주께서 이르시되 **나는 내가 택한 자와 언약을 맺으며** 내 종 다윗에게 맹세하기를

하나님은 하나님이 택한 자와 언약을 맺으시는데 예배로 언약을 맺으시겠다는 것입니다. 예배는 하나님을 아버지로 믿는 사람만 드리는 것입니다. 하나님을 믿지 않는 사람들이 어떻게 하나님께 예배하겠습니까? 그러므로 예배는 내가 하나님 믿는 사람이라는 것

을 모든 사람들 앞에 공개적으로 드러내는 것입니다. 주일에 결혼식에 초대받았을 때 예식장에 가지 않고 교회에 와서 예배를 드리는 것은 내가 예수 믿는 하나님의 자녀임을 증명하는 것입니다. 믿음의 사람들이 가져야 할 가장 우선적이고 중요한 삶의 모습이 바로 예배입니다. 믿음으로 살았던 많은 사람들이 예배 드릴 수 없는 환경에서 예배 드리다가 순교했습니다. 그만큼 예배는 그 사람이 믿음의 사람인가 아닌가를 결정짓는 기준점이 됩니다. 그래서 성경은 오늘 믿음의 인물을 소개하는 히브리서 11장에서 "믿음으로 아벨은 가인보다 더 나은 제사를 하나님께 드림으로…" 하고 가장 먼저 기록하면서, 아벨의 예배를 하나님이 얼마나 기뻐하시고 그러한 예배를 받으시기를 얼마나 원하시는지 우리에게 보여주고 있는 것입니다.

히 9:7-8 오직 둘째 장막은 대제사장이 홀로 일 년에 한 번 들어가되 자기와 백성의 허물을 위하여 드리는 피 없이는 아니하나니 성령이 이로써 보이신 것은 첫 장막이 서 있을 동안에는 성소에 들어가는 길이 아직 나타나지 아니한 것이라

(쉬운말) 그러나 성소 안쪽에 있는 두 번째 방인 지성소에는 오직 대제사장만이 일 년에 단 한 번 들어갈 수 있었는데, 그때에 대제사장은 자기 자신의 죄를 용서받기 위해, 그리고 백성들이 모르고 지은 모든 죄를 용서받기 위해, 반드시 희생제물의 피를 가지고 들어가야 했습니다. 이런 사실을 통해 성령께서 우리에게 가르쳐주시려는 것은, 첫 번째 장막이 서 있는 동안에는 지성소에 들어갈 수 있는 길이 아직 열려있지 않았다는 것입니다.

제사 곧 예배는 하나님께 나아가는 것입니다. 그런데 하나님께 나아가기 위해서는 반드시 피를 가지고 나아가야 합니다. 믿음을 가진 아벨은 하나님께 나아갈 때 어떻게 나아가야 하는지를 알았습니다. 그래서 어린 양의 피를 가지고 하나님 앞에 나아갔던 것입니다. 어린 양은 예수 그리스도를 예표합니다. 세례 요한은 예수님을 보고 "보라 세상 죄를 지고 가는 하나님의 어린 양이로다!"(요 1:29) 하고 외쳤습니다. 그러므로 어린 양의 피는 곧 예수 그리스도의 피를 나타내는 것입니다.

믿음으로 살았다는 말은 복음으로 살았다는 말입니다. 복음은 예수 그리스도입니다(롬 1:2-4). 믿음으로 산 자들은 반드시 그 삶 속에 복음이신 예수 그리스도가 나타납니다. 믿음으로 살았던 아벨은 예수 그리스도를 나타내는 삶을 살았고, 그 증거가 바로 양의 첫 새끼를 잡아서 그 피를 가지고 하나님 앞에 나아갔던 것입니다. 그는 죄인인 우리가 하나님 앞에 나아가는 길이 오직 예수의 피 외에 없다는 것을 알고 있었습니다. 반면 가인의 예배는 어떠했습니까? 그는 농사를 지어서 땅의 소산물을 가지고 하나님 앞에 나아갔습니다. 자기 딴에는 땀 흘려 열심히 농사를 지었으니까 그 소산물을 하나님께 바치면 하나님이 기뻐하실 것이라고 생각했을지 모릅니다. 그러나 하나님께 나아가고자 하는 자들은 반드시 하나님이 정하신 법대로 나아가야 합니다. 아무리 정성을 쏟고 열심을 내도 그 안에 예수가 없으면 천국에 갈 수 없습니다.

기억하십시오! 우리는 예수의 피로 영원한 속죄함을 받고 구원받아 천국에 들어가는 것입니다. 아무리 도덕적으로 윤리적으로 선을 행하고 착하게 살아도 그것으로 천국에 갈 수는 없습니다. 세상 종교들은 대부분 착하고 정직하게 살면 극락 같은 좋은 곳에 간다고 합니다. 그러나 그렇지 않습니다. 그들이 가는 곳은 지옥입니다. 예수의 피 외에 우리가 하나님 앞에 나아갈 수 있는 다른 방법은 없습니다. 과거에 예수님이 이 땅에 오시기 전에는 짐승의 피를 가지고 하나님 앞에 나아갔습니다. 그러나 그것은 장차 예수님이 세상 죄를 지고 가는 하나님의 어린 양으로 오셔서 그 피로 우리가 하나님 앞에 나아갈 것을 보여주기 위한 그림자에 불과합니다. 지금은 새 시대입니다. 새 시대는 다른 말로 표현하면 새 언약의 시대입니다. 새 언약은 예수를 통해서 하나님과 맺은 언약입니다. "이제부터는 예수를 통해서 내가 너를 구원하겠다!", "예수를 통해서만 내가 너희 죄를 사해 주겠다!" 이렇게 하나님의 아들 예수를 통해서 맺은 언약이 새 언약입니다. 새 시대, 새 언약의 시대에는 예수가 아니면 하나님께 나아갈 수 없습니다. 양의 첫 새끼를 잡아 그 피로 하나님께 나아갔던 아벨은 새 시대의 믿음으로 사는 자들의 모습이 어떠해야 하는지를 보여주었습니다. 그래서 그의 이름이 믿음의 장에 가장 먼저 기록되어 하나님과 믿음의 성도들 앞에 기억되고 있는 것입니다.

하나님은 아벨의 제사만 받으시고 가인의 제사는 받지 않으셨습니다. 그러자 무슨 일이 벌어졌습니까? 가인이 동생 아벨을 돌로 쳐죽였습니다. 시기, 질투가 이렇게 무섭습니다. 시기는 사람을 죽입니다. 시기는 우리의 눈을 멀게 합니다. 적이 아닌데, 사랑하는 동생인데, 그만 시기 때문에 가인의 눈이 자기 동생을 알아보지 못할 정도로 멀어버린 것입니다.

죄가 이렇게 무섭습니다. 죄가 내 안에 들어오면 보여야 할 것이 보이지 않습니다. 부모가 부모로 안 보입니다. 자식이 자식으로 안 보입니다. 형제가 형제로 안 보입니다. 남편이 남편으로 안 보이고, 아내가 아내로 안 보입니다. 목사가 목사로 안 보이는 것입니다. 그래서 마귀에게 붙들린 사람들이 잘하는 말이 있습니다. "나, 지금 눈에 뵈는 게 없걸랑!" 마귀는 눈에 뵈는 것이 없게 만듭니다. 그러나 하나님이 함께하는 사람은 아무리 성질이 나도 눈에 보여야 할 것이 보입니다. 순간 성질이 확 났는데 다시 보니까 사랑하는 내 자식입니다. 성질이 확 났는데 다시 보니 자기를 낳아주신 부모님입니다. 이렇게 눈에 보여야 할 것이 보이는 것입니다.

　마귀가 역사하는 사람들은 어떻습니까? 눈을 부릅뜨면서 "나 건들지 마! 나, 지금 눈에 뵈는 게 없걸랑!" 하게 되는 것입니다. 홧김에 그냥 하는 말 같지만, 영적으로 보면 악한 영이 그를 붙들고 눈에 보이는 것이 없게 만든 것입니다. 그러니까 자기 동생도 죽이는 것입니다.

♣ 믿음으로써 지금도 말하느니라

> 히 11:4 믿음으로 아벨은 가인보다 더 나은 제사를 하나님께 드림으로 의로운 자라 하시는 증거를 얻었으니 하나님이 그 예물에 대하여 증언하심이라 그가 죽었으나 그 믿음으로써 지금도 말하느니라

　아벨은 자기 형 가인한테 돌에 맞아 죽었습니다. 죽었지만 그 믿음으로써 지금도 말하고 있다고 합니다. 무엇을 말하고 있을까요? 믿음으로써 말한다는 것은 복음으로써 말한다는 것입니다. 그런데 사람들이 복음을 알지 못하니까 이 말씀을 바르게 해석하지 못합니다. 아벨이 왜 믿음의 장에 기록되어 있는지 알아야 합니다. 그는 철저하게 복음을 따라 믿음으로 살았던 사람입니다. 그런 그가 형에게 맞아 죽고 나서 무엇이라고 말하고 있을까요?

13 _ 진짜 믿음, 가짜 믿음

세상 모든 종교는 믿음이 있습니다. 그러나 우리의 믿음은 우상을 섬기는 그들의 믿음과 달라야 합니다. 무엇이 달라야 할까요?

히 10:39 우리는 뒤로 물러가 멸망할 자가 아니요 **오직 영혼을 구원함에 이르는 믿음을** 가진 자니라

우리의 믿음은 영혼을 구원하는 믿음입니다.

벧전 1:9 믿음의 결국 곧 영혼의 구원을 받음이라

믿음의 결국은 영혼 구원입니다. 아벨의 믿음이 왜 믿음의 장인 히브리서 11장에 하나님께서 그 이름을 제일 먼저 올려놓으실 정도로 대단한 믿음일까요? 그가 죽었는데도 하고 있는 말을 들어보면 알 수 있습니다. 자기 형이 자기를 돌로 쳐 죽였는데 그가 하나님께 무슨 말을 하고 있습니까? "하나님! 내 원한을 풀어 주세요! 나는 도저히 억울하고 분해서 눈을 감지 못하겠습니다. 내 형이 아무도 못 보는 곳에서 나를 돌로 쳐 죽였는데, 하나님은 그것을 보셨으니 하나님이 내 원수를 대신 갚아 주세요!" 이렇게 하소연하고 있는 것입니까? 그것이 믿음으로 하는 말입니까? 아닙니다. 그렇지 않습니다. 믿음의 결국은 영혼 구원입니다. 아벨은 복음을 따라 믿음으로 살다가 죽어서, 죽은 후에도 믿음으로 말하고 있는 사람입니다. 그런데 이것을 알지 못하기 때문에 사람들이 그의 말을 오해하고 있는 것입니다. 심지어 주석조차도 아벨의 핏소리에 대해 잘못된 해석을 하고 있습니다. 성경은 성령이 가르쳐 주셔야 합니다.

아벨이 죽었지만 믿음으로 하고 있는 말은 "하나님, 내 형 가인이

욱하는 마음으로 순간 실수하여 나를 돌로 쳐 죽였지만 내 형 가인의 죄를 용서하시고 그 영혼을 구원해 주옵소서!" 하는 믿음의 말입니다. 영혼을 구원하는 말입니다. 이것이 아벨의 위대한 믿음입니다. 아벨은 자신을 대신해서 형에게 복수해 달라고 하나님께 간청하고 있는 것이 아

> 아벨이 죽었지만 지금도 믿음으로 하고 있는 말은 자기 형 가인의 영혼을 구원해달라는 말입니다.

닙니다. 왜 아벨의 복수를 믿음의 장에서 언급하고 있겠습니까! 그가 죽었지만 끝까지 믿음으로 하고 있는 말은 자기 형 가인의 영혼을 구원해 달라는 말입니다. 하나님은 우리에게 믿음을 주시고 그 믿음으로 사는지를 지켜보십니다.

하나님이 주신 믿음으로 살았던 아벨은 죽어서까지도 그 믿음으로 가인의 영혼 구원을 위해 하나님께 호소하고 있는 것입니다. 이것이 하나님의 마음에 감동되었기에 믿음의 장에 가장 먼저 아벨의 이름을 올려놓고, 그가 죽었지만 믿음으로 아직도 형의 영혼 구원을 위해 호소하고 있다는 것을 온 성도들에게 알리고 있는 것입니다. "보아라! 아벨은 자기 형 가인의 돌에 맞아 죽었으나 그 믿음으로써 지금도 말하고 있다! 너희의 믿음이 무엇을 위한 믿음인지 믿음의 사람 아벨의 모습을 통해 똑똑히 보아라!" 하나님은 이런 마음으로 아벨을 믿음의 장에 가장 먼저 기록하고 성경을 읽는 모든 사람에게 진정한 믿음이 어떠한 믿음인지를 보여주십니다.

그런데 우리는 조금만 무슨 일이 있어도 형제를 죽이려고 합니다. '눈에는 눈, 이에는 이' 이것이 아주 마음에 새겨져 있습니다. 형제가 조금만 서운하게 대하면 '네가 나한테 그러면 나는 열 배로 갚아 준다!' 하면서 이를 갑니다. 이것이 교회에 다니고 예수를 믿는다는 성

도들의 모습입니다.

　아벨의 믿음과 우리의 믿음이 얼마나 다릅니까! 조금 서운하게 대한 정도가 아닙니다. 약간의 해를 입힌 정도가 아닙니다. 돌로 쳐 죽였습니다. 아벨이 뭐 잘못한 것이 있습니까? 그는 하나님이 기뻐하시는 예배를 드렸을 뿐입니다. 그런데 그런 그를 미워하여 가인이 돌로 쳐 죽인 것입니다. 잘잘못을 따지고 시시비비(是是非非)를 가리자면 아벨이 얼마나 억울합니까? 얼마나 원통합니까? 그런데도 아벨은 거기에 대해 한마디도 하지 않았습니다. 다만 가인의 허물을 덮어주고 그의 영혼을 구원해 달라고 간청할 뿐이었습니다. 그래서 하나님께서 그의 믿음을 귀하게 보시고 우리에게 본받으라고 성경에 기록해 놓으신 것입니다.

14

아벨의 믿음

히브리서 11장

> 히 11:4 믿음으로 아벨은 가인보다 더 나은 제사를 하나님께 드림으로 의로운 자라 하시는 증거를 얻었으니 하나님이 그 예물에 대하여 증언하심이라 그가 죽었으나 그 **믿음으로써 지금도 말하느니라**

 하나님은 사랑하는 자에게 믿음을 주시고 그 믿음으로 사는지를 항상 지켜보신다고 했습니다. 왜냐하면 하나님을 기쁘시게 하는 것은 오직 믿음밖에 없기 때문입니다. 믿음이 없이는 하나님을 기쁘시게 하지 못합니다(히 11:6). 믿음으로 하지 않는 모든 것이 죄입니다(롬 14:23). 그런데 믿음을 받고서도 믿음으로 살지 않고 자기 생각으로 사는 사람들이 있습니다. 하나님은 육신의 생각으로 사는 것을 가장 싫어하십니다. 육신의 생각은 하나님과 원수라고 말씀하실 정도입니다. 그래서 육신의 생각으로 살지 말고 믿음으로 살라고 사랑하는 자들에게 믿음을 선물로 주시는 것입니다. 우리가 그 선물을 감사함으로 받고 믿음으로 살면 하나님은 기뻐하십니다. 얼마나 기뻐하시는지 하늘 문을 열고 복을 쏟아부어 주십니다. 하지만 하나님이 주신 믿음으로 살지 않을 때는 연단과 시련을 겪게 됩니다.

하나님이 믿음으로 사는 것을 너무너무 기뻐하시기 때문에 마귀는 항상 우리의 믿음을 빼앗으려고 합니다. 마귀가 우리의 건강을 빼앗고 돈을 빼앗는 것이 아닙니다. 그것을 통해 노리는 목적은 우리의 믿음을 빼앗는 것입니다. 혹시 마귀에게 믿음을 빼앗기지는 않았습니까? 내가 하나님이 주신 믿음으로 살고 있는지 아닌지, 마귀에게 믿음을 빼앗겼는지 아닌지, 나의 믿음이 진짜인지 가짜인지 말씀을 통해 확인하는 시간이 되기를 바랍니다.

마귀는 항상 우리를 목적에서 이탈시킵니다. 교회에 온 목적은 은혜받는 것입니다. 그런데 마귀는 여러 가지 사건을 일으켜서 은혜받는 목적에서 우리를 이탈시켜 다투게 하거나 마음이 상하게 만듭니다. 그러므로 "누가 뭐라 그래도 내 믿음은 절대 흔들리지 않는다!" 하고 마음을 강하게 해야 합니다. 하나님이 주신 믿음을 잃어버리지 않는 사람, 하나님이 주신 믿음을 빼앗기지 않는 사람, 하나님이 주신 믿음으로 사는 사람들에게 하늘의 상급이 있습니다.

> 하나님이 주신 믿음을 마귀에게 빼앗기지 않고 끝까지 믿음으로 산 사람들에게 하늘의 상급이 있습니다.

롬 1:17 복음에는 하나님의 의가 나타나서 믿음으로 믿음에 이르게 하나니 기록된 바 오직 의인은 믿음으로 말미암아 살리라 함과 같으니라 복음에는 하나님의 의가 나타나서 믿음으로 믿음에 이르게 합니다. 아벨은 믿음으로 형 가인보다 더 나은 제사를 드림으로 의로운 자라 칭함을 받은 사람입니다. 그러므로 아벨도 복음을 알고 믿었던 사람입니다. 복음이 무엇입니까? 로마서 1장 2-4절을 보면 "이 복음은…하나님의 아들로 선포되셨으니 곧 우리 주 예수 그리스도"라고 말씀하고 있습니다.

> **히 12:2 믿음의 주요 또 온전하게 하시는 이인 예수를 바라보자** 그는 그 앞에 있는 기쁨을 위하여 십자가를 참으사 부끄러움을 개의치 아니하시더니 하나님 보좌 우편에 앉으셨느니라

> **(쉬운말)** 우리는 오직 **믿음의 창시자이시요 완성자이신 예수만을 바라봅시다**. 그분은 자기 앞에 놓여 있는 영광스런 기쁨을 위해 모든 부끄러움을 조금도 개의치 않으시고 십자가의 고통을 견뎌 내셔서, 마침내 하나님의 보좌 오른편에 앉으셨습니다.

> **(현대인)** 그리고 우리 **믿음의 근원이시며 우리 믿음을 완전케 하시는 예수님을 바라봅시다**. 그분은 장차 누릴 기쁨을 위하여 부끄러움과 십자가의 고통을 참으셨으며 지금은 하나님의 오른편에 앉아 계십니다.

믿음은 믿음의 주요, 믿음의 창시자요, 믿음을 완전하게 하시는 예수님을 바라보는 것입니다. '믿음의 주'라고 할 때 '주'는 헬라어로 '아르케'(ἀρχή)라는 단어를 사용하는데, 이것은 근원, 창시자, 완성자라는 뜻을 지니고 있습니다. 히브리서 11장에 기록된 믿음의 사람들

은 믿음의 근원이 되시며 완성자가 되시는 예수만을 바라보고 살았다는 것입니다. 히브리서 11장에 나오는 사람들은 구약의 사람들입니다. 그런데 그들이 어떻게 예수님을 바라볼 수 있었을까요? 우리가 오신 예수님과 다시 오실 예수님을 믿는 것처럼, 그들은 장차 이 땅에 오실 예수님을 믿고 살았습니다. 그 믿음으로 복음의 실체이신 예수 그리스도를 드러내는 삶을 살았던 것입니다. 복음을 믿는 믿음으로 사는 자들은 반드시 그들의 삶 속에 복음이신 예수 그리스도가 나타나기 마련입니다. 그렇다면 아벨의 삶 속에는 어떻게 복음이 드러나고 있을까요?

> 복음을 믿는 믿음으로 사는 사람은 반드시 그 삶에 복음이신 예수 그리스도가 나타납니다.

🍀 아벨의 삶에 나타난 복음

> 히 11:4 믿음으로 아벨은 가인보다 더 나은 제사를 하나님께 드림으로 의로운 자라 하시는 증거를 얻었으니 하나님이 그 예물에 대하여 증언하심이라 그가 죽었으나 그 믿음으로써 지금도 말하느니라

아벨은 히브리서 11장에서 가장 먼저 등장하는 믿음의 사람입니다. 그만큼 그의 삶이 하나님을 감동시켰다는 뜻입니다. 아벨의 믿음은 무엇이 그렇게 특별했을까요? 예배 한 번 드리고 돌에 맞아 죽었던 그의 삶이 왜 그렇게 특별한지, 그가 위대한 믿음의 사람들 중에서 가장 먼저 언급될 만큼 하나님을 얼마나 감동시켰는지 오늘 말씀을 통해 깨닫는 은혜가 있기를 바랍니다.

하나님 앞에 피의 예배를 드리고 돌에 맞아 죽었던 아벨은 죽은 것으로 끝난 것이 아니라 죽었는데도 지금까지 말하고 있는 것이 있다고 합니다.

> 창 4:10 이르시되 네가 무엇을 하였느냐 네 아우의 핏소리가 땅에서부터 내게 호소하느니라

아벨이 지금도 하고 있는 말이 바로 아벨의 핏소리입니다. 이 비밀이 풀려야 복음이 들려집니다. 하나님께서 아벨의 예배는 받으시고 가인의 예배는 받지 않으셨기 때문에 가인이 질투하여 동생 아벨을 돌로 쳐 죽였습니다. 시기와 질투는 우리의 눈을 멀게 합니다. 그래서 부모도 자식도 형제도 보이지 않습니다. 보여야 할 것이 보이지 않으니까 있을 수 없는 행동을 하는 것입니다. 하나님의 은혜는 아무리 기분이 나쁘고 성질이 나도 눈에 보여야 할 것이 보이게 하는 것입니다. 성질이 나도 내 눈에 부모님이 보여야 하고 내 아내와 자식이 보여야 합니다. 그래야 스스로 절제할 수 있고 감정을 통제하여 나와 내 가족이 함께 살게 되는 것입니다. 눈에 보이는 것이 없으면 "나 죽고 너 죽자!" 하면서 모두를 파멸의 길로 이끌게 됩니다.

> 마귀는 우리의 눈을 멀게 하고, 하나님은 보여야 할 것이 보이게 하십니다.

눈에 보여야 할 것이 보이고 있습니까? 아직도 눈에 뵈는 것이 없습니까? 하나님이 세우신 장로님이 장로님으로 보여야 합니다. 하나님이 세우신 권사님이 권사님으로 보여야 합니다. 하나님이 기름 부어 세우신 목사님이 목사님으로 보여야 합니다. 보여야 할 것이 보이

지 않으면 비참한 결말을 맞이하게 됩니다.

　욱하는 성질을 이기지 못했던 가인이 자기 동생 아벨을 아무도 없는 들로 유인하여 돌로 쳐 죽입니다. 하나님이 그것을 아시겠습니까, 모르시겠습니까? 하나님은 아십니다. 알면서도 가인에게 물으시는 것입니다. "가인아, 네 아우 아벨이 어디 있느냐!" 하나님은 말씀하시는 하나님입니다. 우리가 죄를 지을 때 하나님은 반드시 말씀하십니다. 그런데 가인은 아주 뻔뻔하게 대답합니다. "저는 모릅니다. 내가 내 아우를 지키는 자입니까?" 하고 시치미를 딱 잡아뗍니다. 하나님이 모든 것을 이미 아시고 물어보시면 "하나님, 제가 잘못했습니다! 제가 시기와 질투로 눈이 멀어서 욱하는 마음에 동생을 그만 죽이고 말았습니다" 하고 엎드려 용서를 빌어야 하는 것 아닙니까? 그런데 죄를 뉘우치기는커녕 도리어 하나님 앞에 큰소리를 치고 있는 것입니다. 죄를 짓고 마귀에게 붙잡히면 양심이 마비됩니다.

　가인에게 물으셨던 하나님은 오늘 우리에게도 물으십니다. "내가 너에게 맡긴 목원 식구들이 지금 어디 있느냐! 사랑하는 네 형제가 지금 어디 있느냐!" 그런데 말로만 구역장이지 "몰라요! 내가 목원들을 지키는 자입니까?" 하고 시치미를 떼는 것이 우리의 모습입니다. 말씀을 주님의 음성으로 듣고 깨닫기를 바랍니다. 하나님은 꼭 물어보십니다.

　모르는 척하고 있는 가인에게 하나님께서 말씀하십니다. "지금 네 아우의 핏소리가 땅에서 내게 호소하고 있느니라!" 사람들은 누구도 보는 사람 없는 곳에서 형에게 돌에 맞아 죽었으니 아벨이 얼마나 억울할까 생각하며 그의 핏소리가 원수를 갚아달라는 핏소리일 것이라고 생각합니다. 실제로 그렇게 해석하고 있는 주석도 있습니다. "내 형 가인에게 이 원수를 꼭 갚아 주세요! 죄없이 죽은 나의 억울함을 풀어 주세요!" 이러한 복수의 핏소리로 해석합니다.

그러나 믿음으로 살았던 아벨의 핏소리를 알기 위해서는 복음의 실체이신 예수님의 핏소리를 알아야 합니다. 믿음으로 살았던 자들은 모두 복음으로 살았던 사람들이고 그 속에 예수의 삶이 나타나고 있다는 것을 깨달아야 합니다.

> 믿음으로 살았던 아벨의 핏소리를 알려면 복음의 실체이신 예수의 핏소리를 알아야 합니다.

히 12:24 새 언약의 중보자이신 **예수와 및 아벨의 피보다 더 나은 것을 말하는 뿌린 피니라**

성경은 예수의 피와 아벨의 피를 비교해서 이야기합니다. 예수의 피가 아벨의 피보다 더 나은 것을 말하는 피라는 것입니다. 그러므로 예수의 피를 알려면 아벨의 피를 알아야 하고, 아벨의 피를 알려면 예수의 피를 알아야 합니다. 아벨의 피는 예수의 피와 나란히 하여 성경에서 말할 정도로 하나님의 마음을 감동시킨 피입니다. 아벨의 피가 도대체 어떠한 피이길래 예수의 피를 말하면서 아벨의 피를 함께 말하고 있을까요? 아벨의 핏소리를 알기 위해서는 예수의 핏소리를 알아야 합니다.

눅 23:34 이에 예수께서 이르시되 **아버지 저들을 사하여 주옵소서 자기들이 하는 것을 알지 못함이니이다** 하시더라 그들이 그의 옷을 나눠 제비 뽑을새

14 _ 아벨의 믿음

예수님이 십자가에서 피 흘리시며 하신 말씀은 "저들을 사하여 주옵소서!"라는 간청이었습니다. 그들은 오직 하나님의 뜻을 행하며 하나님이 기뻐하시는 일만 했던 예수님, 아무런 죄도 없는 예수님께 침을 뱉고, 채찍질하고, 예수님을 십자가에 못 박았습니다. 가시관을 씌우고 창으로 옆구리를 찔렀습니다. 그런 그들을 향하여 예수님은 하나님께 그들의 죄를 용서해 달라고 간구하고 있는 것입니다. 이것이 예수님의 핏소리입니다. 예수님의 핏소리 때문에 우리가 죄 사함을 받게 된 것입니다.

> **히 12:24(현대어)** 여러분은 새 계약의 중보자이신 예수 앞에 와 있으며 **아벨의 피처럼 복수를 부르짖는 피가 아니라**, 은혜로 용서하시는 속죄의 피 앞에 와 있는 것입니다.

> **(현대인)** 또 우리는 새 계약의 중재자이신 예수님과 **복수를 호소하던 아벨의 피보다** 나은 그리스도의 은혜로운 피에 접하게 되었습니다.

이것은 아벨의 핏소리를 잘못 해석한 번역본의 예입니다. 성경은 복음을 말하고, 믿음의 사람들은 복음으로 살았던 사람들을 말하는데, 이것을 알지 못하고 아벨의 핏소리를 '복수를 부르짖는 피', '복수를 호소하던 피'라고 하는 것은 잘못된 해석입니다. 성경은 우리가 보고 있는 개역개정 외에도 새번역 성경, 현대인의 성경, 현대어 성경, 쉬운말 성경, 쉬운 성경, 공동번역, 킹흠정역 등 다수의 번역본이 있는데, 성경을 잘 알지 못하고 잘못 해석한 경우도 있기 때문에 모든 번역본을 무조건 신뢰해서는 안 됩니다. 성경은 성령께서 열어

주셔야 알 수 있는 것입니다. 아벨의 핏소리가 복수를 부르짖는 핏소리라면 어떻게 그것이 믿음의 장에 기록될 수 있겠습니까? 아벨의 핏소리는 복수를 부르짖는 핏소리가 아닙니다. 자기 대신 복수해 달라고 복수를 호소하는 핏소리가 아닙니다.

예수님의 핏소리가 그들의 죄를 용서해 달라고 용서를 구하는 핏소리인 것처럼, 아벨의 핏소리도 가인의 죄를 용서해 달라고 용서를 구하는 핏소리인 것입니다. 성경은 복음을 말하고 있다는 것을 잊으면 안 됩니다. 히브리서 11장은 복음으로 살았던 믿음의 사람들이 기록된 장입니다. 믿음의 장에 기록된 사람들은 복음으로 살면서 예수 그리스도를 나타낸 사람들입니다. 예수 그리스도께서 왜 이 땅에 오셨는가를 말하기 위해 성경이 기록되었다는 것을 잊으면 안 됩니다.

> 예수의 핏소리가 우리의 죄를 용서해달라는 핏소리인 것처럼, 아벨의 핏소리는 가인의 죄를 용서해달라는 핏소리입니다.

> 히 12:24(쉬운말) 새 언약의 중보자이신 예수 및 **아벨의 피보다 더 크고 나은 효력을 발한 예수께서 뿌리신 속죄의 피가** 있는 곳입니다.

아벨의 피에도 어떠한 효력이 있었습니다. 그런데 예수께서 뿌리신 피는 아벨의 피보다 더 크고 나은 효력이 있다는 것입니다. 그 효력이 무엇이라고 말하고 있습니까? 속죄의 효력입니다. 예수님의 피뿐만 아니라 아벨의 피도 속죄의 효력이 있는 피인데, 예수님의 피는 아벨의 피보다도 훨씬 더 크고 나은 속죄의 효력이 있는 피라는 것입니다. 아벨의 핏소리는 이런 것입니다. "하나님, 내 형 가인이 나를 돌로 쳐 죽였는데, 얼마나 큰 죄책감과 고통 속에 살아가겠습니까! 욱하는 마음에 순간 끔찍한 짓을 저질렀지만, 밤마다 자신의 죄 때문에 잠도 편히 못 자고 얼마나 괴로워하겠습니까! 그의 죄를 용서해 주시고 그 영혼을 구원해 주옵소서!" 이것이 아벨의 핏소리입니다.

> 아벨의 핏소리는 가인 한 사람의 영혼 구원을 위한 핏소리이고, 예수님의 핏소리는 모든 인류의 영혼 구원을 위한 핏소리입니다.

아벨의 핏소리는 가인 한 사람을 용서하고 구원해달라는 핏소리입니다. 그러나 예수님의 핏소리는 온 인류의 죄를 용서하고 구원해달라는 핏소리입니다. 이것이 아벨의 핏소리와 예수님의 핏소리의 차이입니다. 아벨의 피도 훌륭하지만, 그보다 훨씬 더 크고 나은 효력을 가진 피가 예수님의 피라는 것입니다.

> 마 26:28 이것은 **죄 사함을 얻게 하려고 많은 사람을 위하여 흘리는 바 나의 피** 곧 언약의 피니라

아벨의 피는 자기 형 가인 한 사람의 죄를 용서해 달라고 간구하는 피이지만, 예수님의 피는 아벨의 피보다 더 크고 나은 효력을 가진 피인데 그 피는 죄 사함을 얻게 하려고 많은 사람을 위하여 흘리는 피라고 말씀합니다. 예수님의 피를 말하면서 아벨의 피를 함께 언급하는 것은, 아벨의 핏소리가 하나님의 마음을 얼마나 감동시키고 있는지를 보여주는 것입니다.

🍀 하나님을 감동시킨 아벨의 믿음

히 10:39 우리는 뒤로 물러가 멸망할 자가 아니요 **오직 영혼을 구원함에 이르는 믿음을 가진 자**니라

벧전 1:9 믿음의 결국 곧 영혼의 구원을 받음이라

우리의 믿음은 이방신을 섬기는 이방인들과는 달라야 하는데, 무엇이 다른가 하면 바로 우리의 믿음은 오직 영혼을 구원함에 이르는 믿음입니다. 믿음의 결국은 영혼 구원입니다. 그런데 믿음의 장에 기록된 아벨이 죽으면서 남긴 말이 자신의 억울한 죽음을 대신 복수해 달라는 것이겠습니까? 그것이 믿음으로 말하는 것입니까? 그것이 복음입니까? 아닙니다. 믿음의 결국은 영혼 구원이기 때문에, 아벨이 죽어서도 지금까지 믿음으로 말하고 있는 것은 자기 형 가인의 죄를 용서하시고 그의 영혼을 구원해 달라는 말입니다.

믿음은 반드시 영혼 구원과 연결되어 있습니다. 이것을 잊으면 안 됩니다. 내가 지금 믿음으로 살고 있는지 아닌지를 보려면 내가 지금 영혼을 살리고 있는지 죽이고 있는지를 보면 알 수 있습니다. 죄인을 그 죄에서 구원하시고 그 영혼을 구원하시기 위해 사랑하는 아들까지 이 땅에 보내신 하나님의 마음을 움직이고 감동시켰던 사람이 바로 아벨입니다. 아벨의 핏소리를 들으신 하나님께서 어떻게 하셨습니까?

창 4:13-15 가인이 여호와께 아뢰되 내 죄벌이 지기가 너무 무거우니이다 주께서 오늘 이 지면에서 나를 쫓아내시온즉 내가 주의 낯

을 뵈옵지 못하리니 내가 땅에서 피하며 유리하는 자가 될지라 무릇 나를 만나는 자마다 나를 죽이겠나이다 여호와께서 그에게 이르시되 그렇지 아니하다 가인을 죽이는 자는 벌을 칠 배나 받으리라 하시고 가인에게 표를 주사 그를 만나는 모든 사람에게서 죽임을 면하게 하시니라

동생을 죽인 가인은 죄책감에 시달리고 있었습니다. 그리고 그 죄의 값으로 죽임을 당할까봐 두려움에 떨고 있었습니다. 이러한 가인을 용서해 달라고 간구했던 아벨의 핏소리를 들으신 하나님께서 가인에게 표를 주심으로 누구도 그에게 손대지 못하도록 하시고 죽임을 면하게 하셨습니다.

창 4:16 가인이 여호와 앞을 떠나서 에덴 동쪽 놋 땅에 거주하더니

죽임을 면한 가인은 에덴의 동쪽으로 가서 그곳에 거주하면서 자식도 낳고 삽니다. 아벨이 죽었으나 그 믿음으로 지금도 말하고 있는 것, 그것은 바로 가인의 죄를 용서하시고 그의 영혼을 구원해 달라는 간구였습니다. 이 믿음이 하나님의 마음을 감동시킨 것입니다.

15

가인의 제사, 아벨의 제사

히브리서 11장

히 11:4 믿음으로 아벨은 가인보다 더 나은 제사를 하나님께 드림으로 의로운 자라 하시는 증거를 얻었으니 하나님이 그 예물에 대하여 증언하심이라 그가 죽었으나 그 믿음으로써 지금도 말하느니라

하나님은 우리가 믿음으로 사는 것을 얼마나 기뻐하시는지, 다른 것은 안 보고 우리의 믿음을 보십니다. 누가복음에서 중풍병자를 메고 예수께로 갔던 네 사람의 이야기에서도 예수님은 그들의 믿음을 보시고 중풍병자를 고쳐주셨습니다. 또 마태복음에서 중풍병으로 누워서 괴로워하는 하인을 고쳐 달라고 예수님께 간청했던 백부장의 이야기에서도 예수님은 백부장의 믿음을 보시고 "이만한 믿음을 보지 못하였노라" 하고 말씀하셨습니다. 귀신 들린 딸을 고쳐 달라고 간청했던 가나안 여인의 이야기도 마찬가지입니다. 주님은 그녀의 믿음을 보시고 "네 믿음이 크도다"라고 말씀하셨습니다. 믿음을 보셨으니까 큰지, 작은지 알 수 있는 것 아닙니까? 주님은 항상 우리

의 믿음을 보시고 그 믿음에 반응하십니다.

　하나님은 우리의 외모를 보거나 키를 보시는 분이 아닙니다. "사람은 외모를 보거니와 나 여호와는 중심을 보느니라"(삼상 16:7)고 말씀하시지 않았습니까? 만약 하나님이 우리의 얼굴을 보거나 키를 보시고 구원하신다면 우리 교회에서 구원받을 사람은 아무도 없을 것입니다. 하나님 나라는 돈으로도, 힘으로도, 지식으로도, 벼슬로도 못 가는 나라입니다. 오직 믿음으로 가는 나라가 하나님 나라입니다. 마음에 새기십시오. 하나님은 사랑하는 자에게 반드시 믿음을 주시고, 하나님이 주신 그 믿음으로 사는지 안 사는지를 지켜보십니다. 우리가 그 믿음으로 살 때 그것을 보시고 가장 기뻐하시는 것입니다.

　그래서 성경은 "믿음이 없이는 하나님을 기쁘시게 할 수 없다", "믿음을 따라 하지 않는 모든 것이 죄다"라고 말씀하는 것입니다. 우리는 믿음으로 구원받고, 믿음으로 천국에 가고, 믿음으로 하나님의 일을 합니다. 그러므로 하나님이 주신 믿음을 받았다면, 더 이상 못된 생각과 자기 고집으로 살지 말고 하나님이 주신 믿음으로 살기를 바랍니다.

　본문에서 가인과 아벨은 하나님께 제사를 드렸습니다. 그런데 어떤 제사를 받을 것인가에 대해서도 하나님은 '믿음'을 기준으로 삼으셨습니다. "믿음으로 아벨은 가인보다 더 나은 제사를 하나님께 드림으로…"라고 분명히 하나님이 '믿음'을 기준으로 삼으셨음을 보여줍니다. 믿음을 가진 사람이 하나님 앞에 가장 우선적으

> 하나님이 믿음을 주신 이유는 그 믿음으로 하나님의 일을 하라는 것이고, 그중 가장 우선적인 일이 예배하는 일입니다.

로 해야 할 일은 바로 예배입니다. 구약의 제사는 오늘날의 예배입니다. 예배가 얼마나 중요한지를 모르는 사람들은 하나님 앞에 쓰임 받을 자격이 없습니다. 하나님이 우리에게 믿음을 주신 이유는 그 믿음으로 하나님의 일을 하라고 주신 것인데, 그 일 중에 가장 우선적으로 해야 할 일이 바로 예배입니다. 아벨은 믿음으로 가인보다 더 나은 예배를 하나님께 드림으로 하나님 앞에 의로운 자라는 인정을 받았습니다. 그랬다면 우리도 이제는 더 나은 예배를 향해서 나아가야 합니다. 어제보다 오늘, 오늘보다 내일 더 나은 예배를 드리기 위해 전심전력을 쏟아야 합니다.

예배를 사모하십니까? "하나님, 정말 예배드리고 싶었습니다!", "하나님, 예배 시간만을 기다렸습니다!", "하나님, 날마다 예배의 자리에 있기를 소원합니다!" 이러한 사모함이 우리에게 있기를 축원합니다. 우리는 새벽예배, 수요예배, 금요예배, 주일예배 등 예배가 날마다 있고 언제라도 예배드릴 수 있으니까 예배가 얼마나 소중한지 알지 못합니다. 그런데 모든 순교자들은 예배드릴 수 없는 환경에서 예배드리다가 순교한 것입니다. 언제나 똑같은 예배가 아니라 항상 더 나은 예배가 되도록 힘쓸 수 있기를 바랍니다.

하나님은 아벨의 예배에 감동을 받으셨는데, 그 이유는 그가 믿음으로 가인보다 더 나은 예배를 드렸기 때문입니다. 믿음으로 더 나은 예배를 드렸다는 것은 하나님께서 무엇을 원하시고 기뻐하시는지 알고 그러한 예배를 드렸다는 뜻입니다. 믿음은 우리로 하여금 하나님이 무엇을 기뻐하시는지 알게 합니다. 하나님의 뜻이 무엇인지 알게 하는 것이 믿음입니다. 이 믿음을 하나님께서 사랑하는 자에게 주십니다. 우리는 이러한 믿음, 하나님이 주시는 믿음을 가져야 합니다.

믿음은 믿으려고 노력하거나, 노력해서 믿는 것이 아닙니다. 믿음은 하나님이 주시는 선물입니다.

🍀 더 나은 예배를 드린 아벨

> 창 4:2-5(쉬운말) 하와는 또 가인의 동생 아벨을 낳았다. **아벨은 양치는 목자가 되었고, 가인은 밭을 가는 농사꾼이 되었다.** 세월이 흘렀다. 가인은 땅에서 거둔 곡식을 주께 제물로 바쳤다. 아벨도 자기 양의 첫 새끼를 잡아, 그중 가장 기름진 부분을 주께 제물로 바쳤다. 주께서 아벨과 그가 바친 제물을 기쁘게 받으셨다. 그러나 주께서는 가인과 그가 바친 제물은 받지 않으셨다. 가인은 화가 나서 얼굴빛이 달라졌다.

아벨은 양치는 목자였고 가인은 밭을 가는 농사꾼이었습니다. 가인은 자신이 열심히 노력해서 농사지은 땅의 소산물을 하나님께 드리면 기쁘게 받으실 것이라고 생각했습니다. 그러나 하나님께 나아가고자 하는 사람들은 하나님이 기뻐하시는 방법으로 나아가야 합니다. 제사는 하나님께 나아가는 것입니다. 예배는 하나님께 나아가는 것입니다.

> 하나님께 나아가고자 하는 사람은 하나님이 기뻐하시는 방법으로 나아가야 합니다.

> 히 9:7-8(쉬운말) 그러나 성소 안쪽에 있는 **두 번째 방인 지성소**에는 오직 대제사장만이 일 년에 단 한 번 들어갈 수 있었는데, 그때에 대제사장은 자기 자신의 죄를 용서받기 위해, 그리고 백성들이

모르고 지은 모든 죄를 용서받기 위해, **반드시 희생제물의 피를 가지고 들어가야 했습니다.** 이런 사실을 통해 성령께서 우리에게 가르쳐 주시려는 것은, 첫 번째 장막이 서 있는 동안에는 지성소에 들어갈 수 있는 길이 아직 열려 있지 않았다는 것입니다.

죄인인 우리가 하나님 앞에 나아가기 위해서는 반드시 피를 가지고 나아가야 합니다. 아벨은 믿음으로 피를 가지고 하나님 앞에 나아갔지만, 가인은 자기 생각대로 곡식을 가지고 하나님 앞에 나아갔습니다. 오늘도 나의 믿음을 **빼앗기 위해 마귀가 사건을 만들고 있다는** 것을 알아야 합니다. 마귀의 목적은 나의 믿음을 **빼앗는** 것입니다. 하나님은 택한 자에게 믿음을 주시고 하나님이 주신 그 믿음으로 살고 있는지를 보십니다. 가인에게도 하나님이 믿음을 주시지 않은 것이 아닙니다. 그에게도 믿음을 주었지만 그 믿음을 마귀에게 **빼앗긴** 것입니다. 결국 가인은 믿음으로 제사를 드리지 않고 자기 생각대로, 자기 고집대로 예배를 드린 것입니다.

그렇다면 우리도 말씀 앞에서 내가 하나님 앞에 믿음으로 나아가고 있는지, 감정으로 나아가고 있는지 확인해 보아야 합니다. 하나님은 사랑하는 자들에게 믿음을 주시고 그 믿음으로 살고 있는지를 보십니다. 그 믿음으로 하나님의 뜻을 분별하고 있는지, 하나님이 기뻐하시는 일을 하고 있는지 보고 계십니다. 그런데 때로는 우리 또한 가인과 같이 믿음으로 살지 않고 자기 생각과 자기 고집대로, 자기

> 하나님은 사랑하는 자에게 믿음을 주시고, 그 믿음으로 하나님의 뜻을 분별하는지, 하나님이 기뻐하시는 일을 하는지 지켜보십니다.

15 _ 가인의 제사, 아벨의 제사

마음대로 하나님 앞에 나아갑니다. 감정은 하나님을 기쁘시게 할 수 없습니다. 내 생각은 하나님과 원수가 될 뿐입니다. 언제나 아벨과 같이 믿음으로 하나님 앞에 나아가서 하나님의 기쁨이 될 수 있기를 축원합니다. 하나님은 다른 것을 보시는 것이 아니라 우리의 중심과 믿음을 보십니다. 우리는 믿음으로 구원받고, 믿음으로 하나님 나라에 들어가고, 믿음으로 하나님의 일을 한다는 것을 잊지 마시길 바랍니다. 믿음으로 하는 하나님의 일 중에서 가장 중요한 것이 바로 예배라고 말씀드렸습니다.

🍀 예배는 언약이다

> 시 50:5 이르시되 나의 성도들을 내 앞에 모으라 그들은 제사로 나와 언약한 이들이니라 하시도다

하나님은 택한 자와 언약을 맺는데, 바로 예배로 언약을 맺으십니다. 언약은 "내가 너의 하나님이고, 너는 내 백성이다!"라는 약속입니다. 그러므로 예배로 언약을 맺는다는 것은 "네가 나에게 예배할 때 내가 너의 하나님이 될 것이니, 너는 내게 예배함으로 네가 나의 백성임을 보이라!"는 것입니다. 예배는 하나님의 자녀라는 사실을 만천하에 공개하고 증명하는 것입니다. 그런데 하나님의 자녀라고 하면서도 주일날 결혼식에 초대받았다고 예배를 드리지 않고 예식장에 가는 사람들이 있습니다. 그런 사람들을 보면 참으로 안타깝습니다. 우리는 믿음

> "너는 믿음으로 네가 하나님의 사람임을 세상에 보이라!"

을 보여야 할 때가 있습니다. "너는 믿음으로 네가 하나님의 사람이라는 것을 세상에 보이라!" 이러한 주의 음성을 들을 수 있기를 바랍니다. 왜 하필이면 주일날 결혼식에 오라고 청첩장을 받게 되었는지, 그런 사소한 사건들을 그냥 넘겨서는 안 됩니다. 마귀가 세상의 모든 것을 동원하여 우리의 믿음을 빼앗으려고 한다는 것을 기억해야 합니다.

> **삼상 7:10** 사무엘이 번제를 드릴 때에 블레셋 사람이 이스라엘과 싸우려고 가까이 오매 그날에 **여호와께서 블레셋 사람에게 큰 우레를 발하여 그들을 어지럽게 하시니 그들이 이스라엘 앞에 패한지라**

사무엘이 하나님 앞에 예배할 때 하나님께서 블레셋을 물리쳐 주셨습니다. 하나님은 예배하는 자 앞에 세상이 무릎 꿇게 하십니다. 하나님과 하나님의 백성이 예배로 언약을 맺었기 때문입니다. 우리가 하나님께 예배드림으로 하나님의 백성임을 세상에 보일 때, 하나님은 하나님만 사용하실 수 있는 방법으로 하나님이 우리의 하나님 되심을 세상에 나타내 보여주십니다. 그래서 큰 우레를 발하여 블레셋 사람들이 우왕좌왕하게 만드셔서 그들이 전쟁에 패하게 만드신 것입니다. 우리가 언제나 하나님과 예배 언약 안에 있음을 깨달아 믿음으로 하나님께 나와 예배드리는 자가 되기를 바랍니다. 문제에 집중하지 말고 예배에 집중해야 합니다.

> 하나님은 예배하는 자 앞에 세상이 무릎 꿇게 하십니다.

15 _ 가인의 제사, 아벨의 제사

> 요일 3:12 가인같이 하지 말라 그는 악한 자에게 속하여 그 아우를 죽였으니 어떤 이유로 죽였느냐 자기의 행위는 악하고 그의 아우의 행위는 의로움이라

믿음으로 아벨은 가인보다 더 나은 제사를 하나님께 드렸다고 했습니다. 그렇다면 가인은 믿음 없이 하나님 앞에 예배드렸다는 뜻이 됩니다. 가인도 예배를 드리기는 했지만 그는 믿음으로 행하지 않았던 것입니다. 그러므로 가인같이 하지 말라는 말은 믿음 없는 사람처럼 하지 말라는 뜻입니다. 믿음이 없다는 것은 믿음을 빼앗겼다는 뜻입니다. 하나님이 주신 믿음을 빼앗겼기 때문에 악한 자에게 속해서 결국 아우를 죽이고 만 것입니다. 이처럼 교회에 와서도 믿음으로 예배드리지 않는 사람들 안에 마귀가 들어와서 형제를 시기하고 죽이게 만듭니다. 언제나 내가 믿음 안에 머물러 있는지 확인할 수 있기를 바랍니다.

❖ 새 시대, 새 언약의 예배

> 요 1:29 이튿날 요한이 예수께서 자기에게 나아오심을 보고 이르되 보라 세상 죄를 지고 가는 하나님의 어린 양이로다

아벨이 믿음으로 드린 양의 첫 새끼는 예수 그리스도를 예표하고 있습니다. 지금은 새 시대, 새 언약의 시대입니다.

> 요 4:23-24 아버지께 참되게 예배하는 자들은 영과 진리로 예배할 때가 오나니 곧 이때라 아버지께서는 자기에게 이렇게 예배하는 자

들을 찾으시느니라 하나님은 영이시니 **예배하는 자가 영과 진리로 예배할지니라**

　하나님의 어린 양으로 오신 예수님께서 하나님이 기뻐하시는 참된 예배에 대해서 말씀하십니다. 우리는 똑같이 예배를 드리지만, 하나님은 똑같은 예배를 드리는 사람을 찾는 것이 아니라 영과 진리로 예배하는 자들을 찾으십니다. 영과 진리로 예배하는 것이 곧 새 언약으로 예배드리는 것입니다. 하나님의 어린 양으로 오신 예수의 피는 새 언약을 가리키는 피입니다. 우리에게 새 언약을 세워주시기 위하여 흘린 피입니다. 하나님은 하나님의 백성들과 예수의 피로 새로운 언약을 맺으셨는데, 그것이 바로 새 언약입니다. 이제는 예수의 피로만 하나님 앞에 나아가게 하신 것입니다. 예수의 피로만 하나님 앞에 예배하게 하신 것입니다. 예수를 통하지 않고 예배드리는 것은 하나님이 받지 않으십니다. 가인의 제사는 받지 않으셨던 것처럼, 예수로 말미암아 새 언약을 맺지 않은 자들의 예배는 하나님께서 받지 않으시는 것입니다.

　예수 그리스도께서 십자가에서 그 몸을 찢으심으로 성소의 휘장을 위로부터 아래로 찢으시고 우리가 하나님 앞에 나아갈 수 있는 길을 활짝 열어놓으셨습니다. 그리고 예수의 피로 우리에게 영원한 속죄와 구원을 이루어 주셨습니다. 이것이 예수께서 예수의 피로 이루신 새 언약입니다. 영과 진리로 예배드리는 자를 찾으시는 것은 새 언약을 알고, 새 언약을 믿고, 새 언약으로 예배드리는 자를 찾으신다는 뜻입니다. 그런데 수많은 예배자가 있지만 이렇게 예배드리는 자가 없기 때문에 주님은 오늘도 찾고 또 찾으십니다.

히 9:15 이로 말미암아 **그는 새 언약의 중보자시니** 이는 첫 언약 때에 범한 죄에서 속량하려고 죽으사 부르심을 입은 자로 하여금 영원한 기업의 약속을 얻게 하려 하심이라

예수님은 새 언약의 중보자로 오셨습니다. 죄로 인하여 하나님께 나아갈 수 없는 우리에게 예수께서 새 언약의 중보자로 오셔서 이제는 죄와 상관없이 하나님 앞에 나아갈 수 있게 하셨습니다.

히 12:24 새 언약의 중보자이신 예수와 및 아벨의 피보다 더 나은 것을 말하는 뿌린 피니라

(쉬운성경) 여러분은 그의 백성들에게 하나님의 새 언약을 가져다 주신, 예수님께서 계신 곳에 왔습니다. 여러분은 아벨의 피보다 더 나은 소식을 전해 준, 그리스도의 피에 가까이 나아온 것입니다.

예수님은 하나님의 백성들에게 새 언약을 가지고 오셔서 그 새 언약으로 하나님과 나 사이를 이어주셨습니다. 죄로 인하여 단절되었던 하나님과의 관계를 새롭게 이어지게 한 것이 바로 새 언약입니다. 새 언약이 아니면 하나님과 나는 아무런 관계가 없는 것입니다.

눅 22:20 저녁 먹은 후에 잔도 그와 같이 하여 이르시되 **이 잔은 내 피로 세우는 새 언약이니 곧 너희를 위하여 붓는 것이라**

세상 죄를 지고 가는 하나님의 어린 양으로 오신 예수님은 우리에게 새 언약을 이루어 주시려고 제물이 되어 십자가에 피 흘려 죽

으셨습니다. 하나님께 영과 진리로 예배하는 자들은 예수의 피로 세워주신 새 언약으로 예배하는 자들입니다. 하나님은 새 시대에 새 언약으로 예배드리는 새로운 예배자들을 찾으십니다.

> 하나님은 새 시대에 새 언약으로 예배드리는 새로운 예배자를 찾으십니다.

16

죽음을 보지 않고 옮겨진 에녹

히브리서 11장

> 히 11:5-6 믿음으로 에녹은 죽음을 보지 않고 옮겨졌으니 하나님이 그를 옮기심으로 다시 보이지 아니하였느니라 그는 옮겨지기 전에 하나님을 기쁘시게 하는 자라 하는 증거를 받았느니라 믿음이 없이는 하나님을 기쁘시게 하지 못하나니 하나님께 나아가는 자는 반드시 그가 계신 것과 또한 그가 자기를 찾는 자들에게 상 주시는 이심을 믿어야 할지니라

믿음으로 에녹은 죽음을 보지 않고 옮겨졌습니다. 죽음은 누구에게나 두려운 것입니다. 죽음은 고통이고, 아픔이며, 슬픔입니다. 그런데 에녹은 얼마나 대단한 믿음으로 살았길래 그와 같은 죽음을 보지 않고 옮겨졌을까요?

히브리서 11장에는 믿음으로 살았던

> 믿음으로 에녹은 죽음을 보지 않고 하늘로 옮겨졌습니다.

사람들의 이름이 기록되어 있습니다. 그런데 성경 66권에 나오는 수많은 인물 중 믿음의 사람들을 성경 한 장에 담았다는 것은, 믿음으로 살았던 사람들이 그만큼 적었다는 말입니다. 그것도 그냥 적은 것이 아니라 아주 적었다는 뜻입니다. 얼마나 믿음으로 산 사람들이 적으면 그들의 이름을 기록해 놓고 "아벨은 믿음으로 이렇게 살았다", "에녹은 믿음으로 이렇게 살았다" 하면서 우리에게 믿음으로 살아야 할 것을 말해 주고 있겠습니까! 이것을 통해 성경이 우리에게 주시는 메시지가 무엇입니까? "너는 지금까지 어떻게 살았느냐? 이들처럼 단 한 번이라도 믿음으로 산 적이 있었느냐?" 하고 물으시는 것입니다.

에녹의 믿음이 얼마나 하나님을 감동시켰으면 하나님이 죽음을 보지 않게 하시고 그를 옮기셨을까요? 죽음을 보지 않았다는 것은 구원받았다는 뜻입니다. 죽음은 죄의 값으로 주어지는 것입니다. 성경은 "모든 사람이 죄를 범하였으매 하나님의 영광에 이르지 못하더니"(롬 3:23)라고 말씀하면서 "죄의 삯은 사망이요…"(롬 6:23)라고 분명히 밝힙니다. 아담의 후손으로 태어난 모든 사람은 죄인입니다. 그런데 에녹은 죽음을 보지 않고 옮겨졌다는 것입니다.

에녹은 아담의 7대 후손입니다. 아담과 하와가 가인과 아벨을 낳았는데, 아벨이 형 가인의 돌에 맞아 죽은 후에 하나님께서 아담을 위로하시려고 아담의 나이 130세에 또 다른 아들 셋을 주셨습니다. 에녹은 바로 그 셋의 후손입니다. 아담이 셋을 낳고, 그 셋이 자식을 낳고, 그 자식이 또 자식을 낳고 하였는데, 7대 후손인 에녹에 이르기까지 하나님께서 침묵하시다가 에녹의 믿음을 보시고 감동하셔서 아벨의 믿음에 이어서 에녹의 믿음을 히브리서 11장에 기록하신 것입니다. 그러니까 믿음으로 사는 사람이 얼마나 적다는 말입니까!

에녹의 믿음이 얼마나 대단하다는 것입니까! 믿음이라고 다 똑같은 믿음이 아닙니다. 에녹이 죽음을 보지 않고 옮겨졌다는 것은 그의 믿음이 얼마나 대단했는지를 보여주는 것입니다. 하나님은 사랑하는 자에게 믿음을 주시고 그 믿음으로 사는지 안 사는지를 지켜보십니다. 오랜 세월에 걸쳐서 지켜보고 계셨는데, 아벨 이후 수백 년의 세월이 지나서 마침내 하나님의 눈에 들어오는 믿음의 사람을 발견하신 것입니다. 믿음으로 사는 사람이 이렇게 적습니다.

하나님이 믿음을 주셨는데, 왜 믿음으로 살지 않을까요? 믿음의 사람들이 믿음으로 살지 않기 때문에 하나님이 진노하시고 하나님의 심판이 임하게 되는 것입니다. 이 마지막 때에도 마찬가지입니다. 하나님의 심판이 다가오고 있습니다. 믿음의 사람들이 믿음을 보여야 하는데, 믿음으로 살지 않고 믿음을 마귀에게 다 빼앗기고 타락하여 엉망으로 사니까 하나님이 진노하시는 것입니다. 저는 말씀을 준비하면서 너무 마음이 아팠습니다. 목사와 교인들이 왜 지옥에 많이 갈까요? 분명 믿음이 있어서 목사가 되었을 텐데, 어쩌다가 지옥에 가게 되었을까요? 그것은 그들이 믿음으로 살지 않았기 때문입니다.

우리는 믿음으로 구원받고, 믿음으로 천국에 가고, 믿음으로 하나님의 일을 한다는 것을 잊지 말아야 합니다. 믿음이 아니고서는 하나님을 기쁘시게 할 수 없습니다. 에녹의 믿음이 얼마나 대단했는지, 그는 옮겨지기 전에 하나님을 기쁘시게 하는 자라는 증거를 받았다고 합니다. 무엇이 하나님을 기쁘게 했을까요?

> 창 5:21-24 에녹은 육십오 세에 므두셀라를 낳았고 므두셀라를 낳은 후 **삼백 년을 하나님과 동행하며** 자녀들을 낳았으며 그는 삼백

육십오 세를 살았더라 에녹이 하나님과 동행하더니 하나님이 그를 데려가시므로 세상에 있지 아니하였더라

에녹은 하나님과 동행한 사람이었습니다. 하루 이틀 동행한 것이 아닙니다. 1년, 2년 정도만 동행한 것이 아닙니다. 자그마치 삼백 년 동안이나 하나님과 동행하는 삶을 살았습니다. 그렇게 날마다 하나님과 동행하는 삶을 살다가 마침내 하나님께서 산 채로 데려가셨습니다. 얼마나 그를 보면서 기뻐하시고 예뻐하셨는지 세상에 그냥 둘 수가 없어서 아예 곁으로 데려가신 것입니다. 정말 놀랍지 않습니까? 이런 에녹의 삶을 보면서 저에게도 소원이 생겼습니다. "하나님, 저도 날마다 하나님과 동행하기를 원합니다. 날마다 하나님과 동행하며 하나님을 기쁘시게 하다가 죽음을 보지 않고 하나님 곁에 가고 싶습니다!"

♣ 믿음으로 죽음을 보지 않고

히 11:5 믿음으로 에녹은 죽음을 보지 않고 옮겨졌으니 하나님이 그를 옮기심으로 다시 보이지 아니하였느니라 그는 옮겨지기 전에 하나님을 기쁘시게 하는 자라 하는 증거를 받았느니라

(쉬운말) 믿음으로 에녹은 죽음을 경험하지 않고 그 몸이 들려 하늘나라로 옮겨졌습니다. 하나님께서 그를 산 채로 데려가셨기 때문에, 그의 모습이 세상에서는 더 이상 보이지 않게 되었습니다. 하늘나라로 옮겨가기 전부터 에녹은 그 믿음으로 하나님을 기쁘시게 하는 자라는 인정을 받았습니다.

에녹은 죽음을 경험하지 않고 산 채로 그 몸이 들려 하늘나라로 옮겨졌는데, 옮겨지기 전부터 '믿음으로 하나님을 기쁘시게 하는 자'라는 인정을 받았습니다. 하나님이 주신 믿음으로 살면서 하나님이 기뻐하시는 일이라면 무엇이든 하면서 그것만을 위해 살았다는 것입니다. 그랬더니 하나님께서 그것을 보고 기뻐하셔서 그를 산 채로 하늘나라로 데려가셨습니다.

> **롬 6:23 죄의 삯은 사망이요** 하나님의 은사는 그리스도 예수 우리 주 안에 있는 영생이니라

> **(쉬운말) 죄의 대가는 오직 죽음입니다.** 그러나 하나님께서 거저 주시는 선물은 우리 주 예수 그리스도 안에 있는 영생입니다.

죽음은 죄의 값으로 오는 것입니다. 죄의 대가는 오직 죽음뿐입니다. 그렇다면 에녹은 죄인입니까, 아닙니까? 에녹도 죄인입니다. 예수 그리스도 외에 아담 이후 인간의 몸을 입고 태어난 모든 사람은 다 죄인입니다.

> **롬 3:23 모든 사람이 죄를 범하였으매** 하나님의 영광에 이르지 못하더니

예수 그리스도를 제외하고 모든 사람은 다 죄인입니다.

> **롬 3:9-10** 그러면 어떠하냐 우리는 나으냐 결코 아니라 **유대인이나 헬라인이나 다 죄 아래에 있다고** 우리가 이미 선언하였느니라 기록

된 바 의인은 없나니 하나도 없으며

모든 사람은 다 죄 아래에 있습니다.

히 9:27 한번 죽는 것은 사람에게 정해진 것이요 그 후에는 심판이 있으리니

하나님은 말씀하시고 그 말씀을 그대로 이루시는 분입니다. 성경이 죄의 삯은 사망이고, 모든 사람이 죄인이며, 한번 죽는 것은 사람에게 정해진 것이라고 말씀합니다. 그런데 에녹은 놀랍게도 죄인이면서도 죽음을 보지 않고 하나님께 들림 받아 옮겨진 것입니다.

> 죽음을 보지 않고 하늘로 갔다는 것은 죄의 문제가 해결되었다는 뜻입니다.

한번 묻겠습니다. 죄인이 죄를 가진 채 하나님 곁에 갈 수 있습니까? 없습니다. 그러므로 에녹이 하나님 곁에 갔다는 것은 그의 죄 문제가 해결되었다는 뜻입니다. 죽음을 보지 않고 하나님께 갔다는 말은 죄에서 구원받았다는 뜻입니다. 도대체 에녹의 믿음이 어떤 믿음이기에 하나님을 기쁘시게 해 드렸으며, 어떤 믿음이기에 죽음도 보지 않고 하나님께 옮겨질 수 있다는 말입니까! 예수 믿는다고 하면서도 누구나 죽습니다. 죽음은 누구에게나 두려움이고 무서움이고 고통이고 아픔입니다. 그런데 에녹의 믿음이 얼마나 대단했으면 죽음을 보지 않고 하나님께 옮겨졌을까요?

말씀을 준비하면서 저도 모르게 기도가 터져 나왔습니다. "주여, 저에게도 에녹과 같은 믿음을 주옵소서! 그래서 죽음을 보지 않고

16 _ 죽음을 보지 않고 옮겨진 에녹

하나님 곁에 가게 하옵소서!" 하나님은 사랑하는 자에게 소원을 주십니다. 은혜받았다는 것은 마음에 소원이 생겼다는 뜻입니다. 우리의 믿음이 에녹의 믿음처럼 하나님 앞에 인정받게 되기를 축원합니다. 어차피 한 세상 사는 것인데, 하나님의 자녀가 되고 하나님의 사람으로 부름받았다면 세상의 썩어질 것 때문에 타락하지 않고 오직 믿음으로 살다가 주님 품에 안겨야 하지 않겠습니까? 저에게 그런 소원이 생긴 것입니다. '내가 목사로 부름받았는데, 정말 타락하지 않고 오직 믿음으로 살다가 주님께 갔으면 좋겠다…하나님이 너무 기뻐하셔서 곁에 가까이 두시려고 당장 데려가고 싶을 만큼, 그렇게 내 믿음이 인정받았으면 좋겠다…날마다 하루하루 주님과 동행하면서 주님이 기뻐하시는 일만 했으면 좋겠다…'

저는 목회를 하면서 물질에 대해서는 어느 정도 초월했다고 생각합니다. 적어도 물질 때문에 하나님의 마음을 아프게 하는 일은 없으리라 생각하면서, 그렇다면 어떤 부분에 있어서 내 믿음이 부족한지 되짚어 보는 것입니다. 하나님께서 인정하시는 믿음을 갖고 싶기 때문입니다. 예수를 믿고 10년, 20년, 30년을 살았는데 한 번도 하나님이 기뻐하시는 믿음으로 살지 못했다면 수백 년을 산들 무슨 소용이 있겠습니까? 하나님이 인정하실 만한 믿음의 삶이 있어야 합니다. 이제까지 신앙생활을 하면서 믿음으로 살아온 흔적들이 있습니까?

♣ 에녹의 삶에 나타난 믿음의 흔적

> 히 12:2 **믿음의 주요 또 온전하게 하시는 이인 예수를 바라보자** 그는 그 앞에 있는 기쁨을 위하여 십자가를 참으사 부끄러움을 개의치 아니하시더니 하나님 보좌 우편에 앉으셨느니라

(새번역) **믿음의 창시자요 완성자이신 예수를 바라봅시다.** 그는 자기 앞에 놓여 있는 기쁨을 내다보고서, 부끄러움을 마음에 두지 않으시고, 십자가를 참으셨습니다. 그리하여 그는 하나님의 보좌 오른쪽에 앉으셨습니다.

(현대인) 그리고 **우리 믿음의 근원이시며 우리 믿음을 완전케 하시는 예수님을 바라봅시다.** 그분은 장차 누릴 기쁨을 위하여 부끄러움과 십자가의 고통을 참으셨으며 지금은 하나님의 오른편에 앉아 계십니다.

(현대어) **우리의 믿음의 근원이며 완성자인 예수만을 바라봅시다.** 그분은 십자가의 죽음 뒤에 올 기쁨을 아시고 그 십자가를 수치로 여기지 않고 거기에 달려 죽으셨습니다. 그리고 지금은 하나님의 보좌 오른편의 영예로운 자리에 앉아계십니다.

에녹은 어떻게 그렇게 놀라운 믿음으로 살 수 있었을까요? 믿음의 사람들이 믿음으로 살았다고 할 때 그들의 삶에는 몇 가지 특징이 있습니다. 첫째는 믿음의 주요 완성자이신 예수만을 바라보고 살았다는 것입니다. 우리의 믿음의 시작이 되시고 그 믿음을 완성하시며 완전하게 하시는 분은 오직 예수 그리스도밖에 없습니다. 그러므로 믿음의 사람들은 반드시 믿음의 주가 되시는 예수를 바라보고 산 사람

> 에녹은 우리의 죄 문제를 해결하시고 하나님 보좌 우편에 앉으실 믿음의 근원 되시는 예수 그리스도를 바라보고 살았습니다.

16 _ 죽음을 보지 않고 옮겨진 에녹

들입니다. 에녹도 마찬가지입니다. 그가 세상을 바라보고 살았겠습니까, 사람을 바라보고 살았겠습니까? 에녹은 오직 믿음의 창시자요 완성자이신 예수 그리스도, 십자가에서 우리의 모든 죄 문제를 해결하시고 하나님 보좌 우편에 앉으실 예수 그리스도를 바라보고 산 것입니다. 세상 사람들은 세상을 보고 사람을 보고 환경을 보고 삽니다. 하지만 믿음의 사람들은 믿음의 주가 되시는 예수를 보고 사는 것입니다. 이것이 모든 믿음의 사람들의 공통점입니다. 에녹은 오직 주님을 기다리고 주님을 바라보며 주님을 기대하고 살았습니다.

그리고 또 다른 특징은 무엇일까요?

히 10:39 우리는 뒤로 물러가 멸망할 자가 아니요 오직 영혼을 구원함에 이르는 믿음을 가진 자니라

벧전 1:9 믿음의 결국 곧 영혼의 구원을 받음이라

믿음을 가진 자의 삶 속에 꼭 있어야 하는 것이 바로 영혼 구원입니다. 모든 종교는 다 믿음이 있지만 우리의 믿음은 그들의 믿음과는 달라야 합니다. 우리의 믿음은 오직 영혼을 구원하는 믿음입니다. 믿음의 결국은 영혼 구원입니다. 영혼을 구원할 수 없는 믿음이라면 그것은 진짜 믿음이 아닙니다. 그러므로 믿음을 가지고 산 사람들의 삶 속에는 영혼 구원의 흔적이 있어야 하는 것입니다.

히 11:4 믿음으로 아벨은 가인보다 더 나은 제사를 하나님께 드림으로 의로운 자라 하시는 증거를 얻었으니 하나님이 그 예물에 대하여 증언하심이라 그가 죽었으나 그 믿음으로써 지금도 말하느니라

믿음으로 살았던 아벨이 형 가인의 돌에 맞아 죽은 후에도 지금까지 말하고 있는 것이 있습니다. 그것은 형 가인의 영혼을 구원해 달라는 것입니다. 형 가인이 실수로 욱해서 자신을 죽였지만, 그의 죄를 용서해 주시고 그 영혼을 구원해 달라고, 지금도 믿음으로 말하고 있는 것입니다. 믿음의 결국은 영혼 구원입니다. 그래서 하나님은 아벨의 이름을 믿음으로 살았던 사람 중에 가장 먼저 언급하시며 그 믿음을 기념하고 있는 것입니다.

에녹도 마찬가지입니다. 그의 삶 속에도 영혼 구원의 흔적이 있었습니다.

> 유 1:14-15 아담의 칠대 손 에녹이 이 사람들에 대하여도 **예언하여 이르되 보라 주께서 그 수만의 거룩한 자와 함께 임하셨나니 이는 뭇 사람을 심판하사** 모든 경건하지 않은 자가 경건하지 않게 행한 모든 경건하지 않은 일과 또 경건하지 않은 죄인들이 주를 거슬러 한 모든 완악한 말로 말미암아 그들을 정죄하려 하심이라 하였느니라

> (현대인) 이런 사람들에 대하여 **아담의 칠 대 손 에녹은** 이렇게 예언하였습니다. '주님께서 수많은 성도들을 거느리고 오셔서 심판하실 때에 경건치 않은 사람들이 제멋대로 행한 모든 불경스러운 행동과 경건치 않은 죄인들이 주님께 대하여 **함부로 지껄인 말을 낱낱이 들추어내실 것이다.'**

> (쉬운말) 이런 자들을 두고, 아담의 7대 후손이었던 에녹은 일찍이 이렇게 예언했습니다. "보라, 장차 주께서 수많은 천사들을 거느리고 임하셔서, 모든 이들을 심판하실 것이다. 곧 모든 경건치 않은 자

들이 저지른 온갖 불경건한 행실들과, 또 경건치 않은 죄인들이 주님을 거슬러서 제멋대로 내뱉은 모든 거칠고 모독적인 말들을 낱낱이 들추어 내신 뒤 마땅한 형벌을 내리실 것이다."

하나님과 300년을 동행하며 살았던 에녹은 하나님과 얼마나 친밀한 관계를 맺었는지, 하나님께서 그에게 미래의 일을 다 보여주셨습니다. 비밀을 누구에게 가르쳐 주겠습니까? 가장 가까운 사람, 믿을 만한 사람에게 알려주는 것 아니겠습니까? 그래서 하나님께서 300년 동안이나 하나님과 친밀하게 동행했던 에녹에게 장래에 일어날 일들을 보여주신 것입니다.

> 하나님과 친밀하게 동행한 에녹은 다가올 심판을 내다보고 사람들의 영혼을 구원하기 위해 그것을 예언했습니다.

다가올 심판을 알게 된 에녹은 사람들을 구원하기 위해 그것을 예언했습니다. 하나님을 무시하고 모독하며 범죄한 자들에게 하나님이 심판하실 것을 경고한 것입니다.

에녹의 증손자인 노아도 하나님의 음성을 들었습니다. "내가 물로 세상을 심판할 것이니 너는 방주를 준비하라." 노아가 살던 시대에 수없이 많은 사람이 타락했습니다. 그런데 노아는 의인이요 당대에 완전한 자였습니다(창 6:9). 성경은 그가 하나님과 동행했다고 말씀합니다.

노아가 하나님과 동행하는 삶을 살았던 것은, 거슬러 올라가면 그의 증조부 에녹으로부터 시작된 것입니다. 에녹이 하나님과 300년을 동행하면서 살았는데, 그것을 에녹의 아들이자 노아의 할아버지인 므두셀라가 보았고, 그 영향을 노아까지 받게 된 것입니다. 에녹은 므두셀라를 육십오 세에 낳은 후에 300년 동안 하나님과 동행하였는데, 므두셀라는 969세까지 산 사람입니다. 그러니까 자신의 아버지 에녹이 하나님과 동행하였던 300년 동안의 삶을 에녹의 아들 므두셀라는 가장 가까이서 지켜보았던 것입니다. 하루 이틀 본 것이 아닙니다. 1년, 2년 정도만 본 것이 아닙니다. 자그마치 300년 동안이나 아버지가 하나님과 동행하며 어떻게 살았는지 본 것입니다. 그러니까 아버지의 영향을 받지 않을 수 없었을 것입니다. 아버지 에녹의 신앙을 보고 자란 므두셀라는 187세에 아들 라멕을 낳았고, 라멕은 182세에 아들 노아를 낳았습니다. 그러니까 969세를 산 므두셀라는 그의 손자 노아가 장성하여 결혼하고 아들을 낳을 때까지 함께 살아 있었던 것입니다. 그러니 그 신앙의 유산이 어디로 가겠습니까?

창 6:9 이것이 노아의 족보니라 노아는 의인이요 당대에 완전한 자라 그는 하나님과 동행하였으며

모든 사람이 타락하였어도 끝까지 하나님과 동행하였던 노아의 믿음은 증조부 에녹으로부터 시작된 것이었고, 에녹이 300년 동안 하나님과 동행하였던 것을 에녹의 아들이자 노아의 할아버지인 므두셀라가 생생하게 지켜보고 영향을 받았으며, 그것이 노아에게까지 전해진 것입니다.

창 6:5 여호와께서 사람의 죄악이 세상에 가득함과 그의 마음으로 생각하는 모든 계획이 항상 악할 뿐임을 보시고

노아의 당시 세상이 얼마나 타락했습니까? 죄악이 세상에 가득

하였고 사람이 마음으로 생각하는 모든 계획이 항상 악할 뿐이었다고 성경은 말씀합니다. 그런데 노아 한 사람만은 달랐습니다. 노아의 신앙은 그의 증조부 에녹으로부터 영향을 받았기 때문입니다. 이것이 에녹의 믿음입니다. 에녹은 믿음으로 하나님과 동행하였을 뿐 아니라 믿음으로 사는 본을 자식에게 보여준 것입니다. 그것이 하나님을 기쁘시게 한 것입니다. 자기 혼자 예수 믿고 구원받고 끝난 것이 아닙니다. 자신의 아들 므두셀라, 그 아들 라멕, 그 아들 노아에 이르기까지 하나님과 동행하는 삶을 살 수 있도록 이끌고 가르쳤고 믿음의 본을 보인 것입니다. 그래서 하나님을 기쁘시게 하는 자라고 인정을 받게 된 것입니다.

에녹의 믿음을 통해서는 믿음으로 사는 사람들의 두 가지 특징을 꼭 기억해야 합니다. 첫째는 예수 그리스도를 바라보는 것입니다. 믿음의 시작이요 창시자요 완성자가 되시는 예수를 바라보아야 합니다. 둘째는 영혼 구원입니다. 하나님은 하나님과 친밀하게 동행하였던 에녹에게 장래에 있을 일들을 보여주셨고 에녹은 영혼을 구원하기 위해 안타까운 마음으로 이것을 세상에 알렸습니다. 그리고 믿음의 본을 보여서 자신의 자손들을 구원했습니다.

> 에녹은 믿음의 본을 보여서 자신의 자손들을 구원했습니다.

유 1:3(쉬운성경) 〈하나님은 죄인을 벌하십니다〉 사랑하는 친구들이여, 나는 우리 모두가 함께 누리고 있는 구원에 관해 여러분에게 편지 쓰기를 간절히 원했습니다. 그러나 이제는 여러분에게 편지를 써야 할 다른 이유가 생겼습니다. 그것은 하나님께서 그의 귀한 백성에게

주신 믿음을 여러분이 굳게 지키라는 것입니다. 하나님께서는 이 믿음을 한 번 주셨고, 또 그것은 한 번으로 영원한 것이 되는 것입니다.

믿음은 하나님이 주시는 것입니다. 그리고 하나님이 한 번 주신 믿음은 그것으로 영원한 것입니다. 왜 영원한 믿음을 주셨을까요? 그 믿음으로 살라는 것입니다. 우리는 믿음으로 구원받고, 믿음으로 천국에 가고, 믿음으로 하나님의 일을 합니다. 영원토록 그렇게 살게 하려고 하나님이 우리에게 영원한 믿음을 주신 것입니다. 그러므로 절대 믿음을 빼앗기지 말고 굳게 지켜야 합니다. 하나님이 한 번 주신 영원한 믿음을 굳게 지키라고 기록한 유다가 유다서 전체에서 언급하고 있는 인물은 오직 에녹 한 사람밖에 없습니다. 그만큼 에녹은 하나님이 주신 믿음을 굳게 지키고 살았다는 뜻입니다. 하나님이 한 번 주신 믿음을 영원한 것이 되게 한 사람이 에녹이었다는 말입니다.

고후 13:5 너희는 믿음 안에 있는가 너희 자신을 시험하고 너희 자신을 확증하라 예수 그리스도께서 너희 안에 계신 줄을 너희가 스스로 알지 못하느냐 그렇지 않으면 너희는 버림 받은 자니라

신앙생활을 하면서 끊임없이 내가 믿음 안에 있는지 시험해 보고 확증해야 합니다. 한 번 시험해 보십시오. 주변 환경과 사람들 속에서 내가 어떻게 반응하고 있는지, 믿음을 보여야 할 때 믿음을 보이고 있는지 아니면 자기 생각과 감정과 자존심과 성질을 보이고 있는지 시험하고

> "믿음을 보여야 할 때 믿음을 보이라!"

확인해 보아야 합니다.

　믿음을 보여야 할 때는 믿음이 필요한 때입니다. 육신의 눈으로 보고 들을 때는 아프고 고통스럽고 희망이 없는 것 같은 절망의 때입니다. 그러나 그때가 우리의 구원자 되시는 예수 그리스도를 믿는 믿음이 필요한 때, 그 믿음을 보여야 할 때입니다.

> 롬 14:23 의심하고 먹는 자는 정죄되었나니 이는 믿음을 따라 하지 아니하였기 때문이라 **믿음을 따라 하지 아니하는 것은 다 죄니라**

　믿음으로 하지 아니하는 모든 것이 다 죄입니다. 에녹은 300년 동안 하루도 빠짐없이 믿음으로 하나님과 동행했던 사람입니다. 그는 믿음으로 하나님의 뜻을 행하며 하나님 보시기에 의롭게 살다가 죽음을 보지 않고 하나님 품에 안겼습니다. 이러한 에녹의 믿음이 우리의 믿음이 되기를 축원합니다.

17

에녹의 믿음

히브리서 11장

> 히 11:5-6 믿음으로 에녹은 죽음을 보지 않고 옮겨졌으니 하나님이 그를 옮기심으로 다시 보이지 아니하였느니라 그는 옮겨지기 전에 하나님을 기쁘시게 하는 자라 하는 증거를 받았느니라 믿음이 없이는 하나님을 기쁘시게 하지 못하나니 하나님께 나아가는 자는 반드시 그가 계신 것과 또한 그가 자기를 찾는 자들에게 상 주시는 이심을 믿어야 할지니라

"믿음으로 에녹은 죽음을 보지 않고…" 이 말씀을 읽는데 눈물이 쏟아졌습니다. 에녹은 믿음으로 죽음을 보지 않고 산 채로 하나님 앞에 옮겨졌다는 것입니다. 이것을 보면서 제 마음에 소원이 생겼습니다. "하나님, 저도 죽음을 보지 않고 하나님 앞에 갈 수 있게 해 주세요. 하나님의 나팔 소리가 천지를 진동할 때 제 이름도 불러 주세요!" 주님이 언제 오실지는 아무도 알 수 없습니다. 오늘 오실지 내일 오실지 알 수 없습니다. 주님이 나팔 소리와 함께 오실 때 우리 이름

을 부르시면 죽음을 보지 않고 주님 곁에 갈 수 있을 줄 믿습니다.

죽음은 누구에게나 찾아오지만 죽고 싶은 사람은 한 사람도 없습니다. 아무리 믿음이 좋아도 죽음은 피하고 싶고, 오래오래 살고 싶은 것입니다. 죽음은 아프고 슬프고 두렵고 무서운 것입니다. 할 수만 있으면 피하고 싶은 것이 죽음입니다. 하지만 성경은 한 번 죽는 것은 사람에게 정해진 것이라고 말씀합니다. 세상의 모든 방법을 다 동원해도 죽음을 피할 수는 없습니다. 그런데 에녹은 죽음을 보지 않고 하나님 앞에 올라갔다는 것입니다. 모든 사람이 늙어서 기력이 다해 죽고, 혹은 사고로, 암으로, 온갖 질병에 시달리다가 고통 가운데 죽는데, 에녹은 달랐습니다.

예수 믿는 우리도 다 믿음을 가지고 믿음으로 신앙생활을 합니다. 에녹은 우리와 성정이 다른 사람입니까? 아닙니다. 에녹도 우리와 똑같은 사람입니다. 에녹도 우리와 똑같은 사람이고, 똑같은 믿음을 받았는데, 그는 그 믿음으로 죽음을 보지 않고 하늘로 올라갔습니다. 성경을 보면서 '믿음'이라는 것이 얼마나 대단한지를 깨달아야 합니다. 그런데 우리는 신앙생활을 한다고 하면서도 믿음으로 살지를 않습니다. 믿음이 얼마나 대단한 것인지 망각하고 삽니다.

히브리서 11장은 믿음으로 살았던 사람들의 이름이 기록되어 있습니다. 그렇다면 믿음으로 산 사람들이 많다는 것일까요, 적다는 것일까요? 적다는 것입니다. 그것도 아주 적다는 것입니다. 하나님께서 사랑하는 자들에게 믿음을 주신 이유는 그 믿음으로 살라고 주신 것입니다.

> 믿음을 받았다면 반드시 믿음으로 살아야 합니다.

♣ 믿음을 받았다면 믿음으로 살라!

유 1:3(쉬운성경) 사랑하는 친구들이여, 나는 우리 모두가 함께 누리고 있는 구원에 관해 여러분에게 편지 쓰기를 간절히 원했습니다. 그러나 이제는 여러분에게 편지를 써야 할 다른 이유가 생겼습니다. 그것은 하나님께서 그의 귀한 백성에게 주신 믿음을 여러분이 굳게 지키라는 것입니다. 하나님께서는 이 믿음을 한 번 주셨고, 또 그것은 한 번으로 영원한 것이 되는 것입니다.

하나님은 사랑하는 자에게 믿음을 주시고 그 믿음으로 사는지를 지켜보십니다. 하나님께서 우리에게 한 번 주신 믿음은 영원한 것입니다. 우리는 그 믿음으로 구원받고 그 믿음으로 천국에 가고 그 믿음으로 하나님의 일을 합니다. 그러므로 무슨 일이 있어도 그 믿음을 빼앗기거나 잃어버리지 말고 굳게 지켜야 합니다. 유다서의 저자는 유다서를 기록하며 그 말을 하고 싶은 것입니다. 그러면서 믿음을 굳게 지키고 살았던 한 사람을 소개하는데, 그 사람이 바로 에녹입니다. 유다서에서는 에녹 한 사람 외에 다른 사람을 언급하지 않습니다. 그만큼 에녹의 믿음이 대단했다는 것이고 에녹이 끝까지 믿음을 굳게 지키고 살았다는 뜻입니다. 믿음은 장식품이나 기념품이 아닙니다. 믿음으로 살라고 하나님이 사랑하는 자들에게만 특별하게 주신 선물입니다. 그러므로 믿음을 받았다면 반드시 믿음으로 살아야 합니다.

믿음으로 살았던 에녹은 죽음을 보지 않고 하늘로 올라갔습니다. 누구나 죽는데, 어떻게 에녹은 죽음을 보지 않았을까요? 죽음은 죄의 값입니다(롬 6:23). 그러므로 에녹이 죽음을 보지 않았다는 것은 죄의 문제가 해결되었다는 뜻이고 죄에서 구원받았다는 뜻입니다. 에녹은 믿음으로 죄의 문제를 해결한 것입니다. 성경은 모든 사람이 죄를 범하여 하나님의 영광에 이르지 못했다고 말씀합니다 (롬 3:23). 육신으로 태어난 모든 사람은 예수 그리스도를 제외하고는 한 사람도 빠짐없이 모두 다 죄인입니다. 에녹도 예외는 아닙니다. 그런데 에녹의 믿음이 얼마나 대단했던지, 죄의 값으로 죽어야 하는데 죽지 않았다는 것입니다. 반드시 죄의 값으로 죽어야 하는데, 에녹은 믿음으로 죄 사함을 받았고, 믿음으로 죄에서 구원받았기에 죽음을 보지 않고 하늘로 올라간 것입니다. 이런 믿음을 갖기 위해 마음의 소원을 품어야 합니다.

우리의 관심은 어디에 있습니까? 우리는 세상에, 사람에, 돈에, 옷에, 외모에 관심을 갖습니다. 그런데 하나님은 그런 것에 관심을 갖지 않으십니다. 하나님은 우리에게 믿음을 주셨기 때문에, 오직 우리가 하나님이 주신 믿음으로 사는지, 안 사는지에 관심을 가지고 계십니다. 하나님께서 누가 믿음으로 사는지 온 천하를 둘러보고 계실 때 하나님의 눈에 띈 사람이 바로 에녹이었습니다.

에녹은 아담의 7대 후손입니다. 아담과 하와가 가인과 아벨을 낳았는데 가인이 아벨을 돌로 쳐 죽인 후에 하나님께서 아담을 위로하시려고 아담의 나이 130세에 또 다른 아들 셋을 주셨습니다. 에녹은 바로 그 셋의 후손입니다. 아벨 이후에 하나님은 또 믿음으로 사는 자들이 있는지를 보셨습니다. 그런데 셋이 자식을 낳고, 그 자식이 또 자식을 낳고 하면서 수백 년의 세월이 흘렀지만, 하나님의 눈에 드는 사람을 찾을 수 없었습니다. 그런데 오랜 세월이 지나 마침내 믿음으로 사는 에녹을 발견하신 것입니다. 하나님은 에녹 때문에 기뻐하셨습니다. 에녹만 보면 행복하고 웃음이 났습니다. 에녹이 하나님께서 주신 믿음으로 살았기 때문입니다. 우리를 보시고 이렇게 하나님께서 기뻐하시고 행복해하실 수 있기를 바랍니다. 하나님이 보시고 한숨을 쉬시며 답답해하시면 되겠습니까? 믿음으로 살면서 하나님을 기쁘시게 할 수 있기를 바랍니다. 이런 소원이 있어야 합니다.

🍀 믿음으로 하나님을 기쁘시게 한 에녹

히 11:5 믿음으로 에녹은 죽음을 보지 않고 옮겨졌으니 하나님이 그를 옮기심으로 다시 보이지 아니하였느니라 그는 옮겨지기 전에 하나님을 기쁘시게 하는 자라 하는 증거를 받았느니라

(쉬운말) 믿음으로 에녹은 죽음을 경험하지 않고 그 몸이 들려 하늘나라로 옮겨졌습니다. 하나님께서 그를 산 채로 데려가셨기 때문에, 그의 모습이 세상에서는 더 이상 보이지 않게 되었습니다. 하늘나라로 옮겨가기 전부터 에녹은 그 믿음으로 하나님을 기쁘시게 하는 자라는 인정을 받았습니다.

에녹이 어떻게 하나님을 기쁘시게 하는 자라는 인정을 받았습니까? '믿음으로' 하나님을 기쁘시게 하는 자라는 인정을 받았습니다. 믿음이 없이는 하나님을 기쁘시게 하지 못합니다(히 11:6). 하나님은 하나님이 주신 믿음으로 사는 것을 그렇게 기뻐하십니다. 예수를 믿고 신앙생활

> 하나님은 하나님이 주신 믿음으로 사는 것을 기뻐하십니다.

을 하면서 한 번이라도 하나님을 기쁘시게 하는 삶을 산 적이 있습니까? 에녹은 믿음으로 하나님을 기쁘시게 하는 삶을 살았고 그것을 하나님이 인정하셨습니다. 그랬기 때문에 하나님께서 그를 산 채로 하늘나라로 데려가신 것입니다. 왜 데려가셨을까요? 대답은 성경에 있습니다.

> 요 8:29(쉬운성경) 나를 보내신 분은 나와 함께 계신다. 나는 언제나 그분을 기쁘시게 하는 일만 하므로, 그분은 나를 혼자 내버려 두지 않으신다.

에녹이 항상 하나님을 기쁘시게 하는 일만 했더니 하나님께서 그를 혼자 내버려 두지 않으시고 하나님 곁으로 데려가셨습니다. 평생 에녹이 믿음으로 하나님을 기쁘시게 하니까 하나님께서 그를 세상에 홀로 내버려 두지 않으시고 영원히 하나님 곁에 두시려고 데려가신 것입니다.

> 하나님은 하나님을 기쁘시게 한 자를 홀로 내버려두지 않습니다.

하나님은 하나님을 기쁘시게 했던 자를 결코 혼자 내버려 두지 않으십니다. 그래서 저도 기도하게 되었습니다. "하나님, 저를 홀로 내버려 두지 마세요! 평생 하나님께서 기뻐하시는 일만 할 테니까 어떤 일이 있어도 저를 혼자 두지 마세요!" 얼마나 울면서 기도했는지 모릅니다. '하나님이 에녹의 믿음을 얼마나 기뻐하셨으면 죽음을 맛보지 못하도록 산 채로 그를 하나님 곁으로 데려가셨을까!' 에녹이 그렇게 부러울 수가 없었습니다. 에녹이 살던 시대가 어떠한 시대입니까? 이미 세상에 죄악이 가득하던 때입니다. 그래서 에녹의 증손자 노아의 시대에 하나님께서 세상을 심판하신 것입니다.

> **창 6:5-8** 여호와께서 **사람의 죄악이 세상에 가득함과 그의 마음으로 생각하는 모든 계획이 항상 악할 뿐임을 보시고** 땅 위에 사람 지으셨음을 한탄하사 **마음에 근심하시고** 이르시되 **내가 창조한 사람을 내가 지면에서 쓸어버리되** 사람으로부터 가축과 기는 것과 공중의 새까지 그리하리니 이는 내가 그것들을 지었음을 한탄함이니라 하시니라 **그러나 노아는 여호와께 은혜를 입었더라**

노아의 시대에 하나님께서 세상을 심판하시겠다고 결심하십니다. 얼마나 마음이 상하셨으면 하나님이 직접 창조하신 사람들을 지면에서 쓸어버리겠다고 하셨겠습니까! 이 말은 그들이 하나님의 마음을 아프게 했다는 것입니다. 그들은 하나님의 마음을 아프게 하고 슬프게 만들었습니다. 온 세상에 사람의 죄악이 가득했고 마음으로 생각하는 모든 계획이 항상 악할 뿐이었는데, 그것을 하나님께서 보신 것입니다.

믿음으로 살지 않는 것이 죄입니다. 죄악이 가득했다는 것은 믿음으로 사는 사람들이 없었다는 뜻입니다. 그런데 그중 한 사람, 에녹의 증손주 노아는 달랐습니다. 그러한 노아의 믿음은 그의 증조할아버지 에녹으로부터 비롯된 것이었습니다.

에녹이 얼마나 믿음을 굳게 지키며 믿음으로만 살았던지, 하나님께서 에녹을 보시면 기쁨을 감추지 못했습니다. 이 마지막 때에, 온 세상이 죄악으로 물들어 하나님의 마음을 아프게 할지라도 하나님께서 우리만 보시면 기뻐하시고 행복을 감출 수 없게 되기를 바랍니다. 그렇게 하나님께 인정받는 믿음의 성도들이 되어야 하겠습니다.

하나님의 인정을 받았다는 것은 대단한 것입니다. 세상에서도 인정받는 삶을 산다는 것은 쉬운 일이 아닙니다. 누가 우리의 삶을 인정해 줍니까? 그런데 하물며 천지 만물을 지으신 전지전능한 하나님의 인정을 받는다면 그것이 얼마나 대단한 일입니까! 에녹은 그 하나님의 인정을 받았던 것입니다. 우리가 하나님께 인정받는 삶이 되기를 간구할 때, 하나님만을 기쁘시게 하기 위하여 기도하고 또 기도할 때, 하나님은 우리의 마음을 받으시고 "네가 그런 마음을 가지고 내게 구하니 내 마음이 기쁘구나!" 하고 말씀하실 것입니다. 저에게 그런 마음을 주셨을 때 한참을 울었습니다. "누구도 아무도 내게 그렇게 구하는 사람이 없는데, 네가 내게 그것을 구하니 내 마음이 기쁘구나!" 이것이 저에게 주신 주님의 음성입니다.

에녹은 300년 동안이나 하나님과 동행하는 삶을 살았습니다. 그것은 그가 믿음으로 살았다는 뜻이고 평생 하나님이 기뻐하시는 삶을 살았다는 뜻입니다. 그랬더니 하나님께서 그를 죄 많은 세상 가운데 홀로 내버려 두지 아니하시고 영원토록 하나님 곁에 두시려고 산 채로 데려가셨습니다. 그렇다면 에녹은 어떻게 300년 동안이나 믿음을 잃어버리지 않고 믿음으로 살 수 있었을까요?

> 에녹이 평생 하나님을 기쁘시게 했더니 하나님이 그를 홀로 내버려두지 않으시고 하늘로 데려가셨습니다.

♣ 믿음으로 사는 자들의 공통적인 특징

히 12:2 믿음의 주요 또 온전하게 하시는 이인 예수를 바라보자 그는 그 앞에 있는 기쁨을 위하여 십자가를 참으사 부끄러움을 개의 치 아니하시더니 하나님 보좌 우편에 앉으셨느니라

(새번역) **믿음의 창시자요 완성자이신 예수를 바라봅시다.** 그는 자기 앞에 놓여 있는 기쁨을 내다보고서, 부끄러움을 마음에 두지 않으시고, 십자가를 참으셨습니다. 그리하여 그는 하나님의 보좌 오른쪽에 앉으셨습니다.

(현대인) 그리고 **우리 믿음의 근원이시며 우리 믿음을 완전케 하시는 예수님을 바라봅시다.** 그분은 장차 누릴 기쁨을 위하여 부끄러움과 십자가의 고통을 참으셨으며 지금은 하나님의 오른편에 앉아 계십니다.

(쉬운성경) **우리 믿음의 시작이며, 또 믿음을 완전하게 하시는 주님만을 바라봅시다.** 예수님께서는 십자가에서 돌아가실 때, 아무것도 아닌 것처럼 모든 부끄러움을 참아내셨습니다. 예수님께서는 하나님께서 예비해 두신 기쁨을 기대하셨기 때문에 그렇게 하실 수 있었던 것입니다. 이제 그분은 하나님 보좌의 오른편에 앉아 계십니다.

(현대어) **우리의 믿음의 근원이며 완성자인 예수만을 바라봅시다.** 그분은 십자가의 죽음 뒤에 올 기쁨을 아시고 그 십자가를 수치로 여기지 않고 거기에 달려 죽으셨습니다. 그리고 지금은 하나님의 보좌 오른편의 영예로운 자리에 앉아 계십니다.

믿음으로 살았던 사람들에게는 공통적인 특징이 있습니다.

첫째, 믿음으로 사는 자들은 예수를 바라보고 사는 것입니다. 히브리서 11장에는 "믿음으로 아벨은…", "믿음으로 에녹은…" 하고 믿음의 사람들에 대해서 말하고 있는데, 그들은 믿음의 주, 믿음의 창시자, 믿음의 근원이 되시며 완성자가 되시는 예수만을 바라보고 살았던 자들입니다. 예수님은 우리의 믿음의 근원이 되시며 그 믿음을 완전하게 만드시는 분입니다.

그렇다면 믿음이 약해질 때 어떻게 해야 하겠습니까? 예수를 바라보아야 합니다. 예수를 바라보면 예수께서 우리를 믿음 안으로 이끌어 주셔서 우리의 믿음을 완성시켜 주십니다. 믿음으로 살았던 모든 사람들은 믿음의 시작이 되시며 완성자가 되시는 예수를 바라보고 살았습니다.

예수님이 아직 오시지도 않았는데 구약의 사람들이 어떻게 예수님을 보고 살았는지 의아해하는 사람들이 있습니다. 우리는 이 땅에 오신 예수님과 다시 오실 예수님을 보고 살지만, 구약의 사람들은 장차 이 땅에 오실 예수님을 보고 살았습니다.

> 히 10:39 우리는 뒤로 물러가 멸망할 자가 아니요 **오직 영혼을 구원함에 이르는 믿음을** 가진 자니라

둘째, 믿음으로 살았던 사람들의 특징은 영혼 구원의 삶이 있었다는 것입니다. 모든 종교는 믿음이 있습니다. 그러나 이방신을 섬기는 자들의 믿음과 우리의 믿음은 달라야 합니다. 우리의 믿음은 오직 영혼을 구원함에 이르는 믿음입니다.

> 벧전 1:9 **믿음의 결국 곧 영혼의 구원을** 받음이라

믿음의 결국은 영혼 구원입니다. 믿음으로 살고 있다면 반드시 그 믿음을 통해 생명을 살리고 영혼을 구원해야 하는 것입니다.

> **히 11:4 믿음으로 아벨은** 가인보다 더 나은 제사를 하나님께 드림으로 의로운 자라 하시는 증거를 얻었으니 하나님이 그 예물에 대하여 증언하심이라 그가 죽었으나 **그 믿음으로써 지금도 말하느니라**

아벨이 죽었지만 그 믿음으로써 지금도 말하고 있는 것은, 자기 형 가인의 죄를 용서해 달라는 것입니다. 자신이 가인에게 억울하게 돌에 맞아 죽었으니 자기를 대신해서 복수해 달라고 호소하는 것이 아니라, 가인이 순간 욱하여 실수로 자기를 죽였어도 그의 죄를 용서해 주시고 그의 영혼을 구원해 달라고 호소하는 것이 아벨의 핏소리라고 말씀드렸습니다. 그것이 믿음으로써 지금도 말하고 있는 것입니다. 믿음에는 반드시 영혼 구원이 나타나야 합니다.

에녹도 마찬가지입니다. 온 세상이 타락하여 죄악이 가득했어도 하나님은 에녹 때문에 기뻐하셨는데, 바로 에녹에게는 영혼 구원의 삶이 있었기 때문입니다.

> **유 1:14-15 아담의 칠대 손 에녹이 이 사람들에 대하여도 예언하여 이르되 보라 주께서 그 수만의 거룩한 자와 함께 임하셨나니 이는 뭇 사람을 심판하사** 모든 경건하지 않은 자가 경건하지 않게 행한 모든 경건하지 않은 일과 또 경건하지 않은 죄인들이 주를 거슬러 한 모든 완악한 말로 말미암아 그들을 정죄하려 하심이라 하였느니라

> **(현대인)** 이런 사람들에 대하여 **아담의 칠 대 손 에녹은 이렇게 예**

언하였습니다. '주님께서 수많은 성도들을 거느리고 오셔서 심판하실 때에 경건치 않은 사람들이 제멋대로 행한 모든 불경스러운 행동과 경건치 않은 죄인들이 주님께 대하여 함부로 지껄인 말을 낱낱이 들추어내실 것이다.'

(쉬운말) 이런 자들을 두고, 아담의 7대 후손이었던 에녹은 일찍이 이렇게 예언했습니다. "보라, 장차 주께서 수많은 천사들을 거느리고 임하셔서, 모든 이들을 심판하실 것이다. 곧 모든 경건치 않은 자들이 저지른 온갖 불경건한 행실들과, 또 경건치 않은 죄인들이 주님을 거슬러서 제멋대로 내뱉은 모든 거칠고 모독적인 말들을 낱낱이 들추어 내신 뒤 마땅한 형벌을 내리실 것이다."

믿음으로 하나님을 기쁘시게 하며 하나님과 친밀한 동행의 삶을 살았던 에녹에게 하나님은 장래의 일들을 보여주셨습니다. 에녹은 그것을 보고 아직 일어나지 않은 일에 대해서 예언했습니다. 그것은 장차 이 땅에 올 심판에 관한 것이었습니다. 에녹이 예언했다는 것은 에녹이 하나님의 비밀을 사람들에게 알렸다는 뜻입니다. 왜 심판에 대해 알렸겠습니까? 그들이 돌이켜서 한 사람이라도 구원받기를 원했던 것입니다. 그들이 하나님 앞에 바르게 살기를, 믿음으로 하나님을 기쁘게 하기를 원했던 것입니다. 이것이 하나님을 기쁘시게 했습니다.

하나님을 기쁘시게 하는 일은 영혼을 구원하는 일입니다. 에녹이 하늘나라로 옮겨지기 전에 '하나님을 기쁘시게 하는

> 하나님을 기쁘시게 하는 일은 영혼을 구원하는 일입니다.

자'라는 인정을 받았다는 것은 그가 영혼 구원을 위해 살았으며 하나님께서 그것을 인정하셨고 기뻐하셨다는 뜻입니다. 에녹은 믿음으로 장차 있을 심판을 준비하라고 외치면서 수많은 사람을 하나님께로 인도하기 위해 평생을 살았던 것입니다.

> 마 8:5-10 예수께서 가버나움에 들어가시니 **한 백부장이 나아와 간구하여 이르되 주여 내 하인이 중풍병으로 집에 누워 몹시 괴로워하나이다** 이르시되 내가 가서 고쳐주리라 백부장이 대답하여 이르되 주여 내 집에 들어오심을 내가 감당하지 못하겠사오니 **다만 말씀으로만 하옵소서** 그러면 내 하인이 낫겠사옵나이다 나도 남의 수하에 있는 사람이요 내 아래에도 군사가 있으니 이더러 가라 하면 가고 저더러 오라 하면 오고 내 종더러 이것을 하라 하면 하나이다 **예수께서 들으시고 놀랍게 여겨** 따르는 자들에게 이르시되 내가 진실로 너희에게 이르노니 **이스라엘 중 아무에게서도 이만한 믿음을 보지 못하였노라**

마태복음을 보면 예수께서 감탄하신 믿음의 사람이 나옵니다. 그는 가버나움에 살고 있는 한 백부장입니다. 백부장은 자기 아래에 100명의 군사를 거느리고 있는 로마 군대의 지휘관입니다. 그가 유대인인 예수님께 나아와 한 가지 청을 아룁니다. 그것은 자신의 문제도 아니었고 자기 가족의 문제도 아니었고 자기 친구의 문제도 아니었습니다. 집에서 부리는 하인의 문제였습니다. 당시에는 노예 제도가 있었기 때문에 말이 하인이지 노예의 일입니다. 집에서 부리는 노예 하나가 중풍병으로 누워서 꼼짝을 못하고 괴로워하는데 그것을 보고 예수님께 고쳐 달라고 간청하는 것입니다.

이런 믿음이 있습니까? 우리는 보통 나에게 무슨 일이 생기면 기도합니다. 내 가족의 일이라면 눈물로 기도합니다. 하지만 아무도 거들떠보지 않는 사람이라면 어떻게 하겠습니까? 짐만 되는 골칫덩이라고 외면하고 있지는 않습니까? 그런 사람이라면 차라리 없는 것이 낫다는 끔찍한 생각을 하고 있지는 않습니까? 믿음의 결국은 영혼 구원입니다.

> 막 2:1-5 수 일 후에 예수께서 다시 가버나움에 들어가시니 집에 계시다는 소문이 들린지라 많은 사람이 모여서 문 앞까지도 들어설 자리가 없게 되었는데 예수께서 그들에게 도를 말씀하시더니 사람들이 **한 중풍병자를 네 사람에게 메워 가지고 예수께로 올새** 무리들 때문에 예수께 데려갈 수 없으므로 그 계신 곳의 **지붕을 뜯어 구멍을 내고 중풍병자가 누운 상을 달아 내리니 예수께서 그들의 믿음을 보시고** 중풍병자에게 이르시되 작은 자야 **네 죄 사함을 받았느니라** 하시니

마가복음에도 믿음으로 영혼을 구원한 사람들의 이야기가 나옵니다. 중풍병으로 누워 고생하고 있는 한 사람을 네 사람이 침상에 메고 예수님께 왔습니다. 그런데 무리들 때문에 예수님이 계신 집에 들어갈 수 없게 되자 지붕 위로 올라가서 지붕을 뜯기 시작했습니다. 그 모습을 본 사람들은 수군거렸을 것입니다. "저 사람들 미친 거 아냐? 왜 남의 집 지붕에 올라가서 지붕을 뜯어?" 그러나 사람들의 말에 아랑곳하지 않고 네 사람은 지붕을 뜯어 구멍을 내고 중풍병자가 누운 상을 매달아 예수님 앞에 내려놓았습니다. 예수님은 그들의 믿음을 보셨습니다. 그들은 믿음의 사람이었던 것입니다. 믿음

의 결국은 영혼 구원입니다. 그들의 믿음을 보신 예수님은 중풍병자를 구원해 주셨습니다. 죄 사함을 받았다는 것은 죄에서 구원받았다는 것입니다.

영혼 구원의 열매가 맺히지 않는 믿음이라면 그 믿음은 진짜 믿음이 아닙니다. 내가 믿음으로 살고 있다면 반드시 영혼 구원의 열매가 있어야 합니다. 자신의 힘으로는 예수께로 올 수 없는 중풍병자와 같은 사람들이 우리 주변에 많이 있습니다. 중풍병으로 집에 누워 있는 하인과 같이 찬밥 신세인 사람, 쓸모없는 취급을 받는 사람, 누구도 거들떠보지 않는 사람들도 많이 있습니다. 그러나 그들도 하나님이 보실 때에는 천하보다 귀한 한 영혼입니다. 그들을 예수님 앞으로 데려다 놓아서 하나님을 기쁘시게 할 수 있기를 바랍니다. 믿음의 사람들은 하나님을 기쁘시게 하는 삶을 삽니다. 우리가 하나님께서 주신 믿음으로 살기만 하면, 그 믿음의 증거와 역사가 우리 삶의 현장에 반드시 일어날 줄 믿습니다.

> 창 5:21-22 에녹은 육십오 세에 므두셀라를 낳았고 므두셀라를 낳은 후 **삼백 년을 하나님과 동행하며** 자녀들을 낳았으며

에녹은 므두셀라를 낳은 후에도 300년을 하나님과 동행하며 자녀들을 낳았습니다. 하루도 하나님과 동행하며 살지 못하는 사람들이 대부분인데, 에녹은 300년이나 하나님과 동행하여 살면서 자녀들을 낳았던 것입니다. 이러한 삶을 히브리서 기자는 "하나님을 기쁘시게 하는 자라 하는 증거를 받았느니라"(히 11:5)고 기록하고 있습니다.

하나님이 기뻐하시는 삶은 하나님과 동행하는 삶이고, 하나님과

동행하며 믿음의 자녀들을 낳는 삶입니다. 믿음으로 에녹이 그렇게 살았더니 죽음을 보지 않고 하늘로 옮겨졌습니다. 하나님과 동행한다는 것이 이렇게 중요합니다. 날마다 에녹처럼 하나님과 동행하는 삶이 되기를 주의 이름으로 축원합니다.

> 하나님이 기뻐하시는 삶은 하나님과 동행하며 믿음의 자녀들을 낳는 삶입니다.

18

믿음의 대를 이으라

히브리서 11장

히 11:5-6 믿음으로 에녹은 죽음을 보지 않고 옮겨졌으니 하나님이 그를 옮기심으로 다시 보이지 아니하였느니라 <u>그는 옮겨지기 전에 하나님을 기쁘시게 하는 자라 하는 증거를 받았느니라 믿음이 없이는 하나님을 기쁘시게 하지 못하나니</u> 하나님께 나아가는 자는 반드시 그가 계신 것과 또한 그가 자기를 찾는 자들에게 상 주시는 이심을 믿어야 할지니라

하나님이 주신 믿음으로 살았던 에녹은 죽음을 보지 않고 하나님께로 옮겨졌는데, 옮겨지기 전에 '하나님을 기쁘시게 하는 자'라는 증거를 받았다고 합니다. 도대체 에녹의 믿음은 어떠한 믿음이었기에 죽음을 보지 않고 산 채로 하나님께 들려 올라갔을까요? 하나님께서 그의 믿음을 보시고 얼마나 기뻐하셨으면 그를 죄악 된 세상에 둘 수 없어 곁에 두시려고 데려가셨을까요? 우리도 에녹과 같이 하나님이 기뻐하시는 믿음을 가지게 되기를 바랍니다. 이런 말씀을

들을 때 우리 마음에 소원이 생겨야 합니다. 세상에 대한 욕심, 물질에 대한 욕심이 아니라 이런 것에 대한 선한 욕심이 있습니까? "주님, 나도 에녹처럼 하나님을 기쁘시게 하는 믿음을 갖고 싶습니다!" 이런 간구가 터져 나와야 합니다.

믿음의 장을 보면서 저는 믿음으로 살아온 모든 사람들의 삶이 내 삶이 되기를 기도하게 되었습니다. "믿음으로 아벨은…" 하면 '주님, 저도 믿음으로 아벨처럼요…' 하고, "믿음으로 에녹은…" 하면, '주님, 저도 믿음으로 에녹처럼요…' 하면서 성경 속에 나타난 그들의 삶이 내 삶 속에 모두 이루어지기를 눈물로 구했습니다. 이러한 믿음에 대한 열망과 영적 성장에 대한 아름다운 소원이 마음에 있기를 축원합니다.

🍀 하나님과 동행한 에녹

> 창 5:21-22 에녹은 육십오 세에 므두셀라를 낳았고 므두셀라를 낳은 후 삼백 년을 하나님과 동행하며 자녀들을 낳았으며

에녹의 아들 므두셀라는 성경에서 가장 오래 산 사람입니다. 그는 969세를 살았습니다. 에녹은 므두셀라를 낳은 후 무려 300년을 하나님과 동행하였습니다. 하나님과 동행하고 있습니까? 오히려 하나님께서 동행하자고 하시면 도망가거나 피하고 있지는 않습니까? 왜 하나님과 동행하기를 싫어하고 피할까요? 하나님과 동행하면 내 마음대로 못 합니다. 내 뜻대로, 내가 하고 싶은 대로 살지 못하니까 불편한 것입니다. 교회 다니는 많은 사람이 교회 안에서와 밖에서의 삶이 다른, 이중적인 삶을 살고 있습니다. 그러나 에녹은 300년

을 하나님과 동행했습니다. 그리고 그 삶을 아들 므두셀라가 300년 동안 지켜보았습니다.

> 창 5:24 에녹이 하나님과 동행하더니 하나님이 그를 데려가시므로 세상에 있지 아니하였더라

히브리서에서 에녹은 믿음으로 죽음을 보지 않고 하나님께로 옮겨졌으며 그 전에 하나님을 기쁘시게 하는 자라는 증거를 받았다고 했습니다. 창세기에서는 에녹이 하나님과 동행하더니 하나님이 그를 데려가셨다고 말씀합니다. 믿음으로 사는 삶은 하나님과 동행하는 삶이고, 하나님은 하나님과 동행하는 삶을 가장 기뻐하십니다. 그래서 죽음을 보지 않게 하시고 하나님 품으로 데려가신 것입니다.

> 믿음으로 사는 삶은 하나님과 동행하는 삶이고, 하나님은 하나님과 동행하는 삶을 가장 기뻐하십니다.

> 창 5:24(현대인) 그가 하나님과 깊은 교제를 나누며 사는 중에 하나님이 그를 데려가시므로 그가 사라지고 말았다.

> (현대어) 일생 동안 하나님의 뜻을 따라 그분과 함께 살다가 이 세상에서 사라졌다. 하나님께서 그를 데려가신 것이다.

하나님과 동행하는 삶에 대해 현대인의 성경에서는 "하나님과 깊은 교제를 나누며 사는 중에…"라고 말씀합니다. 에녹은 므두셀라를

낳은 이후 세상에 관심을 가진 것이 아니라 오직 하나님만 바라보며 300년 동안이나 하나님과 깊은 교제를 나누며 살았던 것입니다.

현대어 성경에서는 일생 동안 하나님의 뜻을 따라 하나님과 함께 살았다고 말합니다. 말로만 하나님과 동행한 것이 아니라 실제로 하나님의 뜻을 따라 하나님이 기뻐하시는 일을 하며 살았다는 뜻입니다.

하나님은 지금 이 시대에도 에녹과 같이 하나님과 동행하는 사람, 하나님과 깊은 교제를 나누는 사람, 일생 동안 하나님의 뜻을 따라 그분과 함께 사는 자들이 나오기를 기다리십니다. 그러므로 우리는 "주님, 에녹과 같은 삶을 살기 원합니다!"라는 마음의 소원을 가져야 합니다. 하나님은 이런 소원을 품고 기도하는 자들을 찾으십니다.

> 하나님은 지금도 에녹처럼 하나님과 동행하는 자, 하나님과 깊이 교제하는 자, 일생 동안 하나님의 뜻을 따라 사는 자들을 찾으십니다.

하나님과 동행하였던 에녹의 삶은 에녹 당대에서 끝난 것이 아닙니다. 에녹의 아들 므두셀라가 969세를 살았는데 그는 라멕을 낳고 라멕은 노아를 낳았습니다. 에녹의 증손주인 노아는 의인이요 당대에 완전한 자라는 칭함을 받았던 인물입니다. 그는 하나님과 동행하며 하나님의 뜻을 알고 다가올 하나님의 심판을 대비했던 인물입니다. 노아가 어떻게 이렇게 위대한 하나님의 사람이 되었겠습니까? 하나님과 300년 동안이나 동행했던 에녹의 삶이, 그 아들 므두셀라를 통해 에녹의 증손주인 노아에게까지 영향을 미친 것입니다.

🍀 하나님과 동행한 에녹의 증손주 노아

> 창 6:9 이것이 노아의 족보니라 노아는 의인이요 당대에 완전한 자라 그가 하나님과 동행하였으며

성경은 에녹의 증손주 노아에 대해 말하면서 그가 하나님과 동행하였다고 말씀합니다. 하나님과 동행했다는 것은 에녹과 같이 하나님과 깊은 교제를 나누며 살았고, 일생 동안 하나님의 뜻대로 살았다는 뜻입니다. 이러한 노아의 믿음은 어느 날 갑자기 생겨난 것이 아니라 그의 증조할아버지 에녹으로부터 온 것입니다.

> 노아는 증조부 에녹처럼 하나님과 동행하고, 하나님과 깊이 교제하며, 일생 동안 하나님의 뜻을 따라 살았습니다.

그렇다면 이러한 말씀 앞에서 나 자신에게 질문을 던져야 합니다. '과연 내 삶을 통하여 나의 믿음이 내 자식에게 영향력을 미치고 있는가?' 내 자녀가 아직도 하나님 앞에 예배자로 살지 못한다면 내 믿음이 자식에게 영향을 미치지 못했다는 것이고, 어쩌면 내가 믿음으로 살고 있지 못한다는 뜻일 수 있습니다. 내가 믿음으로 살고 있다면 그 믿음은 내 자녀들에게 영향을 미칠 수밖에 없습니다.

에녹은 65세에 므두셀라를 낳았는데, 므두셀라를 낳은 후 300년 동안을 하나님과 동행하며 살았습니다. 그 모습을 에녹의 아들 므두셀라가 지켜보았습니다. 어제는 은혜 충만했다가 오늘은 시험에 드는 그러한 믿음이 아니었습니다. 지난 주일에는 예배드렸다가 이번 주일은 무슨 일이 생겼다고 하루 빠지는 그런 믿음이 아니었습니다.

18 _ 믿음의 대를 이으라

에녹의 믿음은 변함없는 믿음, 날마다 하나님과 동행하는 한결같은 믿음이었습니다. 그것을 하루 이틀이 아니라 300년 동안이나 에녹의 아들 므두셀라가 지켜본 것입니다. 300년 동안 변함없이 하나님과 동행하며 하나님이 기뻐하시는 일만 하며 살아왔던 에녹의 삶에 므두셀라는 영향을 받았고, 아버지를 따라 믿음의 삶을 살았던 므두셀라의 믿음이 그와 함께 살았던 손주 노아에게까지 영향을 미쳤던 것입니다.

> 내가 믿음으로 살면 그 믿음이 내 자녀들에게 영향을 미칠 수밖에 없습니다.

므두셀라가 죽은 해는 하나님께서 물로 세상을 심판하시던 해입니다. 그때는 노아의 나이 600세가 되던 해입니다. 그러니까 노아가 태어날 때부터 무려 600년 동안을 므두셀라가 노아와 함께 살면서 아버지 에녹으로부터 물려받은 하나님과 동행하는 믿음을 그의 손주 노아에게 물려줄 수 있었던 것입니다. 비록 성경에는 기록되지 않았지만, 분명히 므두셀라도 969년 동안 하나님과 동행하며 살았을 것입니다.

에녹의 믿음은 어떠한 믿음입니까? 하나님은 하나님과 친밀하게 교제를 나누었던 에녹에게 앞으로 일어날 일들을 보여주셨습니다. 장차 이 땅에 임할 심판을 확실하게 보여주셨고, 에녹은 그것을 사람들에게 예언했습니다. 그런데 자기 자식이 함부로 살도록 내버려 두었겠습니까? 자신이 보고 들은 것을 자식에게 알려주지 않았겠습니까? 분명 므두셀라도 다가올 심판에 대해 알았을 것입니다.

유 1:14-15 아담의 칠대 손 에녹이 이 사람들에 대하여도 예언하여 이르되 보라 **주께서 그 수만의 거룩한 자와 함께 임하셨나니 이는**

뭇 사람을 심판하사 모든 경건하지 않은 자가 경건하지 않게 행한 모든 경건하지 않은 일과 또 경건하지 않은 죄인들이 주를 거슬러 한 모든 완악한 말로 말미암아 그들을 정죄하려 하심이라 하였느니라

이처럼 하나님은 에녹에게 마지막 때에 하나님의 심판이 있을 것을 보여주시고 예언하게 하셨습니다. 이 사실을 에녹의 아들 므두셀라가 몰랐을 리 없습니다. 그리고 노아에게도 물로 세상을 심판하실 것을 말씀하시고 방주를 만들라고 하십니다.

창 6:5-7 여호와께서 사람의 죄악이 세상에 가득함과 그의 마음으로 생각하는 모든 계획이 항상 악할 뿐임을 보시고 땅 위에 사람 지으셨음을 한탄하사 마음에 근심하시고 이르시되 **내가 창조한 사람을 내가 지면에서 쓸어버리되** 사람으로부터 가축과 기는 것과 공중의 새까지 그리하리니 이는 내가 그것들을 지었음을 한탄함이니라 하시니라

창 6:13 하나님이 노아에게 이르시되 모든 혈육 있는 자의 포악함이 땅에 가득하므로 **그 끝 날이 내 앞에 이르렀으니 내가 그들을 땅과 함께 멸하리라**

> 에녹에게 하나님의 비밀을 말씀하신 하나님이 그의 증손주 노아에게도 하나님의 비밀을 가르쳐 주셨습니다.

에녹에게 하나님의 비밀을 말씀하셨던 하나님은 에녹과 마찬가지로 친밀하게 하나님과 교제를 나누며 동행했던 노아에게도 비밀을 말씀해 주셨습니다. 그리고

다가올 심판을 준비하게 하셨습니다. 노아가 살던 시대는 사람의 죄악이 온 세상에 가득하였던 시대입니다. 오죽하면 하나님께서 친히 창조하신 사람들을 지면에서 쓸어버릴 생각을 하셨겠습니까!

세상에 임할 하나님의 심판에 대해서는 노아의 증조부 에녹도 알고 있었습니다. 하나님과 동행하며 살다 보니 하나님께서 하나님을 믿지 않고 대적하며 사는 사람들을 얼마나 미워하시는지, 마지막에 그들을 어떻게 심판하실 것인지 에녹에게, 그리고 그의 증손주 노아에게 전부 미리 보여주신 것입니다. 장차 있을 하나님의 심판을 내다보았던 에녹의 믿음을 본받아 에녹의 아들 므두셀라와 그 아들 라멕, 그리고 그 아들 노아에 이르기까지 에녹의 자손들은 다가올 심판을 준비하며 믿음으로 하나님과 동행하는 삶을 살았습니다.

저는 이것을 보면서 내가 잘 믿으면 내 자식들이 하나님 앞에 심판받지 않는다는 것을 깨달았습니다. 나 한 사람이 잘 믿으면 4대까지 믿음의 대가 이어집니다. 나를 포함하여 내 자식, 손주, 증손주에 이르기까지 하나님의 심판을 면할 수 있는 것입니다. 그러므로 믿음의 대를 이어야 합니다. 에녹은 하나님이 가장 기뻐하시는 믿음으로 믿음의 대를 이어 나갔습니다. 믿음의 대를 이어가기 원한다면 하나님과 깊은 교제를 나누며 하나님과 동행할 수 있기를 바랍니다. 하나님과 동행하는 삶을 살면 하나님이 역사하십니다. 하나님이 나에게 주신 자녀는 귀한 생명입니다. 자녀들에게 잘못한 것이 있다면, 아무리 부모라도 자녀들에게 용서를 구해야 합니다. 저는 40일 금식 기도도 여러 번 했지만, 하나님의 은혜를 입고 나서 자

> 하나님이 가장 기뻐하시는 믿음으로 믿음의 대를 이으라!

녀들을 권위적으로 억누르고 때로는 손찌검도 했던 것을 얼마나 울면서 회개했는지 모릅니다. 그것에 그치지 않고 알게 모르게 자녀들에게 상처 주었던 것에 대해 아이들에게 용서를 구했습니다.

예수 믿으면 내가 무엇을 잘못했는지 하나님이 다 알게 하십니다. 보여주십니다. 그러면, 돌이키면 됩니다. 찾아가서 사과하고 용서를 구하면 됩니다. 그럴 때 하나님이 주신 귀한 영혼을 구원할 수 있는 것입니다. 그것을 위해 무엇보다도 먼저 하나님과 깊은 교제를 할 수 있기를 바랍니다.

하나님과 동행하는 사람은 달라야 합니다. 하나님과 깊은 교제를 하는 사람은 달라야 합니다. 일생 동안 하나님의 뜻을 따라 사는 사람은 달라야 합니다. 자녀들이나 주변 사람들에게 믿음의 사람으로서 다른 사람과 전혀 다른 모습을 한 가지만이라도 보여주었다면 나를 통해 많은 사람이 힘을 얻고 하나님께 돌아와 구원받는 역사가 있었을 것입니다. 진짜 하나님과 동행하는 사람이라면, 진짜 하나님과 깊은 교제를 나누는 사람이라면, 진짜 하나님의 뜻대로 사는 사람이라면 다른 모습을 보여줄 수 있기를 바랍니다. 그러면 하나님이 놀랍게 역사하실 줄 믿습니다.

19
구원의 방주를 만들라

히브리서 11장

히 11:7 믿음으로 노아는 아직 보이지 않는 일에 경고하심을 받아 경외함으로 **방주를 준비하여 그 집을 구원하였으니** 이로 말미암아 세상을 정죄하고 믿음을 따르는 의의 상속자가 되었느니라

믿음으로 노아는 방주를 지어 그 집을 구원했습니다. 어떤 사람들은 노아가 방주를 지을 때 120년에 걸쳐 지었다고 잘못 알고 있습니다. 그것은 성경을 오해해서 생긴 일입니다.

창 6:3 여호와께서 이르시되 나의 영이 영원히 사람과 함께하지 아니하리니 이는 **그들이 육신이 됨이라** 그러나 **그들의 날은 백이십 년이 되리라** 하시니라

창세기 6장에는 하나님께서 죄악으로 가득한 세상을 홍수로 심판하실 것에 대해서 말씀하고 있는데, 그에 앞서 3절에 이런 말씀이

있습니다. 창세기 6장에서 홍수 심판을 말하고 노아에게 방주를 만들라고 말씀하시는데, 거기에 이런 구절이 있으니까 무조건 방주를 만든 기간이 120년이라고 넘겨짚은 것입니다. 120년은 방주를 지은 기간이 아니라 "육신이 된 그들의 날이 백이십 년이 되리라"고 말씀하신 것입니다. 그렇다면 방주를 지은 기간은 얼마나 될까요?

> **창 7:6** 홍수가 땅에 있을 때에 노아가 육백 세라

홍수가 시작되었을 때 노아의 나이가 600세였습니다. 그렇다면 방주를 지으라고 하나님이 명령하실 때가 언제였을까요?

> **창 5:32** 노아는 오백 세 된 후에 셈과 함과 야벳을 낳았더라

> **창 6:10-14** 세 아들을 낳았으니 셈과 함과 야벳이라 그때에 온 땅이 하나님 앞에 부패하여 포악함이 땅에 가득한지라 하나님이 보신즉 땅이 부패하였으니 이는 땅에서 모든 혈육 있는 자의 행위가 부패함이었더라 하나님이 노아에게 이르시되 모든 혈육 있는 자의 포악함이 땅에 가득하므로 그 끝 날이 내 앞에 이르렀으니 **내가 그들을 땅과 함께 멸하리라 너는 고페르 나무로 너를 위하여 방주를 만들되** 그 안에 칸들을 막고 역청을 그 안팎에 칠하라

노아는 오백 세가 된 후에 셈과 함과 야벳을 낳았습니다. 그때 하나님께서 땅을 홍수로 심판하실 것을 말씀하시고 노아에게 방주를 지으라고 하신 것입니다. 그러므로 노아의 나이가 최소한 오백 세가 된 이후에 하나님께서 방주를 지으라고 말씀하신 것입니다. 그렇다

면 방주를 짓는 기간은 아무리 오래 걸렸다고 해도 100년을 넘지 않습니다. 홍수가 시작된 해가 노아의 나이 600세이기 때문입니다.

방주를 짓는 기간이 얼마였는지가 중요한 것은 아니지만, 유명하다고 하는 목사님들이 성경을 자세히 보지 않고 잘못 해석하여 가르친 것이 고정관념이 되어 지금까지 전해오는 것들이 있기 때문에 먼저 수정해 드리는 것입니다. 다시 본문을 보겠습니다.

♣ 믿음으로 세상이 잘못되어 가고 있음을 알린 노아

> 히 11:7(쉬운성경) 믿음으로 노아는 아직 보지 못하는 일에 대한 하나님의 경고를 들었습니다. 그는 하나님께 순종해서 그의 가족을 구원할 방주를 지었습니다. 그는 믿음으로 세상이 잘못되어 가고 있음을 사람들에게 알리고, 하나님과 의의 관계를 맺은 사람이 되었습니다.

본문 말씀을 쉬운 성경으로 보면, 믿음으로 노아는 장차 있을 심판에 대한 하나님의 경고를 들었습니다. 믿음으로 방주를 지었고, 믿음으로 세상이 잘못되어 가고 있음을 사람들에게 알렸습니다.

우리가 살고 있는 이 시대가 마지막 때인 줄 믿으시길 바랍니다. 성경학자들은 말하기를, 지금 시대가 그냥 말세도 아니고 '말세지말'(末世之末)이라고 합니다. 마지막 중에서도 그 끝에 왔다는 것입니다. 12시가 마지막이라고 한다면

> 마지막 심판의 때가 가까운 이 시대에 하나님은 노아와 같이 믿음으로 구원의 방주를 만들고 세상이 잘못되어 가고 있는 것을 알릴 사람을 찾으십니다.

11시 59분 59초를 지나고 있다는 것입니다. 물로 세상을 심판하실 때 하나님께서 믿음의 사람 노아를 택하여 그에게 은혜를 베푸시고 믿음으로 구원의 방주를 짓게 하시고 믿음으로 세상이 잘못되어 가고 있음을 세상에 알리게 하셨던 것처럼, 하나님은 이 마지막 시대에 노아와 같은 믿음의 사람을 찾고 계십니다. 재림하시는 주님은 심판의 주로 오십니다. 주님이 오실 날이 가까웠습니다. 마지막 심판의 때가 가까웠습니다. 모든 사람이 타락해서 온 세상이 죄악으로 가득한데, 주님이 누구를 찾으시겠습니까? 마지막 시대에 외칠 사람을 찾으십니다. 이 시대에 노아와 같은 사람을 찾으시는 것입니다. 노아는 믿음으로 세상이 잘못되어 가고 있음을 사람들에게 알렸습니다. 그런데 지금 이 시대는 세상이 잘못되어 가고 있음을 알리는 사람이 없습니다.

저는 하나님의 은혜를 입은 후 지금까지 수없이 사람들에게 알리고자 애썼습니다. 책을 통해, TV와 인터넷 방송을 통해, 설교 강단에서, 복음도 모르는 목사 때문에 나라가 망하고 교회가 망하고 성도들이 무너진다고 경고했습니다. 하나님께서 우리에게 하나님을 사랑하고 이웃을 사랑하는 마음을 주셨는데, 나라도 사랑하지 않는 자들이 목사냐고 외쳤습니다.

기독교인이 된 이승만을 통해 대한민국을 세우시고 기도로 국회를 시작하게 하셨는데, 6.25 한국전쟁 당시에도 나라를 지키기 위해 수없이 많은 사람이 목숨을 바치고 피를 흘렸는데, 이렇게 많은 믿음의 사람들의 수고와 눈물, 때로는 순교를 통해 하나님께서 세우고 지키신 대한민국을 사랑하지 않는 사람이 진짜 예수 믿는 사람이고 목사입니까? 하나님을 대적하는 공산주의 국가 북한에 자유대한민국을 통째로 넘겨주려고 낮은 단계의 연방제 운운하며 지금도 온갖 잘못된 법안들을 만들고 있는 주사파 일당들을 눈감아 주고 있다면, 그것이 정말 믿는 사람이며, 정말 목사인가 하는 말입니다. 나라가 망하고 있다면 떨치고 일어나야 할 것 아닙니까! 나라가 잘못되어 가고 있다, 한국 교회가 잘못되어 가고 있다고 외쳐야 할 것 아닙니까! 그것이 하나님의 은혜를 입고 믿음으로 사는 자들에게 마땅히 있어야 할 삶의 모습인 줄 믿습니다.

마지막 시대를 살아가는 믿음의 사람들에게 하나님이 요구하시는 또 하나는 노아처럼 구원의 방주를 만들라는 것입니다. "너와 네 가족을 구원하기 위하여 구원의 방주를 만들라!" 이것이 지금 이 시대에 우리를 향하신 하나님의 뜻입니다.

> "너와 네 가족을 구원하기 위해 구원의 방주를 만들라!"

🍀 어떻게 구원의 방주를 만드는가?

> 행 16:31 이르되 **주 예수를 믿으라 그리하면 너와 네 집이 구원을 받으리라** 하고

100년까지는 아니지만, 노아는 오랜 세월에 걸쳐서 구원의 방주를 만들었습니다. 그래서 그 가족을 구원한 것입니다. 하나님은 지금도 우리에게 구원의 방주를 만들라고 하십니다. 어떻게 우리가 구원의 방주를 만들까요? 노아에게는 하나님께서 고페르 나무로 방주를 만들라고 하시면서 길이는 몇 규빗으로 하라, 창은 이렇게 내라, 역청을 칠하라 등 무슨 재료를 사용하여 어떻게 만들어야 할지를 세세하게 말씀해 주셨습니다.

그런데 지금 우리가 나무로 방주를 만들려고 하면 얼마나 힘들겠습니까! 지금 시대에 우리가 만들어야 하는 방주는 나무로 만드는 방주가 아닙니다. 그러면 어떻게 만드는 방주일까요? 하나님께서 어떻게 구원의 방주를 만들어야 하는지 저에게 먼저 확실하게 보여주시고 알려주셨으니, 오늘 말씀을 통해 각자에게 말씀하신 대로 구원의 방주를 완성하게 되기를 주의 이름으로 축원합니다.

그러면 이 시대에 마지막 심판의 때를 대비하여 믿음의 사람들이 나와 내 가족을 구원할 구원의 방주를 어떻게 만들어야 할까요?

> 요 3:16 **하나님이 세상을 이처럼 사랑하사 독생자를 주셨**으니 이는 그를 믿는 자마다 멸망하지 않고 **영생을 얻게 하려 하심**이라

노아가 하나님께서 가르쳐주신 대로 구원의 방주를 만들었던 것처럼, 우리도 하나님이 주시는 구원의 말씀으로 구원의 방주를 만들어야 합니다.

하나님은 노아에게 고페르 나무로 방주를 만들라고 재료를 지목해 주셨습니다. 그 크기와 넓이와 형상까지도 세세하게 말씀해 주셨고, 노아는 하나님이 가르쳐주신 대로 구원의 방주를 만들었습니다. 지금도 똑같습니다. 하나님께서 주신 구원의 말씀으로 구원의 방주를 만들면 됩니다.

구원의 방주를 만들기 위해 하나님께서 가장 먼저 주신 재료가 요한복음 3장 16절 말씀입니다. 하나님이 세상을 이처럼 사랑하사, 세상을 구원하시고 영원한 생명을 주시기 위해 독생자를 주셨습니다. 구원의 방주를 만들기 위해 가장 먼저 우리에게 주신 것이 독생자 예수 그리스도입니다.

'독생자'는 '하나님의 아들'을 말합니다. 하나님은 세상을 사랑하셔서 하나님의 아들을 주셨습니다. 그런데 어떤 사람들은 자기는 받은 것이 없다고 말합니다. 성경에 "독생자를 주셨으니"라고 말씀하고 있는데, 왜 받지 못한 것입니까? 자기가 받지 않았으면서 받은 것이 없다고 말하면 안 됩니다. 주시면 받아야 합니다.

> 구원의 방주를 만들기 위해 하나님께서 가장 먼저 우리에게 주신 것이 독생자 예수 그리스도입니다.

왜 '하나님의 아들'을 주셨을까요? 사람의 아들은 모두 죄인이기 때문입니다. 그래서 죄가 없는 몸으로 하나님의 아들을 이 땅에 보내어 우리에게 주신 것입니다. 죄 없는 몸으로 이 땅에 보내신 하나님의 아들 독생자 예수 그리스도를 믿는 자마다 멸망하지 않고 구원을 받습니다.

그렇다면 왜 죄가 없는 몸으로 하나님의 아들 독생자 예수 그리스도를 이 땅에 보내셨을까요?

마 1:21 아들을 낳으리니 이름을 **예수라** 하라 이는 그가 **자기 백성을 그들의 죄에서 구원할 자이심이라** 하니라

구원의 방주를 만들기 위해 가장 먼저 하나님께서 '독생자 예수 그리스도' 곧 '하나님의 아들'을 주셨는데, 그 아들을 왜 주셨나 했더니, 자기 백성을 그들의 죄에서 구원하려고 주신 것입니다. 어떻게 죄에서 구원하실까요?

사 53:6 우리는 다 양 같아서 그릇 행하여 각기 제 길로 갔거늘 **여**

호와께서는 우리 모두의 죄악을 그에게 담당시키셨도다

죄 없는 몸으로 오신 하나님의 아들 예수 그리스도에게 하나님께서 우리 모두의 죄악을 담당시키셨습니다. 우리의 모든 죄를 죄 없는 아들에게 떠넘기신 것입니다. 다시 말씀드립니다. 하나님은 죄악으로 가득 찬 세상에서 우리를 구원하시려고 구원의 방주로 예수 그리스도를 주셨습니다. 예수는 죄 없는 몸으로 오신 하나님의 아들입니다. 왜 죄 없는 몸으로 왔다고 했습니까? 우리의 죄를 대신해서 뒤집어쓰시려고 죄 없는 몸으로, 다시 말하면 하나님의 아들로 오신 것입니다.

하나님의 아들 예수 그리스도로 이루어지는 구원의 방주가 우리 안에 완성되어야 우리를 통해 많은 사람이 구원의 방주 안에 들어와서 구원받을 수 있습니다. 구원의 방주가 완성되지 않으면 사람들을 만나서 밥 먹고 차 마시고 함께 많은 시간을 보낸다고 할지라도 그들을 구원할 수 없습니다. 하나님께서 이 마지막 시대에 우리에게 은혜를 베푸시고 믿음을 주신 것은, 우리도 노아처럼 믿음으로 구원의 방주를 만들어서 내 집을 구원하라는 뜻입니다. 이 시대에 만드는 구원의 방주는 나무로 만드는 것이 아닙니다. 하나님이 미리 예비해 놓으신 말씀으로 구원의 방주를 만들어 두어야 합니다. 구원의 방주가 완성되어야 그 안에 많은 사람을 불러들여서 그들을 구원할 수 있는 것입니다.

요 1:29 이튿날 요한이 예수께서 자기에게 나아오심을 보고 이르되
보라 세상 죄를 지고 가는 하나님의 어린 양이로다

세례 요한의 안수를 통해 인류의 모든 죄악이 예수님께로 넘어간 이후, 요한은 예수님을 가리켜 "보라, 세상 죄를 지고 가는 하나님의 어린 양이로다!"라고 외쳤습니다. 이것은 우리의 죄가 예수님께로 완전히 넘어갔다는 선포입니다.

구원의 방주에는 핵심적인 것이 몇 가지 있습니다. 구원의 방주가 물에 떠야 하는데 배 밑창에 구멍이 나면 어떻게 되겠습니까? 안 될 것입니다. 만약 방주에 지붕이 없다면 어떻게 될까요? 그래서도 안 되는 것입니다. 그런 것처럼, 구원의 방주에서 중요한 요소가 몇 가지 있는데, 그

"더럽고 냄새나는 추악한 죄를 네가 갖고 있지 말고 내게 넘겨라!"

중 하나가 바로 나의 죄가 예수님께 넘어갔다는 사실입니다. 구원의 방주를 짓고 사람들을 구원하고자 하는 사람들은 결코 이것을 빼놓아서는 안 됩니다. 우리의 죄가 예수께로 넘어갔다는 사실을 반드시 말해 주어야 합니다.

죄를 가지고 있으면 천국에 갈 수 없습니다. 그래서 그 죄의 문제를 해결해 주시려고 예수님께서 죄 없는 몸으로 이 땅에 오셨습니다. 오늘도 우리는 죄를 지을 것입니다. 그렇지만 죄 때문에 주눅 들지 말고, 내 죄가 예수님께 넘어갔다는 것을 믿어야 합니다. 예수님은 "이번 한 번만 내가 네 죄를 처리해 주마!" 하고 말씀하신 것이 아닙니다. 두 번만, 세 번만, 열 번만이 아니라 백 번, 천 번, 만 번이라도 우리가 육신을 가지고 이 땅에서 살아가는 동안은 언제까지나 내가 죄를 지을 때마다 예수께서 나의 죄를 처리해 주십니다. 내가 죄를 짓는 즉시 그 죄가 예수님께 넘어가는 것입니다. 이것이 놀라운 복음의 비밀입니다. 우리의 죄는 예수님께 넘어갔습니다. 과거와

현재의 죄뿐 아니라 미래에 내가 저지를 죄까지도 예수님은 모두 다 담당하셨습니다. 그러므로 기도할 때마다 우리가 할 일은 내 죄를 예수님께 넘기는 것입니다. "주님, 이 죄를 주님께 넘깁니다!" 하고 기도하면 예수님은 너무 기뻐하시면서 "그래, 내가 너의 모든 죄를 다 담당하였다!"라고 말씀해 주십니다.

구원의 방주를 확실히 만들어 두어야 합니다. 구원의 방주가 허술하니까 방주에 올라탔다가도 조금만 물결이 거세지면 굴러떨어지고 물에 빠지는 것입니다. 죄 때문에 주눅 들고 자살하는 것입니다.

> 막 2:17 예수께서 들으시고 그들에게 이르시되 건강한 자에게는 의사가 쓸 데 없고 병든 자에게라야 쓸 데 있느니라 나는 의인을 부르러 온 것이 아니요 죄인을 부르러 왔노라 하시니라

예수님이 죄인을 부르러 왔다는 것은 죄인의 죄를 담당하려고 오셨다는 뜻입니다. 그러니까 우리의 죄를 다 예수님께 넘기라는 것입니다. 우리는 죄인을 부르러 왔다는 주님의 말씀을 이해할 수 없습니다. 죄인이 뭐가 좋습니까? 죄인을 누가 만나고 싶어 합니까? 죄는 더러운 것입니다. 이 세상에 더럽고 악취가 나는 쓰레기 같은 것을 좋아할 사람이 어디 있겠습니까! 누가 더러운 걸 나에게 준다고 가정해 보십시오. 받지도 않겠지만, 받았다 할지라도 얼른 내버리려고 할 것입니다. 그런데 주님은 참 신기하고 놀랍습니다. 주님이 가장 기뻐하시는 일은 우리의 죄를 넘겨받는 것입니다. "더럽고 냄새나는 추악한 죄를 네가 갖고 있지 말고 내게 넘겨라!" 이것이 우리를 사랑하시는 주님의 뜻입니다. 그래서 하나님은 우리의 모든 죄악을 아들 예수님께 담당시키신 것입니다. 그러므로 우리가 할 일은 우리의 죄

를 예수님께 넘기는 것입니다. 하나님의 뜻대로 사는 것이 무엇인가 하면 우리의 죄를 예수님께 넘기는 것입니다.

"나 주님의 기쁨 되기 원하네…" 하고 찬송은 잘합니다. 그런데 무엇을 해야 하나님이 기뻐하시는지, 어떻게 주님의 기쁨이 되는지를 모릅니다. 주님의 기쁨이 되기를 원하십니까? 그렇다면 당장 내 죄를 예수님께 넘기면 됩니다. "하나님, 이 썩을 년이 또 죄를 짓고 말았습니다…아휴…주님을 볼 면목이 없습니다…저는 아무래도 안 되나봐요…" 하면서 교회 다녀도 소용없다고, 은혜받아도 소용없다고, 죄 때문에 주눅 들어서 하나님의 낯을 피하여 숨지 말고 당당하게 내 죄를 예수님께 넘길 수 있기를 바랍니다. '나는 안 돼…이런 내가 무슨 목사라고…' 하고 스스로를 정죄하다가 목사가 자살하면 되겠습니까? 아무리 큰 죄를 지었다 할지라도 죄 때문에 자살하는 사람들은 복음을 모르는 것입니다. 구원의 방주에 들어간 사람들은 방주 안에 있으면 아무것도 염려할 것이 없습니다. 죄 때문에 주눅 들지 말고, 죄가 내 안에서 왕 노릇 하게 하지 말고, 죄가 내 안에서 주인 노릇 하게 하지 말고 언제라도 죄가 내 안에 들어올 때 "내 죄를 담당하려고 오신 주님, 오늘도 내 죄를 주님께 넘깁니다!" 하고 예수님께 죄를 넘길 수 있기를 바랍니다.

죄가 또 들어오면 "주님, 죄가 또 들어왔네요! 이것도 넘깁니다!" 하고 예수님께 패스하십시오. 그러면 주님이 "야, 한두 번도 아니고 너무한 거 아니야?"라고 말씀하시는 게 아니라, 그분이 오신 목적이 죄인을 부르러 오신 것이기 때문에 "그래, 고맙다. 빨리 넘겨라!"고 말씀하실 것입니다. 이것이 복음입니다. 이 진짜 복음을 알지 못하기 때문에 사람들이 죄 때문에 주눅 들고 죄에 끌려다니다가 결국 죄 때문에 무너지는 것입니다.

더 이상 죄로 인해 구속받지 않도록 날마다 시마다 분마다 초마다 우리를 죄에서 건져주시는 하나님의 사랑, 이 사랑을 깨닫고 경험하게 되기를 바랍니다. 내가 죄를 지었다고 그 죄를 품고 죽는 것은 바보입니다. 하나님은 우리의 모든 죄 문제를 해결해 주시려고 예수님을 이 땅에 보내셔서 우리의 모든 죄를 예수님께 이미 넘기셨습니다. 그러므로 죄를 지을 때마다 죄를 예수님께 넘길 수 있기를 주의 이름으로 축원합니다. 그러면 죄에서 완전히 자유할 수 있습니다. 이것은 참으로 신기하고 놀라운, 감당할 수 없는 하나님의 사랑입니다.

> **고전 1:18** **십자가의 도가** 멸망하는 자들에게는 미련한 것이요 **구원을 받는 우리에게는 하나님의 능력이라**

구원의 방주를 만드는 데 있어서 아주 중요하고 핵심적인 또 한 가지는 '예수 피'입니다. '십자가의 도'가 구원을 받는 우리에게는 하나님의 능력이라고 했는데, '십자가'는 '예수 피'와 따로 떼어서 생각할 수 없습니다. '십자가'를 말하면 무조건 '예수 피'를 말하는 것입니다. '십자가의 도',

> 구원의 방주를 만들기 위해 하나님께서 주신 것이 우리의 모든 죄를 씻는 '예수 피'입니다.

다시 말하면 '예수님께서 십자가에서 나의 죄를 담당하시고 피 흘려 죽었다는 사실'이 구원을 받는 데 있어서 아주 중요합니다. 그렇다면 '예수의 피'가 어떻게 나를 구원하는지 조금 더 구체적으로 살펴보도록 하겠습니다.

예수님이 나를 위해 피 흘렸다는 것은 나를 위해 죽었다는 뜻이고 나를 위해 생명을 바쳤다는 뜻입니다. 육체의 생명은 피에 있으니 피가 죄를 속한다고 했습니다(레 17:11). 예수님이 생명을 던져 피 흘려 죽으심으로, 그 피로 나를 죄에서 구원해 주신 것입니다.

> 요일 1:7 그가 빛 가운데 계신 것같이 우리도 빛 가운데 행하면 우리가 서로 사귐이 있고 그 아들 예수의 피가 우리를 모든 죄에서 깨끗하게 하실 것이요

하나님께서 그 아들 예수의 피로 우리를 모든 죄에서 깨끗하게 씻어 주십니다. 언제 죄를 지었든 상관없습니다. 얼마나 많은 죄를 지었는지도 상관없습니다. 사람이 볼 때는 '야, 정말 해도 해도 너무한다. 인간의 탈을 쓰고 어떻게 저런 죄를 저지르냐!' 하는 흉악한 죄를 저질렀다고 할지라도 예수님의 피는 그 죄보다 더 큰 능력을 가지고 있습니다. 그래서 무슨 죄든 상관없이 깨끗하게 씻어 주시는 것입니다.

성경이 '모든 죄'라고 말씀하지 않았습니까? 그러므로 하나님의 말씀을 믿으시길 바랍니다. 이러한 말씀을 따라 구원의 방주를 만들어서 사람들에게 전할 수 있기를 바랍니다. 예수의 피는 어떠한 죄라도 다 씻어 주십니다. 모든 죄를 씻어 주십니다. 언제까지 씻어 주실까요? 주님이 다시 오시는 그날까지 계속해서 씻어 주십니다. 이 일을 위해 하나님께서 보내신 분이 바로 성령입니다.

성령은 예수의 피로 우리를 모든 죄에서 깨끗하게 씻어 주신다는 것을 알게 하시고 믿게 하셔서, 믿는 자들의 마음에 계속해서 예수의 피를 뿌려 죄를 깨끗하게 씻어 주십니다. 이것이 하나님께서 성령을 보내신 가장 큰 목적입니다. 그런데 성령이 왜 오셨는지를 알지

못하고, 무슨 방언을 하고 예언을 해야 성령이 임한 것처럼 착각합니다. 성령은 우리 안에 죄가 남아 있지 않도록 계속해서 예수의 피를 뿌려 우리를 죄에서 깨끗하게 씻어 주시는 일을 하십니다. 잊지 마시길 바랍니다.

히 10:17 또 그들의 죄와 그들의 불법을 내가 다시 기억하지 아니하리라 하셨으니

예수의 피로 씻은 죄와 불법은 하나님께서 다시 기억하지 않으십니다. 할렐루야! 이 말씀이 큰 은혜로 임하기를 바랍니다. 사람들은 지난 잘못을 다 용서했다고 말하면서도 몇 십 년도 더 된 옛날 일들을 가지고 얘기할 때가 있습니다. 말로는 용서했다고 하지만 마음에 아직도 앙금이 남아 있기 때문입니다. 그렇지만 하나님은 한번 말씀하시면 그 말씀을 그대로 이루시는 분입니다. 거짓말하실 수 없는 분입니다. 하나님이 기억하지 않겠다고 말씀하시면 기억하지 않는 것입니다. 이 얼마나 큰 은혜입니까!

지금 구원의 방주를 잘 짓고 계십니까? 오늘 구원의 방주를 만들어야 합니다. 첫째로, 하나님께서 나를 사랑하셔서 나를 구원하시려고 독생자를 주셨다고 했습니다. 독생자는 하나님의 아들이고, 하나님의 아들은 죄 없는 몸으로 오신 예수 그리스도입니다. 예수께서 우리를 죄에서 구원하시려고 죄 없는 몸으로 이 땅에 오셔서 내 죄를 담당하셨습니다. 그러므로 죄가 들어오면 재빨리 그 죄를 예수님께 넘겨야 합니다. 죄를 지으면 죄책감이 생깁니다. 죄책감은 우리를 옭아매어 마음을 어둡게 하고 하나님을 피하여 숨게 만듭니다. 죄책감은 우리의 마음을 괴롭힙니다. 죄를 짓고도 두 다리 뻗고 잘 자는

사람들을 보면 둘 중 하나입니다. 양심에 화인 맞은 자, 아니면 죄를 예수님께 넘긴 자입니다. 양심에 찔릴 때 죄 때문에 괴로워하지 마시고 빨리 죄를 예수님께 넘길 수 있기를 바랍니다.

둘째로, 그 아들이 무엇을 했습니까? 그 아들이 나의 죄를 대신 지고 십자가에 못 박혀 죽었습니다. 그래서 십자가의 도가 구원을 받는 우리에게는 하나님의 능력이라고 했습니다. 십자가에서 흘린 예수의 피로 우리를 모든 죄에서 깨끗하게 씻어 주셨기 때문입니다. 예수의 피로 씻긴 그 죄는 하나님께서 다시 기억하지 않으십니다. 그래서 우리가 구원받고 천국에 가는 것입니다. 할렐루야!

히 11:7(쉬운성경) 믿음으로 노아는 아직 보지 못하는 일에 대한 하나님의 경고를 들었습니다. 그는 하나님께 순종해서 **그의 가족을 구원할 방주를 지었습니다**. 그는 믿음으로 세상이 잘못되어 가고 있음을 사람들에게 알리고, 하나님과 의의 관계를 맺은 사람이 되었습니다.

(쉬운말) 믿음으로 노아는 아직 **아무런 조짐조차 보이지 않는 미래의 일들에 대해 하나님의 지시를 받았을 때, 거룩한 두려움 속에서 방주를 지어 대홍수 때 자기 가족들을 구원했습니다**. 이로써 노아는 그 믿음으로써 불신 세상을 정죄하였고, 나아가 그 **믿음으로 인해 의의 상속자가 되었습니다**.

(현대어) 노아도 하나님을 믿은 사람입니다. 그는 하나님께서 장차 일어날 일을 경고해 주셨을 때 **홍수의 조짐 같은 것이 전혀 없었는데도 그 말씀을 믿었습니다. 그리고 시간을 허비하지 않고 방주를**

만들어 자기 가족을 구해냈습니다. 하나님을 믿는 노아의 신앙은 그 당시 거역만을 일삼던 사람들의 죄나 불신앙과 비교할 때 너무나도 대조적입니다. 이 믿음 때문에 그는 하나님께서 받아들이시는 사람이 된 것입니다.

이제 확실하게 구원의 방주가 만들어졌습니까? 노아가 홍수 심판을 앞두고 구원의 방주를 만든 것처럼 이 시대에 마지막 심판을 대비하여 구원의 방주를 만들어야 합니다. 쉬운말 성경에서는 "아무런 조짐조차 보이지 않는 미래의 일들에 대해 하나님의 지시를 받았을 때, 노아가 거룩한 두려움 속에서 방주를 지어…"라고 했고, 현대어 성경에서는 "시간을 허비하지 않고 방주를 만들어 자기 가족을 구해냈다"라고 합니다. 지금 당장 아무런 심판의 조짐이 보이지 않는다고 할지라도 거룩한 두려움 속에서 시간을 허비하지 말고 구원의 방주를 만들 수 있기를 바랍니다. 우리에게는 지금 낭비할 시간이 없습니다.

구원의 방주를 만들어 놓은 사람은 걱정할 것이 없습니다. "주 예수를 믿으라 그리하면 너와 네 집이 구원을 받으리라!"(행 16:31)고 하나님이 분명히 말씀하셨기 때문입니다. 이 구원의 방주를 만들어 놓고 신앙생활을 하는 사람은 행복합니다. 담대할 수 있습니다. 미래에 일어날 일들에 대해 걱정할 필요가 없습니다. 이미 나는 구원의 방주를 만들었고 구원의 방주 안에 있기 때문입니다.

심판의 때가 다가왔습니다. 나는 방주 안에 있지만, 아직도 방주에 올라타지 않은 사람들이 많이 있습니다. 그들에게 세상이 잘못되어 가고 있다는 것을 알려야 합니다. 하나님의 심판이 있을 것을 알려야 합니다. 그들을 구원할 구원의 방주가 있다는 것을 전하고 빨리 방주 안으로 들어오라고 외쳐야 합니다. 우리는 믿음으로 구원의 방주를 지었습니다. 방주를 지었다면, 이제 믿음으로 우리가 할 일은 세상이 잘못되어 가고 있음을 사람들에게 알리는 것입니다. 세상이 잘못되어 가고 있고, 마지막 때에 하나님의 심판이 있을 것이니 빨리 구원의 방주 안으로 들어오라고 외쳐야 합니다. "너와 네 가족을 구원할 구원의 방주를 만들어라! 그 방주 안으로 들어가라!"고 외쳐야 합니다. 노아는 그렇게 하나님과 의의 관계를 맺은 사람이 되었습니다.

20
복음을 모르는 사람들 때문에

히브리서 12장

히 12:24 새 언약의 중보자이신 예수와 및 아벨의 피보다 더 나은 것을 말하는 뿌린 피니라

복음을 모르면 말씀을 아무리 잘 전해도 가짜 목사이고, 복음을 모르면 신앙생활을 아무리 오래 했어도 가짜 성도입니다. 왜 이 땅에 죄악이 들끓고 세상이 점점 더 악해지고 살기가 힘들어집니까? 그 이유는 딱 하나, 복음을 모르기 때문입니다. 교회가 무너지고 성도들의 삶이 피폐해지는 이유는 복음을 모르기 때문입니다. 복음을 모르니까 복음을 전하는 사람이 없습니다. 복음을 전하지 않으니까 내 삶 속에 어떠한 일도 일어나지 않는 것입니다. 복음을 전하면 복음의 능력을 경험할 수 있습니다. 복음을 전하면 하나님께서 어떻게 역사하시는지 보게 됩니다. 문제는 우리가 복음을 전하지 않는다는 것입니다. 문제는 우리가 복음을 모른다는 것입니다.

복음이 들어가면 달라집니다. 역사를 보더라도 복음이 들어간 나라는 다 발전했습니다. 복음이 들어가면 국민이 바뀌고, 나라가 바뀌고, 모든 것이 달라집니다. 복음을 알면 복음을 전하게 되고, 복음을 전하면 하나님의 능력을 볼 수 있습니다. 하나님의 능력이 어떻게 내 가정에 임하는지, 복음을 전하는 그 장소에 어떻게 하나님의 능력이 나타나는지 경험할 수 있게 됩니다.

> 복음을 알면 복음을 전하게 되고, 복음을 전하면 하나님의 능력을 볼 수 있습니다.

그런데 복음을 안다고 하면서도 집에서 내 자녀들에게, 내가 다니고 있는 직장 동료들에게, 내가 만나고 있는 사람들에게 복음을 전하지 않는다면, 그것은 진짜 복음을 아는 것이 아닙니다. 복음을 아는 사람은 복음을 전하게 되어 있습니다. 복음을 전할 때 하나님께서 역사하심을 경험하여 아는 사람들은 복음을 전합니다. 그래서 제가 항상 강조하는 말이 있습니다. "하나님의 말씀이 지식을 넘어 경험되게 하라! 하나님의 말씀이 지식을 넘어 생명 되게 하라! 하나님의 말씀이 지식을 넘어 능력 되게 하라!" 이것을 놓고 기도할 수 있기를 바랍니다.

어쩌다 TV나 인터넷을 통해 다른 목사님들의 설교를 들어보아도, 복음을 전하는 목사님들이 많지 않습니다. 설교 시간에 세상적인 이야기를 하거나, 무슨 책에서 읽은 내용을 말하거나, 간증을 하면서 시간을 때웁니다. 분명하게 말씀드립니다. 간증은 복음이 아닙니다. 유명한 철학자의 경구(警句)나 석박사의 말들이 복음은 아닙니다. 설교 시간에 성경에 나오는 많은 인물과 사건에 대해 말하지만 예수를 말하는 사람은 많지 않습니다. 복음을 말해야 하는데 예수를 말하지 않고 진리를 전하지 않는 것입니다. 오늘 말씀을 통해 복음의 능력이 경험되기를 축원합니다.

🍀 복음을 알면 복음을 말한다

> 롬 1:16 **내가 복음을 부끄러워하지 아니하노니 이 복음은 모든 믿는 자에게 구원을 주시는 하나님의 능력이 됨이라** 먼저는 유대인에게요 그리고 헬라인에게로다

바울은 로마서를 기록하면서 "내가 복음을 부끄러워하지 아니하노니…"라고 말하고 있습니다. 이것은 그냥 하는 말이 아니라, 그 당시에 많은 사람이 복음을 듣고 은혜를 입었어도 복음을 부끄러워하는 자들이 있었다는 뜻입니다. 당시에는 유대인들에게 복음을 전하면 감옥에 갇히거나 매를 맞거나 사회적으로 매장당하여 유대인들의 공동체에서 살 수 없었습니다. 유대인들은 율법을 최고로 알고 율법을 지키는 것만이 하나님의 뜻대로 사는 것이라는 사고에 강하게 사로잡혀 있었기 때문에, 복음을 받아들이려고 하지 않았을 뿐만 아니라 복음 전하는 자들을 이단시하며 핍박했습니다. 그래서 비록 복음에 나를 구원하는 능력이 있음에도 불구하고 복음을 전한다는 것이 쉽지 않았습니다. 그러므로 당시에 복음을 전한 사람은 복음을 지식으로 알고 있는 것이 아니라 복음의 능력을 경험한 사람이었습니다. 모든 믿는 자에게 구원을 주시는 하나님의 능력을 몸소 체험하고 구원을 경험한 사람들만 복음을 전할 수 있었습니다.

지금도 마찬가지입니다. 지금은 그때처럼 복음을 전한다고 해서 매를 맞거나 감옥에 갇히거나 직장에서 쫓겨나거나 사회적으로 매장당하지는 않습니다. 하지만 지금도 복음의 능력을 경험한 사람들

만 복음을 전할 수 있습니다. "복음으로 내가 이렇게 구원을 받았다!" 하는 경험이 있다면 확신을 가지고 당당하게 전할 수 있을 텐데 그것이 불분명하니까 전하지 못하는 것입니다.

복음은 모든 믿는 자에게 구원을 주시는 하나님의 능력이 됨을 믿으시길 바랍니다. 특별한 사람들만 복음의 능력을 경험하는 것이 아닙니다. 모든 믿는 자에게 복음을 통해 구원을 경험하게 해 주십니다. 이 세상의 임금은 마귀입니다(요 12:31). 사탄 마귀는 지금 우리가 살고 있는 이 세상에서 왕 노릇 하고 있습니다. 그런데 우리가 귀신의 역사를 막을 수 있는 것, 더 이상 귀신이 나와 내 가정에 역사하지 못하도록 막을 수 있는 유일한 것이 바로 복음을 말하고 복음을 전하는 것입니다. 복음만이 모든 믿는 자에게 구원을 주시는 하나님의 능력이 되기 때문입니다. 바꿔 말하면, 복음만이 모든 사탄의 결박을 푸는 열쇠가 된다는 뜻입니다.

그런데 우리는 얼마나 자주 복음을 말하고 있습니까? 일주일 동안 지내면서 하루에 한 번이라도, 아니면 일주일에 한 번이라도 내 입술을 통해 복음이 나온 적이 있습니까? 일주일이 아니라면 한 달은 어떻습니까? 한 달에 한 번, 일 년에 한 번이라도 우리가 만나는 사람들과 대화를 나눌 때 내 입술을 통해 복음이 흘러나온 적이 있습니까? 매일매일 살아가면서 만나는 사람들에게 단 한 번도 복음을 말하거나 전하지 못하고 그냥 일주일을 보내고, 한 달을 보내고, 일 년을 보내지는 않습니까?

복음을 말하지 않는 나 때문에 세상이 점점 썩어져 가고, 복음을 말하지 않는 나 때문에 구원받아야 할 사람이 구원받

> 성령님을 모신 교회의 사명은 복음을 전하는 것입니다.

지 못하고 지옥에 떨어지고 있다는 것을 알아야 합니다. 교회가 뭐 하는 곳입니까? 목사는 뭐 하는 사람입니까? 성도는 뭐 하는 사람입니까? 답은 하나입니다. '복음을 전하는 사람'입니다. 목사만 복음을 전하는 것이 아닙니다. 성도들 개개인은 성령님을 모시고 있는 교회입니다. 내가 교회라면 마땅히 복음을 전해야 할 사명이 있습니다.

> **롬 1:17 복음에는 하나님의 의가 나타나서 믿음으로 믿음에 이르게 하나니** 기록된 바 오직 의인은 믿음으로 말미암아 살리라 함과 같으니라

우리는 믿음으로 구원받고 믿음으로 천국에 가고 믿음으로 하나님의 일들을 합니다. 믿음이 없이는 하나님을 기쁘시게 하지 못하고 믿음으로 하지 않는 모든 것이 죄입니다. 그런데 우리는 믿음을 너무 과소평가하는 경향이 있습니다. 믿음은 우리가 생각하는 것보다 훨씬 더 엄청난 것입니다. 믿음이 빠진 신앙생활은 생명이 떠난 시체와 같습니다. 믿음이 이렇게 중요한데, 그렇다면 이 믿음을 어떻게 가질 수 있을까요? 어떻게 믿음을 성장시킬 수 있을까요?

믿음은 믿으려고 노력하거나 노력해서 믿는 것이 아닙니다. 믿음은 복음을 통해서 하나님이 주시는 선물입니다. 복음만이 믿음으로 믿음에 이르게 합니다. 복음이 나를 믿음의 사람으로 만들어서 믿음으로 살게 하는 것입니다. 그러므로 믿음의 성장을 원한다면 계속해서 복음을 말하고 복음을 들어야 합니다.

> 믿음의 성장을 원한다면 계속해서 복음을 듣고 말해야 합니다.

❖ 바울이 전한 복음

갈 1:6-12 그리스도의 은혜로 너희를 부르신 이를 이같이 속히 떠나 **다른 복음을 따르는 것을 내가 이상하게 여기노라 다른 복음은 없나니** 다만 어떤 사람들이 너희를 교란하여 그리스도의 복음을 변하게 하려 함이라 그러나 우리나 혹은 하늘로부터 온 천사라도 **우리가 너희에게 전한 복음 외에 다른 복음을 전하면 저주를 받을지어다** 우리가 전에 말하였거니와 내가 지금 다시 말하노니 만일 누구든지 너희가 받은 것 외에 **다른 복음을 전하면 저주를 받을지어다** 이제 내가 사람들에게 좋게 하랴 하나님께 좋게 하랴 사람들에게 기쁨을 구하랴 내가 지금까지 사람들의 기쁨을 구하였다면 그리스도의 종이 아니니라 형제들아 내가 너희에게 알게 하노니 **내가 전한 복음은 사람의 뜻을 따라 된 것이 아니니라 이는 내가 사람에게서 받은 것도 아니요 배운 것도 아니요 오직 예수 그리스도의 계시로 말미암은 것이라**

바울은 복음을 몰랐던 사람입니다. 그런데 진짜 복음을 알고 나서 복음만이 모든 믿는 자들에게 구원을 주시는 하나님의 능력이 된다는 것을 알게 되었습니다. 복음만이 진정 우리를 죄에서 구원한다는 사실을 깨달은 것입니다. 그래서 주님을 만난 후 복음으로 거듭나게 된 바울이 성령의 감동을 따라 갈라디아서를 기록하면서 갈라디아 교회 성도들에게 말하는 것입니다. "내가 전한 복음, 그리스도의 복음 외에 다른 복음은 없다! 다른 복음을 전하면 저주를 받는다!" 그러면서 자기가 전하는 복음이 어떠한 복음인지 11절 이하에서 말하고 있습니다.

바울은 복음을 몰랐을 때 사람에게서 하나님의 말씀을 배웠습니다. 바울에게 말씀을 가르쳤던 사람은 율법에 대해 최고의 지식을 가지고 있던 가말리엘 선생이었습니다. 당시에는 가말리엘의 문하생이라고 하면 다 인정해 주었습니다. 지금으로 말하면 서울대나 하버드대를 나온 것입니다. 복음을 알기 전에 바울은 자신이 가말리엘의 문하생이라는 사실에 대해 대단한 자부심을 가지고 있었습니다. 얼마나 철저하게 율법을 연구하고 배워서 말씀을 지키고 살았으면 "율법의 의로는 흠이 없는 자라"(빌 3:6)고 말했겠습니까! 그는 하나님을 믿지 않았던 사람이 아닙니다. 하나님을 열심히 믿었습니다. 하나님의 말씀이라면 무엇이든지 순종했습니다. 누구보다도 하나님께 대한 열심을 가지고 살았던 사람이 바울이었다는 말입니다. 그런데 복음을 모르고, 예수를 몰랐습니다. 예수가 우리를 죄에서 구원하기 위해 하나님이 보내신 하나님의 아들이라는 사실을 몰랐습니다. 그래서 예수를 믿고 따르는 것이 이단인 줄 알고 예수 믿는 사람들을 잡아 죽이고 감옥에 가두는 일에 앞장섰던 것입니다. 그랬던 바울이 복음을 만났습니다. 그러면서 "내가 전하는 복음은 사람의 뜻을 따라 된 것이 아니다! 이 복음은 사람에게서 받거나 배운 것이 아니라 오직 예수 그리스도의 계시로 말미암은 것이다!" 하고 말합니다. 예수님이 직접 나타나셔서 바울에게 복음을 가르쳐 주셨다는 것입니다.

갈 3:8 또 하나님이 이방을 믿음으로 말미암아 의로 정하실 것을 성경이 미리 알고 먼저 아브라함에게 복음을 전하되 모든 이방인이 너로 말미암아 복을 받으리라 하였느니라 갈라디아서를 시작하면서 다른 복음을 전하면 저주를 받는다고 말했던 바울이, 3장으로 넘어가서 아브라함에게 전해진 복음에 대해 말하고 있습니다. 그렇다면, 갈라디아서 3장에서 말하고 있는 아브라함에게 전해진 복음은 갈라디아서 1장에서 바울이 전한 복음과 같은 복음입니까, 다른 복음입니까? 바울은 "다른 복음은 없다! 내가 전한 복음 외에 다른 복음을 말하면 저주를 받는다!"라고 했습니다. 그러므로 갈라디아서 1장에서 말하는 복음과 3장에서 말하는 복음은 같은 복음입니다. 바울이 전하고 있는 복음은, 하나님께서 이방을 믿음으로 구원하시려고 먼저 아브라함에게 전하셨던 복음이라는 것입니다.

아브라함에게 전해진 복음에 대해서 말하면 사람들이 '아브라함은 창세기에 나오는 사람인데 무슨 아브라함한테 복음을 전했다는 거야?' 하면서 의아해합니다. 그런데 성령을 받은 바울은 성령의 계시로 말미암아 창세기에 나오는 아브라함에게 먼저 복음이 전해졌다는 사실을 깨닫게 되었습니다. 그 내용을 갈라디아서에 기록하고 있는 것입니다. "하나님이 이방을 믿음으로 말미암아 의로 정하실 것을 성경이 미리 알고 먼저 아브라함에게 복음을 전하되…" 분명히 아브라함에게 복음을 전했다고 성경은 말씀합니다.

아브라함이 '믿음의 조상'이라는 것에는 이견이 없을 것입니다. 그런데 왜 아브라함이 '믿음의 조상'이 되었는지는 알지 못하는 사람들이 많습니다. 그냥 '믿음의 조상'이라고 어릴 때부터 교회학교에서 배워왔으니까 그렇게 알고 그렇게 외우고 있는 것뿐입니다. 아브라함이 '믿음의 조상'이 된 이유는, 그가 가장 먼저 하나님으로부터 '복음'을 받았기 때문입니다. 하나님으로부터 복음을 받은 최초의 사람이 아브라함입니다. 그래서 그가 믿음의 조상이 된 것입니다. 복음만이 믿음으로 믿음에 이르게 한다고 하지 않았습니까? 복음이 아니고서는 믿음을 가질 수 없습니다. 아브라함에게 가장 먼저 복음이 전해졌기 때문에 그가 믿음의 조상이 된 것입니다. 예수 그리스도는 아브라함에게 전해진 복음을 우리에게 이루어 주시려고 이 땅에 오셨습니다. 그런데 예수를 믿으면서도 이것을 모르는 사람들이 많습니다. 바울 당시에 아브라함에게 전해진 복음에 대해 누구도 알지 못했던 것처럼, 지금도 아브라함에게 전해진 복음을 사람들이 알지 못합니다. 복음은 오직 성령이 가르쳐 주셔야 알 수 있는 것입니다.

위의 말씀을 다시 풀어드리겠습니다. "하나님이 이방을"이라는 말씀에서, 이방은 유대인이 아닌 우리들을 말합니다. "믿음으로 말미암아 의로 정하실 것을"이라는 말씀에서, 의로 정하신다는 것은 구원하신다는 뜻입니다. 그러니까 하나님이 우리들을 믿음으로 구원하시려고 먼저 아브라함에게 복음을 전하셔서 모든 이방인이 아브라함으로 말미암아 구원을 받게 하셨다는 것입니다. "너로 말미암아 복을 받으리라"는 것은 아브라함에게 전해진 복음을 통해 예수를 믿고 구원을 받으리라는 뜻입니다. 그러므로 이방인이 구원을 받기 위해서는 반드시 아브라함에게 전해진 복음을 알아야 합니다. 아브라함에게 먼저 전하신 복음은 이방인을 구원하려고 주신 복음이기 때문입니다. 그런데 복음을 모르니까 전하는 사람이 없는 것입니다. 아무도 몰랐던 이 복음을 바울이 알게 되었습니다. 어떻게 알았습니까? 예수님이 가르쳐 주신 것입니다. 성령께서 직접 가르쳐 주신 것입니다. 그래서 "내가 전한 복음은 사람에게서 받거나 배운 것이 아니라 오직 예수 그리스도의 계시로 말미암은 것이다!"라고 바울이 말했던 것입니다.

'계시'는 눈에 보이지 않는 것을 나타내 보여주는 것을 뜻합니다.

바울이 다메섹으로 가는 길에 예수님이 직접 자신을 바울에게 나타내 보여주셨습니다. "사울아, 사울아, 네가 어찌하여 나를 박해하느냐!" 예수님을 만난 바울이 묻습니다. "당신은 누구십니까?" 바울의 질문에 예수님이 대답하십니다. "나는 네가 박해하는 예수라!" 바울은 복음의 실체이신 예수님을 직접 만났습니다. 그 예수님이 이 모든 것을 가르쳐 주신 것입니다.

바울이 전했던 복음은 하나님이 이방을 구원하시려고 먼저 아브라함에게 전하셨던 바로 그 복음이었습니다. 그래서 누구도 그렇게 말하지 못했는데 바울은 자신을 가리켜 '이방인의 사도'라고 말합니다. 다른 복음은 없습니다. 하나님이 이방인인 우리를 구원하기 위해 주신 복음은 바울이 전했던 복음, 하나님께서 아브라함에게 주셨던 복음 외에 다른 복음이 없습니다. 이 복음 외에 다른 복음을 전하면 저주를 받는다고 성경은 말씀합니다. 그런데 한국교회가 이 복음을 말하지 않고 엉뚱한 말씀만 전하고 있는 것입니다. 그렇다면 우리는 울어야 합니다. 가슴을 치며 울어야 합니다. 다른 복음을 전하면 하늘의 천사라 할지라도 저주를 받는다고 말씀하셨기 때문입니다.

> 하나님께서 이방인인 우리를 구원하기 위해 주신 복음은 바울이 전한 복음 곧 하나님께서 먼저 아브라함에게 전하신 복음 외에 다른 복음은 없습니다.

그 당시 유대인들은 하나님의 말씀을 가르친다고 하면서도 복음을 전한 것이 아니었습니다. 모세가 시내산에서 받았던 율법을 하나님의 말씀이라고 믿고 가르치면서, 율법을 잘 지킬수록 하나님을 잘 섬기는 것이라고 착각하며 율법을 강요했습니다. 바울은 그것을 직접 경험했습니다. 자신도 그중 한 사람이었기 때문입니다. 그러다가 복음을 깨닫게 된 것입니다. '아, 하나님이 아브라함에게 복음을 전하셨는데, 그것은 이방을 믿음으로 구원하려고 하신 것이구나! 복음을 통해 우리를 모든 죄에서 건져내시려고 복음의 실체이신 예수 그리스도를 보내셨구나!' 바울은 이처럼 자신이 깨달은 것을 갈라디아서에 기록했습니다. 그리고 아브라함에게 전해진 복음을 통해 이방을 믿음으로 구원하는 것이 하나님의 뜻이라는 걸 깨닫고 그것을 이방인들에게 전하게 된 것입니다.

❄ 복음의 실체를 경험하라!

> **롬 1:2-4** 이 **복음은** 하나님이 선지자들을 통하여 **그의 아들에 관하여 성경에 미리 약속하신 것이라 그의 아들에 관하여 말하면** 육신으로는 다윗의 혈통에서 나셨고 성결의 영으로는 죽은 자들 가운데서 부활하사 능력으로 **하나님의 아들로 선포되셨으니 곧 우리 주 예수 그리스도시니라**

복음은 하나님의 아들로 선포되신 예수 그리스도입니다. 이 복음을 하나님께서 가장 먼저 아브라함에게 전하셨습니다. 그리고 아브라함은 아직 이 땅에 오시지 않은 예수 그리스도를 믿음의 눈으로 보았습니다. 복음을 전했다는 말은 복음의 실체이신 예수 그리스도를 전했다는 뜻이고 하나님께서 예수 그리스도를 그에게 보여주셨다는 말입니다.

> **요 8:56** 너희 조상 **아브라함은 나의 때 볼 것을 즐거워하다가 보고 기뻐하였느니라**

(새번역) 너희의 조상 **아브라함은** 나의 날을 보리라고 **기대하며 즐거워하였고, 마침내 보고 기뻐하였다.**

(현대어) 너희의 조상 **아브라함은** 내 날을 보기를 기대하였고, **내가 오는 것을 보고 기뻐하였다.**

이것은 예수님께서 하신 말씀입니다. 아브라함이 예수께서 오실 것을 기대하며 즐거워하다가 마침내 예수님이 오시는 것을 보고 기뻐했다는 것입니다. 아브라함에게 복음을 전하신 하나님은 그 복음의 실체인 예수 그리스도가 오시는 것을 아브라함에게 보게 하셨습니다. 이런 놀라운 일들이 우리의 삶에도 있기를 바랍니다.

하나님은 복음이 전해진 사람들에게 복음의 실체를 보게 하십니다. 복음을 듣고 알았다면 복음의 실체를 보아야 하는 것입니다. 이제는 그 단계까지 나아가야 합니다.

> 하나님은 복음이 전해진 사람들에게 복음의 실체를 보게 하십니다.

요 6:40 내 아버지의 뜻은 아들을 보고 믿는 자마다 영생을 얻는 이 **것이니** 마지막 날에 내가 이를 다시 살리리라

아버지의 뜻은 아들을 보는 것입니다. 아들이 복음입니다. 아버지의 뜻은 아들을 보고 믿는 자마다 영생을 얻는 것, 다시 말하면 복음을 보고 믿는 자마다 영생을 얻는 것입니다. 그러므로 반드시 복음의 실체를 보아야 합니다. 복음을 모르는 우리 때문에 하나님

이 슬퍼하십니다. 복음을 안다고 하지만 정말 복음을 아는 것이 아닙니다. 복음을 안다는 것은 복음을 전한다는 것이고, 복음을 전할 때 나타나는 하나님의 능력을 경험하며 산다는 뜻입니다. 복음의 능력을 경험해야 합니다. 복음은 모든 믿는 자에게 구원을 주시는 하나님의 능력이 됩니다. 그런데 분명 구원이 필요한 상황인데 복음을 전하지 않습니다.

예를 들어, 가정의 자녀들에게 귀신이 일하고 있다면 어떻게 해야 합니까? 복음을 전해야 합니다. 질병으로 고통받고 있다면 어떻게 해야 합니까? 복음을 전해야 합니다. 복음만이 우리의 가정을 구원하고, 자녀들을 구원하고, 모든 문제 속에서 우리를 구원할 수 있는 구원의 능력이 됩니다. 나의 능력으로는 안 됩니다. 세상에서 유명한 대학을 나와 석박사 학위를 가지고 있다고 한들 그것이 나와 내 가정을 구원할 수는 없습니다. 세상에서 아무리 유능하다고 능력을 인정받는다고 할지라도 그 능력으로 나와 내 주변의 사람들을 구원할 수는 없는 것입니다. 구원은 우리의 말재주로 이루어지지 않습니다. 오직 복음을 전할 때에만 그 복음 안에 있는 능력이 우리를 구원하는 것입니다. 그러므로 우리가 할 일은 복음을 전하는 것입니다. 복음에 다른 것을 섞을 필요가 없습니다. 엉뚱한 것을 섞어봤자 복음의 능력이 희석될 뿐입니다. 복음을 있는 그대로 전하십시오. 복음을 전하지 못하는 목사와 성도 때문에 나라가 망하고 교회가 망하는 것입니다.

히 12:24 새 언약의 중보자이신 예수와 및 아벨의 피보다 더 나은 것을 말하는 뿌린 피니라 복음이 예수입니다. 그리고 예수는 새 언약입니다. 예수님은 새 언약을 가지고 오신 새 언약의 중보자이십니다. 복음과 예수와 새 언약은 떼려야 뗄 수 없는 관계입니다.

> 복음의 실체는 예수의 피로 세운 새 언약을 가지고 오신 새 언약의 중보자 예수 그리스도입니다.

히 9:15 이로 말미암아 **그는 새 언약의 중보자시니** 이는 첫 언약 때에 범한 죄에서 속량하려고 죽으사 부르심을 입은 자로 하여금 영원한 기업의 약속을 얻게 하려 하심이라

예수 그리스도 앞에 붙는 수식어가 있습니다. 그것은 '새 언약의 중보자'라는 것입니다. 중보자는 중간에서 이어주는 사람을 말합니다. 예수님은 새 언약으로 하나님과 우리 사이를 이어주기 위해 오신 분입니다.

'복음' 하면 '예수', '예수' 하면 '새 언약', '새 언약' 하면 '예수', '예수' 하면 '복음'입니다. 이것은 떨어질 수 없는 관계입니다. 그런데 '복음'이 '예수'인 것은 아는데, '예수'가 '새 언약'인 것은 모릅니다. '복음', '예수', '새 언약'이 하나인데도 '복음'이 '예수'인 것까지는 알면서 그 뒤가 가려져 있는 것입니다. 참으로 신기합니다. '복음' 하면 '예수', '예수' 하면 '새 언약'이 나와야 합니다. 예수님은 새 언약의 중보자로 오신 분입니다.

히 9:15(현대어) **그리스도께서는 이처럼 새로운 계약을 가지고 오셨습니다.** 그리고 옛 제도 아래서 범한 죄의 형벌에서 인간을 구원하려고 죽으셨기 때문에 그분에게 초청받은 사람들은 모두 하나님께

서 약속하신 놀라운 복을 영원히 받을 수 있게 될 것입니다.

히 12:24(쉬운성경) 여러분은 **그의 백성들에게 하나님의 새 언약을 가져다 주신, 예수님께서 계신 곳에** 왔습니다. 여러분은 아벨의 피보다 더 나은 소식을 전해 준, 그리스도의 피에 가까이 나아온 것입니다.

예수께서 새 언약의 중보자라는 것은 하나님이 약속하신 새 언약을 가져다주신 분이 예수 그리스도라는 것입니다. 하나님과 나를 이어주는 유일한 언약이 새 언약입니다. 그런데 이렇게 중요한 새 언약을 말하지 않습니다. 새 언약이 진짜 복음입니다. 복음은 예수인데, 예수는 하나님과 나 사이를 이어주기 위해 새 언약을 가지고 오신 분입니다. 그러므로 새 언약이 진짜 복음입니다.

첫 언약 때에 범한 죄는 율법을 지키지 못해서 지은 죄입니다. 율법대로 살지 못한 죄입니다. 첫 언약이 옛 언약, 옛 제도 곧 율법입니다. 율법에 따라 살지 못했던 죄에서 우리를 속량하려고 예수님이 우리 대신 죽으시고 옛 언약과는 완전히 다른 새로운 언약을 가지고 오셨습니다. 그것이 예수님이 가져오신 새 언약입니다.

눅 22:20 저녁 먹은 후에 잔도 그와 같이 하여 이르시되 **이 잔은 내 피로 세우는 새 언약이니 곧 너희를 위하여 붓는 것이라**

예수님이 십자가에서 피 흘린 이유는 우리에게 새 언약을 세워주시기 위해서입니다. 새 언약은 예수의 피로 세운 최고의 언약입니다. 예수의 피로 세웠다는 것은 예수의 죽음으로, 예수께서 생명을 던져서 세우셨다는 뜻입니다. 새 언약만이 하나님과 우리 사이를 이어줄 수 있는 유일한 언약이기 때문에 이 언약을 세워주시려고 예수께서 죽으신 것입니다.

성경을 짜고 짜면 예수의 피가 나오고, 예수의 피는 새 언약을 가리킵니다.

> 막 14:24(쉬운말) 그런 뒤, 예수께서 제자들에게 말씀하셨다. "이 잔은 내 피다. 곧 모든 사람을 위하여 흘리는 새 언약의 피다."

> 마 26:28(쉬운말) 이것은 새 언약을 표시하는 나의 피다. 곧 많은 사람의 죄를 용서하기 위하여 흘리는 나의 피다.

예수님의 피는 새 언약을 표시하는 피, 새 언약의 피입니다. 예수의 피가 중요합니까, 중요하지 않습니까? 중요합니다. 그냥 중요합니까, 아주 중요합니까? 아주 중요합니다. 그렇게 중요한 예수의 피가 새 언약을 가리키고 있는데, 이렇게 중요한 새 언약을 말하지 않습니다. '예수 피' 하면 '새 언약', '새 언약' 하면 '예수 피'를 기억해야 합니다. 예수님은 아무 이유 없이 피를 흘리신 것이 아닙니다. 거기에는 분명한 목적이 있는데, 그것이 바로 우리에게 새 언약을 이루어주셔서 새 언약으로 하나님과의 관계를 다시금 이어지게 하시기 위한 것입니다.

히브리서의 주제는 새 언약입니다. 새 언약의 중보자 예수 그리스도가 히브리서의 주제입니다. 핵심입니다. 새 언약은 예수님의 피로만 세워질 수 있습니다. 새 언약은 예수의 피로 세워진 최고의 언약입니다. 왜 최고의 언약이라고 말할까요? 새 언약만이 하나님과 나 사이를 이어주는 유일한 언약이기 때문입니다. 또한 새 언약은 예수님의 마지막 유언이기도 합니다.

> 고전 11:25-26 식후에 또한 그와 같이 잔을 가지시고 이르시되 이 잔은 내 피로 세운 새 언약이니 이것을 행하여 마실 때마다 나를 기념하라 하셨으니 너희가 이 떡을 먹으며 이 잔을 마실 때마다 주의 죽으심을 그가 오실 때까지 전하는 것이니라
>
> (새번역) 식후에, 잔도 이와 같이 하시고서, 말씀하셨습니다. "이 잔은 내 피로 세운 새 언약이다. 너희가 마실 때마다 이것을 행하여, 나를 기억하여라." 그러므로 여러분이 이 빵을 먹고 이 잔을 마실 때마다, 주의 죽으심을 그가 오실 때까지 선포하는 것입니다.

금요일에 예수님이 십자가에 못 박혀 죽으셨는데, 바로 그 전날 목요일 밤에 예수께서 제자들을 불러놓고 성만찬을 나누시며 말씀하십니다. "이 잔은 내 피로 세운 새 언약이니…" 이것은 예수님이 십자가에서 피 흘려 죽으시는 이유가 새 언약을 세우기 위한 것임을 말씀해 주시는 것입니다. 그러면서 "이것을 행하여 마실 때마다 나를 기념하라" 말씀하셨습니다. '기념하라'는 것은 '기억하라'는 것입니다. 성찬식을 행하여 잔을 나누면서 예수님이 새 언약을 세우기 위해 피 흘려 죽으셨음을 잊지 말고 기억하라는 뜻입니다. 하나님과 나 사이를 새 언약으로 이어주시려고 예수께서 십자가에 못 박혀 피 흘려 죽으셨음을 잊지 말고 기억하라는 뜻입니다. 그리고 기억할 뿐만 아니라 그것을 전하라고 말씀하십니다. '주의 죽으심'을 선포하는 것은 단순하게 "예수님이 죽으셨습니다! 예수님이 죽으셨습니다!"

하고 외치는 것이 아니라 예수님이 새 언약을 세워주시려고 죽으셨다는 것을 선포하라는 뜻입니다.

성찬식에 잔을 나누는 것은 예수께서 하나님과 우리 사이를 새 언약으로 이어주시려고 십자가에 피 흘려 죽으셨음을 기억하는 행위이고, 그것을 세상 사람들에게 보여주며 선포하는 행위입니다. 예수님의 죽으심을 아는 자들은 예수님의 죽으심을 선포해야 합니다. 언제까지 전해야 합니까? "그가 오실 때까지", 다시 말하면 주님이 이 땅에 다시 재림하실 때까지 계속해서 예수께서 우리에게 새 언약을 세워주시려고 피 흘려 죽으셨음을 전하라는 것입니다. 새 언약 복음을 전하라는 것입니다. 이것을 언제 말씀하셨다고 했습니까? 예수님이 죽으시기 전날 밤입니다. 제자들과 마지막으로 함께 모여 식사를 나누시던 때였습니다. 그러므로 이것이 예수님의 마지막 유언이라는 말입니다. 죽기 전에 제자들에게 마지막으로 남기신 말씀이었습니다. 유언이 중요합니까, 안 중요합니까? 중요합니다. 그냥 중요합니까, 아주 중요합니까? 아주 중요합니다. 일반 사람들의 유언도 중요한데, 예수님의 유언이라면 얼마나 더 중요하겠습니까? 그 유언의 내용이 새 언약을 세워주시려고 예수님이 피 흘려 죽으셨음을 잊지 말고 전하라는 것이었습니다.

그런데 이렇게 중요한 내용을 말하지 않습니다. 예수님의 유언을 가볍게 여기고 무시합니다. 살아 계실 때는 부모님의 말씀을 듣지 않았다 할지라도 유언은 지켜야 하는 것 아닙니까? 유언만은 들어드려야 하는 거 아닙니까? 그런데 예수님의 유언이 무엇인지 알지도 못하고 유언을 지키려고 하지도 않습니다. 복음이 가려져 있기 때문입니다. 예수를 안다고 하지만 예수를 모르고, 예수 피로 세운 새 언약을 알지 못하기 때문입니다.

새 언약 복음이 진짜 복음입니다. 예수님은 새 언약의 중보자로 오셨습니다. 새 언약은 하나님과 나 사이를 이어주는 유일한 언약입니다. 예수 피로 세워진 최고의 언약입니다. 새 언약은 예수님의 마지막 유언입니다. 새 언약은 예수님이 흘리신 그 피로만 우리의 죄를 깨끗하게, 그리고 영원토록 씻어주시겠다는 언약입니다. 예수님이 흘리신 피로만 우리를 영원히 구원해 주겠다는 언약입니다. 예수님이 흘리신 피로 씻겨진 죄악은 하나님께서 다시는 기억하지 않겠다는 언약이 새 언약입니다. 새 언약은 새로운 약속입니다. 이전에 하나님이 말씀하셨던 모든 언약은 다 폐하셨습니다. 예수님이 새 언약을 가져오신 이후로는 하나님과 관계를 맺을 수 있는 유일한 방법은 새 언약 외에는 없습니다. 이것은 정말 어마어마한 것입니다. 새 언약이 아니면 하나님과 나는 아무런 관계기 없는 것입니다. 새 언약이 아니면 구원도 없고 천국에 갈 수도 없습니다.

복음을 듣고 예수 그리스도를 믿게 되었다면 새 언약을 말해야 합니다. 이것이 진짜 복음입니다. 아브라함에게 전한 복음과 새 언약 복음을 모르면 구원받을 수 없습니다. 이것 외에 다른 복음을 전하면 저주를 받는 것입니다. 복음을 모르는 목사와 성도들 때문에 한국교회가 무너지고 나라가 무너집니다. 복음을 모르니까 귀신들이 들러붙어서 왕 노릇 하며 나라를 쥐고 흔드는 것입니다.

복음을 모르는 사람들 때문에 나라가 망합니다. 나라를 사랑하는 마음으로 애국 운동을 하는 것도 좋습니다. 그러나 진짜 애국 운동은 새 언약 복음을 전하는 것입니다. 애국 운동으로 정권을 얻어도 그것으로 우리의 영혼을 구원할 수는 없습니다. 오직 복음으로만 죽어 가는 영혼을 구원할 수 있는 것입니다. 새 언약에 붙들린 사람들이 귀신을 이기고 승리할 수 있는 것입니다. 사람들은 자기가 아는 것이 전부인 줄 압니다. 그러나 아는 것을 말하지 말고 성경으로 말해야 합니다. 아브라함에게 전한 복음과 새 언약 복음이 우리를 통해 온 세상에 퍼져나갈 수 있기를 주의 이름으로 축원합니다.

21

피가 말한다

히브리서 12장

히 12:24 새 언약의 중보자이신 예수와 및 아벨의 피보다 더 나은 것을 **말하는 뿌린 피니라**

(새번역) 새 언약의 중재자이신 예수와 그가 뿌리신 피 앞에 나아왔습니다. **그 피는 아벨의 피보다 더 훌륭하게 말해 줍니다.**

(쉬운성경) 여러분은 그의 백성들에게 하나님의 새 언약을 가져다 주신, 예수님께서 계신 곳에 왔습니다. 여러분은 **아벨의 피보다 더 나은 소식을 전해 준, 그리스도의 피에 가까이 나아온 것입니다.**

"말하는 뿌린 피"라고 한 것은 피가 말을 한다는 뜻입니다. 쉬운 성경에서는 피가 소식을 전해 준다고 합니다. 피가 무슨 말을 하고 있을까요? 피가 어떤 소식을 전해 주고 있을까요? 피가 나에게 무슨 말을 하고 있는지, 무슨 소식을 전해 주고 있는지 이것을 들을 수 있어야 합니다. 피가 말하는 소리를 듣는 사람이 택함받은 사람이요, 구원받은 사람입니다. 오늘도 말씀이 각자에게 주시는 주의 음성으로 들리기를 축원합니다. 주의 음성으로 들려야 내가 달라집니다. 어제는 어제의 은혜로 살았다면 오늘은 오늘의 은혜로 사는 것입니다. 어제는 어제 들은 음성으로 살았다면 오늘은 오늘 들리는 주의 음성을 들어야 주님의 뜻대로 살 수 있습니다.

복음을 아십니까? 복음을 아는 사람은 복음을 전하는 사람이라고 했습니다. 복음을 전하지 않는다면 진짜 복음을 아는 것이 아닙니다. 그런데 복음을 전하지 못하면서 복음을 아는 것처럼 착각하고 본인은 복음을 안다고 믿는 사람들이 많이 있습니다. 안타깝지만, 그들의 믿음은 가짜입니다. 복음을 안다면 복음을 전하게 되고, 복음을 전하면 복음의 능력이 어떻게 나타나는지를 경험하게 됩니다. 복음의 능력을 경험한 적이 있습니까? 복음의 능력이 내 삶의 현장에 어떻게 나타나는지 본 적이 있습니까? 보아야 합니다. 복음은 모든 믿는 자들에게 구원을 주시는 하나님의 능력이라고 했는데, 하나님의 능력을 경험하지 못했다면 진짜 복음을 믿는 것이 아닙니다.

한국교회가 쇠퇴하고 있는 이유는 복음을 모르기 때문입니다. 하루 종일 지내면서 복음을 입 밖에 내 본 적이 있습니까? 나와 매일 얼굴을 맞대고 함께 지내는 가족들에게, 가까운 친척들에게, 내가 만나는 사람들에게 복음을 전해 본 적이 있느냐 말입니다. 한 달을 살아도, 일 년을 살아도, 복음을 전하지 않습니다. 복음을 전해 본 적이 없다면 복음을 모르는 것입니다. 어떻게 내 안에 복음이 있는데, 복음이 마구 솟구치는데 입을 다물고 있겠습니까? 그럴 수 없습니다.

바울은 복음을 알고 복음이 그 안에 들어오면서부터 복음을 전하지 않으면 견딜 수가 없었습니다. 그래서 가는 곳마다 복음을 전하며 교회를 세우고 성경 13권을 썼습니다. 이것이 진짜 복음을 아는 것입니다.

🍀 복음에 미친 바울

> 갈 1:6-12 그리스도의 은혜로 너희를 부르신 이를 이같이 속히 떠나 **다른 복음을 따르는 것을 내가 이상하게 여기노라 다른 복음은 없나니** 다만 어떤 사람들이 너희를 교란하여 그리스도의 복음을 변하게 하려 함이라 그러나 우리나 혹은 하늘로부터 온 천사라도 **우리가 너희에게 전한 복음 외에 다른 복음을 전하면 저주를 받을지어다** 우리가 전에 말하였거니와 내가 지금 다시 말하노니 만일 누구든지 너희가 받은 것 외에 **다른 복음을 전하면 저주를 받을지어다** 이제 내가 사람들에게 좋게 하랴 하나님께 좋게 하랴 사람들에게 기쁨을 구하랴 내가 지금까지 사람들의 기쁨을 구하였다면 그리스도의 종이 아니니라 형제들아 내가 너희에게 알게 하노니 **내가 전한 복음은 사람의 뜻을 따라 된 것이 아니니라 이는 내가 사람에게서 받은 것도 아니요 배운 것도 아니요 오직 예수 그리스도의 계시로 말미암은 것이라**

바울은 자신이 알게 된 복음에 대해 말하기를, "내가 전한 복음은 사람에게서 받거나 배운 것이 아니라 오직 예수 그리스도의 계시로 말미암은 것"이라고 말합니다. 복음을 알기 전에도 바울은 하나님의 말씀에 대해 알고 있었습니다. 가말리엘이라는 유명한 선생 밑에서 하나님의 말씀에 대해 철저한 교육을 받았습니다. 율법의 엄한 교육을 받아서 하나님께 대해서 얼마나 열심을 가지고 살았는지 모릅니다. 그런데 그것은 복음이 아니었습니다. 복음을 모르니까 예수 그리스도를 핍박하고 예수 믿는 자들을 감옥에 가두고 죽이는 일에 앞장섰던 것입니다. 그러다가 예수님을 만났습니다. 복음을 알게 된 것입니다. 복음은 바울을 완전히 변화시켰습니다. 사람에게 그렇게 오랫동안 하나님의 말씀을 가르침 받았어도 달라지지 않았던 바울이 복음을 알게 된 이후로는 180도 달라졌습니다.

그렇다면 우리가 들은 복음은 우리에게 어떠한 영향력을 주고 있습니까? 복음이 우리에게 어떠한 역할을 하고 있느냐 말입니다. 맨날 시험에 들고, 자기 뜻대로 안 되면 성질내고, 기분대로 감정대로 신앙생활을 하고 있다면 복음을 아는 것이 아닙니다. 복음이 들어오면 내가 바뀌게 됩니다. 복음에는 내가 감당할 수 없는 능력이 있습니다. 그것이 바로 구원의 능력입니다. 복음의 능력이 나를 구원받은 사람으로, 과거의 사람과는 완전히 다른 새 사람으로 바꾸어 놓습니다. 바울에게 복음의 능력이 임하자 바울은 완전히 뒤집어졌습니다. 그리고 바울 안에서 솟아나는 복음에 미쳐서 갈라디아서 말씀을 기록하면서 말합니다. "내가 전하는 복음 외에 다른 복음을 전하면 저주를 받는다! 하늘의 천사라고 할지라도 저주를 받는다!" 그러면서 자신이 전한 복음은 사람에게서 받거나 배운 것이 아니라 예수님이 직접 나타나셔서 가르쳐 주신 것이라고 말하는 것입니다. 이것이 복음입니다. 복음을 아는 사람과 그렇지 않은 사람은 다릅니다. 삶이 다를 수밖에 없습니다.

그런데 우리의 삶을 한번 보십시오. 교회 다니는 사람과 그렇지 않은 사람이 별반 다를 것이 없습니다. 세상 사람들과 마찬가지로 온통 세상일에 관심을 쏟으면서 기분대로, 감정대로 삽니다. 육체를 좇아서 사는 것입니다. 기분이 나쁘고 감정이 상하면 눈에 보이는 것이 없습니다. 육체의 감정을 따라서 막 나갑니다. 이것은 복음을 모르는 것입니다. 복음의 능력을 경험하지 못한 자들이 한국교회를 망치고 전도의 문을 막고 있다는 것을 깨달아야 합니다. 오늘 확실하게 복음에 미치고 복음의 능력을 경험하게 되기를 축원합니다.

그렇다면 바울이 전한 복음이 무엇이기에 다른 복음을 전하면 저주를 받는다고 강조하고 있는 것일까요?

갈 3:8 또 하나님이 **이방을 믿음으로 말미암아 의로 정하실 것을 성경이 미리 알고 먼저 아브라함에게 복음을 전하되** 모든 이방인이 너로 말미암아 복을 받으리라 하였느니라

바울이 전한 복음은 하나님께서 이방을 믿음으로 구원하시려고 먼저 아브라함에게 전하셨던 복음입니다. 갈라디아서 1장에서 "다른 복음을 전하면 저주를 받는다"라고 강조했던 바울이 갈라디아서 3장에서 그 복음이 어디에서 비롯된 것인지에 대해 말합니다. 당시 유대인들은 모두 아브라함이 그들의 조상이라고 알고 있었습니다. 그런데 하나님께서 이방을 믿음으로 구원하시려고 먼저 그들의 조상 아브라함에게 복음을 전하셨다는 사실은 몰랐습니다. 복음을 들은 최초의 사람이 아브라함이라는 사실을 몰랐던 것입니다. 아브라함이 믿음의 조상이 된 이유는 그에게 최초로 복음이 전해졌기 때문입니다. 그 당시 유대인들은 하나님이 자신들만의 하나님인 줄 알았습니다. 이방인으로 태어나지 않은 것을 감사할 정도로 선민의식에 사로잡혀 살던 사람들이 유대인들이었습니다. 하나님이 자신들의 하나님이라는 사실에 대해 자부심을 가지고 살았습니다.

그런데 바울은 성령의 계시로 하나님께서 이방을 믿음으로 구원하시려고 먼저 아브라함에게 복음을 전하셨다는 것을 알게 되었습니다. 이것을 알고 바울이 복음 때문에 얼마나 미쳤던지, "나 바울은 복음의 일꾼이 되었노라!" 하고 고백하는 것입니다. 복음을 안다면 이 정도가 되어야 합니다. 우리도 이렇게 고백할 수 있어야 합니다. 복음을 모르는 가짜들, 복음의 능력을 한 번도 경험하지 못한 사람들 때문에 나라도, 교회도, 성도도 점점 피폐해지고 망가지고 있습니다. 복음을 모르니까 여전히 옛사람을 따라, 육신을 따라 삽니다. 육신대로 살면 반드시 죽는다고 그렇게 말해도 귓등으로 듣고 여전히 육신대로 사는 것입니다.

유대인들은 하나님이 자기들만의 하나님이길 바랐습니다. 그런데 하나님의 뜻은 달랐습니다. 하나님은 아브라함에게 복음을 전해서 그 복음으로 모든 사람, 이방인들까지도 다 구원하여서 그들의 하나님이 되고 싶어 하셨습니다. 이것을 유대인 중의 유대인인 바울이 깨닫고 모든 이방인과 유대인들에게 하나님의 진정한 뜻이 무엇인지를 전한 것입니다. "내가 전하는 복음은 너희들이 지금까지 사람에게서 배운 하나님의 말씀과는 다른 것이다!" 이 복음을 '피의 복음'이라고 합니다. 진짜 복음은 '피의 복음'입니다. 복음은 주님의 입에서 나오는 말씀입니다. 복음은 피가 말하는 것입니다. 생명은 피에 있다고 했습니다. 피가 말하는 것이 예수님이 말씀하시는 것이고 그것이 복음입니다. 오늘 피의 복음을 통해 복음의 능력을 경험하시고, 바울처럼 복음에 목숨 걸며 복음에 미쳐서 복음의 일꾼이 되었다고 기쁨으로 소

> 피의 복음으로 복음의 능력을 경험하고 복음에 미친 복음의 일꾼이 되라!

리칠 수 있는 우리의 모습이 되기를 축원합니다.

🍀 피의 복음을 들어야 산다

히 4:7 오랜 후에 다윗의 글에 다시 어느 날을 정하여 오늘이라고 미리 이같이 일렀으되 **오늘 너희가 그의 음성을 듣거든 너희 마음을 완고하게 하지 말라** 하였나니

(현대인) 그러므로 하나님은 오랜 후에 '오늘'이라는 어느 한 날을 정하시고 다윗을 통해 전에 말씀하신 대로 이렇게 말씀하셨습니다. **'오늘 너희가 그의 음성을 듣거든 못된 고집을 부리지 말아라.'**

새 언약은 날마다 주님의 음성을 듣게 해 주는 것입니다. 주의 음성을 듣고 사는 것이 복음으로 사는 것입니다. 주님은 "내 양은 내 음성을 듣는다"(요 10:27)라고 말씀하십니다. 주의 음성이 복음입니다. 그러므로 "오늘 너희가 그의 음성을 듣거든…" 이 말씀은 "오늘 너희가 이 복음을 듣거든…"이라는 말과 같은 말입니다. 복음을 들을 때 마음을 완고하게 하지 말기를 바랍니다. 복음을 들을 때 못된 고집을 부리지 않기를 바랍니다. 목사가 강대상에서 "용서하라!"고 말해도 그 말이 들리지 않는 것은 내 고집이 있기 때문입니다. 그런데 주의 음성을 들으면 달라집니다. 복음의 능력은 "용서하라!"고 말씀하시면 그대로 이루어지는 것입니

> 새 언약은 날마다 주님의 음성을 듣게 해 주시는 것이고, 주님의 음성을 듣는 것이 복음으로 사는 것입니다.

다. 그것이 복음입니다.

하나님의 사랑은 죄지은 나를 그냥 내버려 두지 않습니다. 아담과 하와가 선악과를 따 먹고 범죄했습니다. 그런데 그런 그들을 그냥 내버려 두시지 않고 하나님께서 "아담아, 아담아! 네가 어디 있느냐?" 하고 부르십니다. 이렇게 죄지은 우리를 찾으시는 주님의 음성이 들려야 합니다. 주님의 음성 속에는 그 말씀을 하시는 주님의 마음이 담겨 있습니다. "아담아, 아담아! 네가 어디 있느냐?"라고 물으시는 것은 아담이 어디에 있는지 몰라서 물으시는 것이 아닙니다. 죄를 짓고 하나님의 낯을 피하여 숨은 아담을 향한 하나님의 아픈 마음이 담겨 있습니다. "너는 나의 것인데 왜 나를 피하여 숨었느냐! 무엇이 너로 하여금 나를 피하여 숨게 만들었느냐!" 이 속에는 주님의 아픈 마음이 담겨 있는 것입니다. 주님은 우리가 하나님 앞에 당당하길 원하십니다. 그 무엇도 하나님과 나 사이를 갈라놓는 것을 원치 않으십니다. 그런데 죄가 무서운 이유는 그것이 우리로 하여금 하나님을 피하여 숨게 만들기 때문입니다. 하나님과의 관계를 깨뜨리고 우리로 하여금 도망가게 만들기 때문입니다. 하나님의 은혜로부터, 하나님의 사랑으로부터 자꾸자꾸 멀어지게 만듭니다.

그래서 우리를 사랑하는 하나님은 우리를 죄로 인해 빼앗기지 않으려고 계속해서 우리를 부르십니다. 아담을 부르셨던 하나님께서 지금도 우리를 부르시는 것입니다. "나를 피하여 숨지 말아라! 나로부터 도망가지 말아라! 사랑하는 자야, 들리니? 네가 죄를 지어도 나는 여전히 너를 사랑한단다. 그러니 죄로 인해 나로부터 멀어지지 말아라." 못 들은 척하려고 해도 하나님의 음성을 피하여 숨을 수 있는 곳은 없습니다. 주님의 음성이 들려야 합니다. "무엇이 네 마음을 그렇게 강퍅하게 만들었느냐? 무엇이 네가 처음에 은혜받은 모습을 다 잃어버리게 만들었느냐? 내가 너를 위해 피 흘렸거늘, 내가 너에게 모든 걸 주었거늘, 네가 왜 이렇게 변했느냐!" 아담을 부르셨던 주님의 음성이 들려야 합니다.

아담의 아들 가인이 있습니다. 가인도 죄를 지었습니다. 자기 동생 아벨을 돌로 쳐 죽였습니다. 그때 하나님의 음성이 들려옵니다. "가인아, 가인아! 네 아우 아벨이 어디 있느냐?" 가인은 죄를 짓고도 숨지 않습니다. 죄를 짓고 숨었던 아담보다 더 악합니다. 참으로 무서운 일입니다. 죄를 짓고도 아무렇지도 않게 교회 다니는 사람들이 있습니다. 속은 더럽고 상대방을 죽이려고 이를 갈고 있으면서도 겉으로는 아무렇지도 않은 척 교회에 와서 예배를 드리고 찬송을 부릅니다. 교회에 은혜받으러 와야 하는데 그런 사람들의 목적은 은혜받는 것이 아닙니다. 다른 목적을 가지고 교회에 오는 것입니다.

아벨이 어디 있는지 묻는 주님의 음성에 가인은 "내가 내 아우를 지키는 자입니까?" 하고 아주 뻔뻔하게 대답합니다. 아우를 돌로 쳐 죽였으면 하나님의 말씀을 듣고 마음에 찔림을 받아 그 앞에 엎드려 "하나님, 제가 잘못했습니다. 제가 욱하는 마음에 동생을 돌로 내리쳤는데, 아벨이 그만 죽고 말았습니다. 제가 죄인입니다!"라고 자기 죄를 고백해야 하는 것 아닙니까? 그런데 모든 것을 다 알고 계시는 하나님 앞에 말도 안 되는 소리를 늘어놓습니다. 죄가 이렇게 무섭습니다. 하나님도 속일 수 있다고 생각하게 만드는 것이 바로 죄입니다.

창 4:10 이르시되 네가 무엇을 하였느냐 **네 아우의 핏소리가 땅에서부터 내게 호소하느니라**

동생을 죽여놓고 시치미를 떼는 가인에게 하나님께서 "네 아우의 핏소리가 땅에서부터 내게 호소하느니라" 하고 말씀하십니다. 핏소리가 호소한다는 말은 아벨의 피가 하나님께 말하고 있다는 뜻입니다. 이 사건을 히브리서에서는 다음과 같이 말씀합니다.

> 히 11:4 믿음으로 아벨은 가인보다 더 나은 제사를 하나님께 드림으로 의로운 자라 하시는 증거를 얻었으니 하나님이 그 예물에 대하여 증언하심이라 **그가 죽었으나 그 믿음으로써 지금도 말하느니라**

아벨이 죽었으나 그 믿음으로써 지금도 말하고 있다고 합니다. 구약의 창세기에서 "네 아우의 핏소리가 땅에서부터 내게 호소하느니라"고 했던 것을 히브리서에서는 "그가 죽었으나 그 믿음으로써 지금도 말하느니라"고 표현하고 있습니다. 그렇다면 대체 믿음으로써 말하고 있다는 것이 무슨 뜻일까요? 믿음으로써 무엇을 말하고 있는지 알기 위해서는 먼저 믿음이 무엇인지를 알아야 합니다.

> 히 10:39 우리는 뒤로 물러가 멸망할 자가 아니요 **오직 영혼을 구원함에 이르는 믿음을** 가진 자니라

> 벧전 1:9 **믿음의 결국 곧 영혼의 구원을** 받음이라

믿음의 결국은 영혼 구원입니다. 그러므로 믿음으로써 지금도 하고 있는 말은 영혼 구원의 말입니다. "하나님, 내 형 가

> 믿음으로써 하는 말은 영혼 구원의 말이고, 그것이 피의 복음입니다.

인이 실수로 욱해서 나를 돌로 쳐 죽였지만 내 형의 죄를 용서해 주세요. 그리고 그의 영혼을 구원해 주세요!" 이것이 아벨의 피가 하고 있는 말입니다. 이것이 복음입니다.

우리는 어떻습니까? 누군가가 나에게 서운한 말 한마디만 해도 눈을 뒤집어 까면서 "네가 그랬냐? 네가 봤어? 네가 들었어?" 하고 죽이려고 들이댑니다. 아주 사소한 감정에도 사이가 틀어지고 원수가 되어 버리는 것입니다. 믿음의 사람들은 복음으로 사는 사람들입니다. 믿음으로 사는 자, 복음으로 사는 자들은 영혼을 살리는 자입니다.

히 12:24 새 언약의 중보자이신 예수와 및 **아벨의 피보다 더 나은 것을 말하는 뿌린 피니라**

아벨의 피가 말하고 있는데, 예수의 피는 아벨의 피보다 더 나은 것을 말하고 있다고 합니다. 그렇다면 예수의 피는 무엇을 말하고 있을까요? 아벨의 피와 예수의 피는 무엇이 다를까요? 더 나은 것을 말하고 있다고 하는데, 더 나은 것은 구체적으로 어떤 것을 뜻할까요? 아벨은 자기를 돌로 쳐 죽인 자기 형 가인 한 사람의 죄를 용서해 달라고 말하는 것입니다. 그런데 예수님의 피는 모든 사람들의 죄를 용서해 달라고 말하는 피입니다. 그래서 아벨의 피보다 더 나은 것을 말하고 있다고 하는 것입니다.

예수의 피가 오늘도 나를 향해 말하고 있다는 것을 알아야 합니다. 이것을 '피의 복음'이라고 합니다. 예수의 피가 하고 있는 말을 들어야 합니다. 복음은 모든 믿

> 예수 피의 복음을 들을 때
> 나를 구원하시는 하나님의 능력을 경험하게 됩니다.

는 자들에게 구원을 주시는 하나님의 능력이 됩니다. 오늘도 예수 피의 복음을 들을 때 구원의 능력, 나를 구원하시는 하나님의 능력을 경험하게 되는 것입니다.

> **눅 23:34** 이에 예수께서 이르시되 **아버지 저들을 사하여 주옵소서 자기들이 하는 것을 알지 못함이니이다** 하시더라 그들이 그의 옷을 나눠 제비 뽑을새

예수님이 피 흘려 죽어 가면서 하시는 말씀은 "하나님 저들을 용서해 주옵소서!" 하고 자신을 십자가에 못 박아 죽이고 있는 자들을 용서해 달라는 말이었습니다. 이 말씀이 들려야 합니다. 하나님이 나를 얼마나 사랑하시는지, 내가 죄를 짓고 죄책감에 시달리고 있을 때, 죄 때문에 괴로워할 때 지금도 예수님이 말씀하시는 것입니다. 주님의 음성이 들리지 않는 사람은 죄에서 벗어날 수 없습니다. 죄책감에서 벗어날 수가 없는 것입니다. 죄책감 때문에 하나님의 낯을 피하여 숨고, 마음의 문을 닫고, 더 악한 모습으로 삽니다. 그리고 돌아서서 교회를 떠나는 것입니다. 주님은 죄를 지은 우리를 위해서 계속 말씀하십니다. 하나님을 향하여 우리를 위해 중보하시는 것입니다. 그래서 새 언약의 중보자라고 말합니다. 새 언약은 하나님이 나에게 약속하신 언약입니다. 예수님이 그 새 언약을 가지고 우리에게 오신 것입니다.

> 예수님은 나의 죄를 용서해달라고 하나님께 중보하시기 위해 새 언약의 중보자로 오셔서 피의 복음을 말씀하십니다.

히 12:24(쉬운성경) 여러분은 **그의 백성들에게 하나님의 새 언약을 가져다 주신, 예수님께서 계신 곳에 왔습니다.** 여러분은 아벨의 피보다 더 나은 소식을 전해 준, 그리스도의 피에 가까이 나아온 것입니다.

하나님의 새 언약을 우리에게 가져다주신 분이 예수님이십니다. 하나님은 앞으로 새 언약으로만 하나님의 백성들과 관계를 맺겠다고 말씀하셨습니다. 새 언약이 아니면 누구도 하나님의 백성이 될 수 없고, 새 언약이 아니면 하나님과 아무런 관계를 맺을 수 없습니다. 새 언약은 하나님과 나 사이를 이어주는 유일한 언약입니다. 이것이 진짜 복음입니다. 그런데 이런 복음을 알지도 못하고 전하지도 못합니다. 그러니까 한국교회가 망하는 것입니다. 복음의 핵심이 새 언약입니다. 새 언약이 피의 복음입니다.

눅 22:20 저녁 먹은 후에 잔도 그와 같이 하여 이르시되 **이 잔은 내 피로 세우는 새 언약이니 곧 너희를 위하여 붓는 것이라**

예수님의 피로 세워진 최고의 언약이 새 언약입니다. 하나님께서는 오직 새 언약으로만 당신의 백성들과 새롭게 관계를 맺겠다고 하셨는데, 새 언약은 예수의 피로 세워진 것입니다.

요일 1:7 그가 빛 가운데 계신 것같이 우리도 빛 가운데 행하면 우리가 서로 사귐이 있고 **그 아들 예수의 피가 우리를 모든 죄에서 깨끗하게 하실 것이요**

예수의 피로 세워졌다는 것은 예수의 피로 우리의 모든 죄를 깨끗하게 씻어 주신다는 것입니다. 새 언약은 하나님의 아들 예수의 피로 우리의 모든 죄를 깨끗하게 씻어 주시겠다는 언약입니다. 모든 죄를 깨끗하게 씻어 주신 후에 하나님이 우리의 하나님이 되어 주시고 우리는 하나님의 백성이 되게 하시겠다는 것입니다.

히 9:12 염소와 송아지의 피로 하지 아니하고 **오직 자기의 피로 영원한 속죄를 이루사** 단번에 성소에 들어가셨느니라

새 언약은 예수의 피로 우리에게 영원한 속죄를 이루어 주시겠다는 약속입니다. 그리고 하나님의 아들 예수께서 십자가를 지심으로 우리에게 그 약속을 이루어 주셨습니다.

히 10:17 또 **그들의 죄와 그들의 불법을 내가 다시 기억하지 아니하리라** 하셨으니

예수의 피로 우리의 죄를 씻어 주실 뿐만 아니라 일단 예수의 피로 씻겨진 죄는 다시 기억하지 않겠다는 것이 새 언약입니다. 이것은 놀라운 약속입니다. 그러므로 예수의 핏소리가 들려야 합니다. 예수의 핏소리가 들립니까? "내가 내 피로 너의 모든 죄를 깨끗하게 씻어 주겠다!", "내가 너의 죄를 한 번, 두 번만 속죄하는 것이 아니라 영원토록 속죄하겠다!", "내가

> "내가 너의 모든 죄를 내 피로 깨끗하게 씻을 뿐만 아니라, 이미 용서한 죄는 다시 기억하지 않겠다!"

너의 모든 죄를 내 피로 깨끗하게 씻을 뿐만 아니라, 이미 용서한 죄를 다시는 기억하지 않겠다!" 이것이 우리를 향한 예수님의 핏소리입니다.

주님은 우리 한 사람 한 사람을 개인적으로 부르십니다. 아담의 이름을 부르시고 가인의 이름을 부르시고 사울의 이름을 부르신 주님이 지금도 우리 각자의 이름을 부르고 계신 것입니다. "하나님, 아무개의 죄를 용서해 주옵소서!" 나를 위해 하나님을 향해 호소하고 있는 예수님의 핏소리가 들려야 합니다. 이 핏소리가 들리면 누가 뭐라고 하지 않아도 저절로 눈물이 흐릅니다. 주님의 피로 내 죄가 깨끗하게 씻겨지는 것을 내가 느낄 수 있습니다. "사랑하는 내 아들아, 죄 때문에 주눅 들지 말고, 죄 때문에 나를 피하여 숨지 말아라. 더 이상 죄의 종노릇하지 말아라. 내가 너의 모든 죄를 깨끗하게 했을 뿐만 아니라 그 죄를 다시는 기억하지 않겠다! 너를 위해 흘린 나의 피는 영원한 속죄의 피니라…" 예수님의 핏소리가 하나님의 영원한 약속, 새 언약입니다.

> 막 14:24(쉬운말) 그런 뒤, 예수께서 제자들에게 말씀하셨다. **"이 잔은 내 피다. 곧 모든 사람을 위하여 흘리는 새 언약의 피다."**

> 마 26:28(쉬운말) **이것은 새 언약을 표시하는 나의 피다. 곧 많은 사람의 죄를 용서하기 위하여** 흘리는 나의 피다.

예수님의 피는 모든 사람을 위하여 흘리는 새 언약의 피입니다. 예수님의 피는 새 언약을 표시하는 피입니다. 예수의 피가 가리키는 것은 단 하나, 새 언약입니다. 새 언약은 예수의 피로 우리의 죄를 깨끗하게 씻어 주시고 그 죄를 다시는 기억하지 않겠다는 하나님의 약속입니다. 과거와 현재, 미래의 모든 죄까지 단번에 씻어 주시는 피가 예수의 피, 새 언약의 피입니다. 예수의 피로 우리를 죄에서 완전히 구원했으니 다시는 죄 때문에 마귀의 종노릇하지 말고 하나님의 자녀답게 당당하게 살라는 것이 새 언약을 통해 우리에게 이루어 주시고자 하시는 하나님의 뜻입니다.

예수의 피는 지금도 계속해서 우리에게 말하고 있습니다. 이것이 피의 복음입니다. 피의 복음을 듣지 못하면 죄 때문에 낙심하고 죄 때문에 주눅 들고 죄 때문에 좌절합니다. 죄 때문에 넘어지고, 평생 신앙생활을 하면서도 천국의 기쁨을 맛보지 못합니다. 예수의 핏소리를 들어야 합니다. 그럴 때 죄에서 완전한 구원을 얻고 기쁨을 누릴 수 있게 됩니다.

저는 말씀을 준비하면서 얼마나 울었는지 모릅니다. 주님이 말씀하셨습니다. "너는 피가 말하는 것을 들어본 적이 있니?" 주님의 말씀에 "하나님, 잘 모르겠어요. 들려주세요…" 하면서 은혜를 구했는데, 주님의 핏소리가 들리는 것입니다. 주님의 피가 나를 향해 말하고 있는 소리가 뚜렷하게 들렸습니다. 한 번, 두 번만 말하는 것이 아니라 계속해서 하나님을 향해 호소하고 있는 핏소리, 그리고 나를 향해 말씀하고 있는 예수님의 핏소리 때문에 얼마나 마음이 쿵쾅거렸는지 모릅니다. 온 땅이 진동하도록 호소하고 있는 예수님의 핏소리, 온 세상을 가득 채우고 있는 예수님의 핏소리 때문에 지금도 심장이 벌렁벌렁합니다. 이 핏소리를 날마다 듣고 살 수 있기를 주님의 이름으로 축원합니다. 예수의 핏소리를 들어야 우리가 죄에서 자유할 수 있는 것입니다. 죄에서 우리를 완전히 자유하게 하시려고 지금도 예수의 피가 우리에게 말하고 있습니다.

22

땅과 하늘을 흔들겠다

히브리서 12장

히 12:1 이러므로 우리에게 구름같이 둘러싼 허다한 증인들이 있으니 모든 무거운 것과 얽매이기 쉬운 죄를 벗어 버리고 인내로써 우리 앞에 당한 경주를 하며

(쉬운성경) 우리에게는 이렇게 많은 믿음의 증인들이 있습니다. 그들의 삶은 우리에게 믿음이 무엇인지 말해 주고 있습니다. 그러므로 포기하지 말고 우리 앞에 있는 경주를 열심히 합시다. 우리의 삶 속에서 방해가 되는 것들은 다 없애 버리고, 우리를 쉽게 옭아매는 죄를 벗어 버립시다.

앞에서 살펴본 히브리서 11장에는 많은 믿음의 사람들이 등장하고 있습니다. 성경은 그들의 삶을 통해 믿음이 무엇인지를 말해주고 있습니다. 하나님은 사랑하는 자에게 믿음을 주시고, 그 믿음으로 살고 있는지를 날마다 지켜보십니다. 믿음은 하나님이 주시는 것입니다. 우리의 노력으로 절대 가질 수 없는 것이 바로 믿음입니다. 믿음은 하나님께서 특별히 택한 자들에게만 주시는 선물인데, 우리는 하나님이 주시는 믿음에 대해 너무 과소평가하는 경향이 있습니다. 제발 믿음을 과소평가하지 말기를 바랍니다. 믿음은 정말 엄청난 것입니다. 성경은 믿음으로 하지 않는 모든 것이 죄라고 말씀합니다(롬 14:23). 그러니까 믿음이 얼마나 중요한 것입니까! 믿음이 없으면 결코 죄에서 벗어날 수가 없는 것입니다. 믿음이 없으면 아무리 착하고 선한 일을 하더라도 말하는 것, 생각하는 것, 행동하는 것 모두가 다 하나님 앞에 죄일 뿐입니다. 또한 믿음이 없이는 하나님을 기쁘시게 할 수 없습니다(히 11:6). 하나님을 기쁘시게 할 수 있는 것도 오직 믿음뿐입니다.

🍀 믿음이 세상을 이긴다

> 요일 5:4 무릇 하나님께로부터 난 자마다 세상을 이기느니라 **세상을 이기는 승리는 이것이니 우리의 믿음이니라**

세상을 이기게 하는 것도 우리의 믿음입니다. 이것을 믿으십니까? 우리는 성경 구절에 익숙하다 보니까 믿음이 세상을 이긴다고 하는데도 그것이 얼마나 대단한 것인지를 모릅니다. 세상에는 높은 지위와 권력이 있습니다. 돈이 있습니다. 세상에는 많은 정보와 지식이 있습니다. 세상에는 우리의 삶에 영향을 끼칠 수 있는 수없이 많은 것들이 있습니다. 그런데 그 모든 것을 이기고도 남는 것이 바로 '믿음'이라는 것입니다. 이 믿음을 하나님이 우리에게 주셨습니다. 할렐루야! 이것을 알게 되면 기뻐해야 합니다. 춤을 추어야 하는 것입니다. 그런데 우리는 이 믿음을 너무 과소평가하고, 믿음으로 살지 않고, 믿음으로 선포하지 않고, 믿음으로 아무런 일도 하려고 하지 않습니다.

믿음은 그냥 장신구로 달고 다니라고 주신 것이 아닙니다. 책장 속에 진열해 놓고 감상하라고 주신 기념품이 아닙니다. 하나님께서 우리에게 믿음을 주신 이유는 그 믿음으로 살라는 것입니다. 믿음을 보여야 할 때 믿음을 보이면 하나님이 가장 기뻐하시고 친히 역사하십니다. 믿음을 보여야 할 때가 있습니다. 믿음을 보여야 할 때가 옵니다. 인생이 항상 순탄한 것이 아닙니다. 때로는 예수 믿는 사람도 어려움을 당하고 시련을 겪습니다. 시험에 들 만한 상황이 오는 것입니다. 물질이 쪼들려서 궁핍할 때가 있습니다. 생각하지도 못했던 질병이 찾아오기도 합니다. 예상치 못했던 사고를 당하기도 합니다. 때로는 내가 감당할 수 없고 내 힘으로 어찌할 수 없는 일들이 내 삶의 현장에 일어나기도 하는 것입니다. 내 힘으로 안 될 때, 세상의 방법으로 어찌할 수 없을 때, 그때 하나님이 외치십니다. "사랑하는 아들아, 그래서 내가 너에게 믿음을 주었다! 내가 너에게 준 믿음이 어떤 것인 줄 아니? 내가 너에게 준 믿음은 세상을 이기는 것이다!" 말씀이 들립니까? 깨달아져야 합니다. '아, 나에게 주신 믿음은 그저 아무것도 아닌 것이 아니구나. 이런 때를 대비해서 나에게 세상을 이기라고 미리 이 믿음을 주신 것이구나!' 세상을 이기는 것은 오직 하나밖에 없습니다. 바로 하나님이 주신 믿음입니다.

> "사랑하는 아들아,
> 믿음을
> 과소평가하지 말라!
> 내가 너에게
> 믿음을 주었으니,
> 그 믿음으로
> 세상을 이기고 살라!"

하나님이 얼마나 답답해하고 있는지 아십니까? 우리에게 믿음을 주셨는데, 세상에서 어려움을 당하고 환난을 당할까 봐 넉넉하게 세상을 이기라고 '믿음'이라는 어마어마한 선물을 주셨는데, 그 믿음을 과소평가하고 믿음으로 살려고 하지 않고 구석에 처박아 두고서 세상에 주눅 들어 살고 있으니 얼마나 속이 터지겠습니까! 믿음을 주셨으면 믿음으로 살아야 합니다. 하나님이 분명히 믿음을 주셨는데도 그 믿음을 아직도 사용하지 않는 사람들이 많습니다. 하나님은 그것 때문에 안타까워하십니다. 믿음을 과소평가하지 마십시오. 하나님이 주신 믿음은 대단한 것입니다. 세상의 그 어떤 것도 이길 수 없는 것이 우리의 믿음입니다. 세상을 다 준다고 해도 바꿀 수 없는 것이 바로 하나님이 우리에게 주신 믿음입니다. 시험이 오고 문제가 생길 때, 질병이 찾아오고 고통 가운데 신음할 때, 그때 하나님이 내게 주신 믿음을 기억하고 찾아서 그 믿음을 사용할 수 있기를 바랍니다.

🍀 믿음으로 살고자 한다면

히 12:1(쉬운성경) 우리에게는 이렇게 많은 믿음의 증인들이 있습니다. 그들의 삶은 우리에게 믿음이 무엇인지 말해 주고 있습니다. **그러므로 포기하지 말고 우리 앞에 있는 경주를 열심히 합시다.** 우리의 삶 속에서 방해가 되는 것들은 다 없애 버리고, 우리를 쉽게 옭아매는 죄를 벗어 버립시다.

(현대어) 이처럼 수많은 믿음의 사람들이 경기장에 둘러앉아 우리의 경기를 지켜보고 있습니다. 그러니 어떻게 우리가 속도를 늦추거

나 뒤로 물러설 수 있겠습니까? 이제는 다리에 달라붙어서 우리를 넘어지게 하는 죄를 훌훌 털어 버리십시오. 그래서 **하나님께서 우리 앞에 정해 놓으신 이 특별한 경주에 인내를 가지고 달려갑시다.**

믿음을 가진 사람은 세 가지를 기억해야 합니다. 첫째, 포기하지 말고 우리 앞에 있는 경주를 열심히 해야 합니다. 우리는 지금 경주를 하고 있는 것입니다. 무슨 경주를 하고 있습니까? 천국까지 달려가는 신앙의 경주입니다. 경주를 하는 사람이 그냥 멀뚱멀뚱 서 있으면 되겠습니까?

"포기하지 말고 믿음의 경주를 열심히 하라!"

경주를 하는 사람은 달려야 합니다. 우리보다 먼저 경기를 마친 믿음의 선진들이 우리의 경기를 지켜보며 응원하고 있습니다. 그들도 우리와 똑같이 어려움을 견디고 인내로 경주를 마친 사람들입니다. 그들이 우리를 지켜보고 있으니 포기하지 말고 끝까지 신앙의 경주를 마치라는 것입니다. 무엇보다도 포기하지 않는 것이 중요합니다. 그래서 가장 먼저 "포기하지 말고…"라고 말씀하시는 것입니다. 믿음의 사람에게는 포기가 없습니다. 포기한다는 것은 믿음이 없다는 것입니다. 믿음의 반열에서 떨어져 나갔다는 것입니다. "내 사전에 포기란 없다!" 이것을 아예 마음에 새기십시오. 내가 포기할 수 없는 이유는 하나님이 내게 이 문제를 이길 수 있는 믿음을 주셨기 때문입니다.

저도 하나님이 나에게 맡겨주신 주님의 교회 성도들을 포기할 수 없습니다. 주님의 교회를 포기할 수 없습니다. 때로는 어려움이 있지만, 하나님이 그것을 넉넉히 이길 수 있는 믿음을 주셨기 때문에 저는 결코 포기할 수 없습니다. 반드시 세상 어디에도 없는 행복한 교회, 하나님이 기뻐하시는 교회, 하나님이 자랑스러워하시는 교회를 만들 것입니다.

> **히 12:1(쉬운성경)** 우리에게는 이렇게 많은 믿음의 증인들이 있습니다. 그들의 삶은 우리에게 믿음이 무엇인지 말해 주고 있습니다. 그러므로 포기하지 말고 우리 앞에 있는 경주를 열심히 합시다. **우리의 삶 속에서 방해가 되는 것들은 다 없애 버리고,** 우리를 쉽게 옭아매는 죄를 벗어 버립시다.

우리가 신앙생활을 하는 데 방해가 되는 것이 있습니다. '내가 하나님의 축복을 누려야 하는데 방해가 되는 것은 무엇인가? 내가 하나님 앞에 예배자로 서 있어야 하는데 그것을 방해하는 것은 무엇인가? 하나님 앞에 기도하고 싶은데 그것을 방해하는 것은 무엇인가?' 이 모든 것을 찾아서 없애버려야 합니다. "내 삶 속에 들어와서 내 삶을 어지럽히고 더럽히는 모든 것들은 예수의 이름으로 떠나갈지어다!"라고 선포하면서 내 삶을 정돈해야 합니다.

하나님은 사랑이시고 예수님은 섬김의 왕으로 오셨지만, 영적인 면에 있어서는 냉철해야 합니다. 아닌 것을 알면서도 묵인하고 내버려 두어서는 안 됩니다. 쫓아내야 할 것을 쫓아내지 않는 것은 내 인생을 망가뜨리는 지름길입니다. 신앙의 경주를 해야 하는데 나의 발목을 붙들고 늘어지는 것이 있다면 과감하게 떨쳐내야 합니다. 버려야 할 것을 버리지 못하고 인정에 끌려 용납하게 되면, 그것이 내 인생에 오점을 남기는 치명적인 실수가 될 수 있다는 것을 알아야 합니다. 그것이 없어도 하나님은 백 배, 천 배로 주실 수 있는 분입니다.

나에게 가장 필요한 것은 나보다도 하나님이 더 잘 아십니다. 나에게 필요하다면 무엇이든지 넘치게 주실 수 있는 분이 하나님이라는 사실을 믿으시길 바랍니다. 그런데 믿음이 없으니까 이것을 믿지 못하고 작은 것에 끌려다니고 육적인 것, 세상적인 것들을 버리지 못합니다. '이것이 없으면 안 되는데…' 하면서 육적인 눈, 육적인 생각을 버리지 못하고 세상의 것에 발목이 잡혀 믿음의 경주를 제대로 할 수 없는 것입니다. 하나님이 우리에게 주신 믿음은 물질을 초월하는 믿음입니다. 하나님이 우리에게 주신 믿음은 사람에게 매이지 않는 믿음입니다. 그러므로 우리의 삶을 더럽히는 어떤 것도 내버려두지 말고 내 삶을 더럽히는 것, 내 신앙의 경주를 방해하는 것들은 다 내쫓을 수 있기를 바랍니다.

말씀을 준비하면서 나의 삶을 되돌아보았습니다. 그러면서 하나님이 나에게 주신 은혜 때문에 얼마나 감사했는지 모릅니다. 하나님은 저에게 특별한 은혜를 주셨는데, 그것은 물질을 초월하는 믿음입니다. 이제까지 저는 하나님이 주시는 모든 것을 다시 하나님께 바치며 살았습니다. 그런데 그것 때문에 더 어려워지거나 궁핍해진 것이 아닙니다. 자녀들을 키우고 그 자녀들이 시집 장가가서 아들딸을 낳고 살 때까지 조금도 부족함이 없게 하셨습니다. 생각해 보면 제가 얼마나 부자인지 모릅니다. 돈이 많아서 부자가 아닙니다. 내가 쓴 것만이 내 것입니다. 죽으면 1원도 못 가져갑니다. 내가 하늘에 쌓아 둔 것이 내 것입니다. 하나님은 그것이 나를 위한 것이라고 말씀하셨습니다. 그래서 저는 하나님께 물질을 드릴 때마다 그렇게 좋을 수가 없습니

> "믿음의 경주에 방해가 되는 것들을 내쫓으라!"

다. 하나님께 드릴 수 있는 것이 감사하고, 그보다 더 큰 것을 주실 것을 믿기에 감사합니다.

> **히 12:1(쉬운성경)** 우리에게는 이렇게 많은 믿음의 증인들이 있습니다. 그들의 삶은 우리에게 믿음이 무엇인지 말해 주고 있습니다. 그러므로 포기하지 말고 우리 앞에 있는 경주를 열심히 합시다. 우리의 삶 속에서 방해가 되는 것들은 다 없애 버리고, **우리를 쉽게 옭아매는 죄를 벗어 버립시다.**

믿음의 사람들이 가져야 할 또 한 가지 삶의 자세는 우리를 쉽게 옭아매는 죄를 벗어버리는 것입니다. 죄는 한방에 우리를 넘어뜨립니다. 그래서 우리를 옭아매고 있는 죄를 벗어버려야 합니다. 어떻게 벗어버릴 수 있습니까? 주의 이름을 부를 때, 예수 그리스도의 피가 우리를 옭아매고 있는 죄를 없애줍니다. 앞에서 피가 말한다고 말씀드렸습니다. 예수의 피가 나를 씻었습니다. 예수의 피가 내 죄를 깨끗하게 했습니다. 예수의 피가 나를 모든 죄로부터 자유롭게 했습니다. 이것을 믿고 입술로 시인하십시오. 죄가 나를 주장하려고 할 때 그냥 내버려두지 말고 죄를 가지고 나를 옭아매려는 악한 사탄에게 당당하게 선포해야 합니다.

> "우리를 쉽게 옭아매는 죄를 예수의 피로 벗어 버리라!"

히 12:2 믿음의 주요 또 온전하게 하시는 이인 예수를 바라보자 **그는 그 앞에 있는 기쁨을 위하여 십자가를 참으사** 부끄러움을 개의

치 아니하시더니 하나님 보좌 우편에 앉으셨느니라

(새번역) 믿음의 창시자요 완성자이신 예수를 바라봅시다. **그는 자기 앞에 놓여 있는 기쁨을 내다보고서, 부끄러움을 마음에 두지 않으시고, 십자가를 참으셨습니다.** 그리하여 그는 하나님의 보좌 오른쪽에 앉으셨습니다.

믿음으로 살고자 하는 사람들은 믿음의 창시자요 완성자이신 예수님을 바라보아야 합니다. 예수님은 어떻게 십자가를 참으셨을까요? "그 앞에 있는 기쁨을 위하여" 십자가를 참으셨습니다. 새번역 성경을 보면 "자기 앞에 놓여 있는 기쁨을 내다보고서" 십자가를 참았다고 말씀합니다. 지금은 힘들어도 하나님이 내 앞에 준비해 놓으신 축복이 있음을 믿으시길 바랍니다. 내 앞에 있는 기쁨을 내다볼 수 있기를 바랍니다.

> "믿음의 주 예수를 바라보고 내 앞에 있는 기쁨을 위해 십자가를 참으라!"

하나님은 저에게 제 앞에 있는 기쁨을 보여주셨습니다. 주님의 성전이 가득 차서 놀랍게 부흥 성장하는 것을 보여주셨습니다. 성도들이 기쁨으로 행복하게 예배드리는 모습을 보여주셨습니다. 이 글을 읽는 여러분도 하나님이 나를 위해 준비하시고 예비하신 기쁨을 볼 수 있기를 원합니다. 믿음으로 살면, 내가 절망하고 걱정하는 그 순간에 하나님께서 내 앞에 있는 기쁨을 보여주십니다. 그래서 십자가를 참을 수 있는 것입니다. 어떤 고난도 견딜 수 있는 것입니다.

"그는 그 앞에 있는 기쁨을 위하여…" 여기에 자신의 이름을 한 번 넣어보십시오. 하나님이 주시는 은혜와 위로가 넘칠 것입니다. 내가 내 앞에 있는 기쁨을 위하여 할 일은 한 가지, 십자가를 참는 것입니다. 예수님은 그 앞에 있는 기쁨을 위하여 날카롭게 찌르는 가시관, 십자가에 못 박힘, 창에 찔림, 살갗이 터지는 모진 채찍질, 벌거벗겨짐, 침 뱉음과 같은 모든 수치와 아픔을 참으셨습니다. 예수님 앞에 놓여 있는 기쁨이 무엇이었기에 이 모든 고통과 수치와 모욕을 참을 수 있었을까요? 그것은 바로 우리의 영혼을 구원하는 것이었습니다. 할렐루야! 나의 영혼을 죄에서 구원하시는 그 기쁨을 위해 그 모든 고통을 참으신 것입니다.

> 잠 12:16 미련한 자는 당장 분노를 나타내거니와 **슬기로운 자는 수욕을 참느니라**

내 안에 화가 있는 사람이 있습니다. 그러면 하나님이 예비하신 축복을 받을 수 없습니다. 한순간에 나락으로 떨어지고 비참한 인생을 살게 되는 것입니다. 미련한 자는 당장 분노를 나타내지만, 슬기로운 자는 수욕을 참습니다. 하나님이 내 앞에 두신 기쁨을 내다보고서 참습니다. 내 안에 분노가 올라올 때 "예수의 이름으로 명하노니 분노의 영은 떠나갈지어다!" 하고 선포할 수 있기를 바랍니다.

> 잠 19:11 노하기를 더디 하는 것이 사람의 슬기요 허물을 용서하는 것이 자기의 영광이니라

> 잠 22:24 노를 품는 자와 사귀지 말며 울분한 자와 동행하지 말지니

> 잠 29:22 노하는 자는 다툼을 일으키고 성내는 자는 범죄함이 많으니라

교회는 죄인 된 우리를 위해 십자가를 지신 예수 그리스도께서 머리로 계시는 곳입니다. 그런데 교회 안에서 함부로 말하고 사람들에게 함부로 하는 자들이 있습니다. 교회는 세상이 아닙니다. 세상에서 하던 버릇대로 자신이 왕 노릇 하면서 사람들을 자기 뜻대로 휘두르려고 하면 안 됩니다. 우리는 예수 믿는 사람입니다. 이것을 잊으면 안 됩니다.

> 약 1:4 인내를 온전히 이루라 이는 너희로 온전하고 구비하여 조금도 부족함이 없게 하려 함이라

주님은 자기 앞에 있는 기쁨을 위하여 십자가의 고통을 참으셨습니다. 예수님은 수많은 영혼이 죄에서 구원받아 주께로 돌아올 것을 바라보면서, 그 기쁨을 위하여 수치와 고통을 참으신 것입니다. 깨달았다면, 아주 작은 것부터 실천해 볼 수 있기를 바랍니다. 화가 날 때, 그냥 벌컥 화를 내기보다 한번 참을 수 있다면 하나님이 내 앞에 두신 축복과 기쁨을 경험하게 될 것입니다.

♣ 땅과 하늘이 뒤흔들릴 때

> 히 12:25-29 너희는 삼가 말씀하신 이를 거역하지 말라 **땅에서 경고하신 이를 거역한 그들이 피하지 못하였거든 하물며 하늘로부터 경고하신 이를 배반하는 우리일까보냐** 그때에는 그 소리가 땅을 진동

하였거니와 이제는 약속하여 이르시되 내가 **또 한 번 땅만 아니라 하늘도 진동하리라** 하셨느니라 이 또 한 번이라 하심은 **진동하지 아니하는 것을 영존하게 하기 위하여 진동할 것들 곧 만드신 것들이 변동될 것을 나타내심이라 그러므로 우리가 흔들리지 않는 나라를 받았은즉** 은혜를 받자 이로 말미암아 경건함과 두려움으로 하나님을 기쁘시게 섬길지니 우리 하나님은 소멸하는 불이심이라

(현대인) 여러분은 말씀하시는 분을 거역하지 마십시오. **땅에서 하나님의 말씀을 전한 모세를 거역하고도 벌을 받았는데 하물며 하늘에서 말씀하시는 하나님을 거역한다면 어떻게 그 벌을 피할 수 있겠습니까?** 그때에는 그분의 음성으로 땅을 뒤흔들었지만 이제는 그분이 이런 약속을 하셨습니다. '내가 **한 번 더 땅뿐만이 아니라 하늘까지 뒤흔들어 놓겠다.**' 그런데 '한 번 더'라는 말씀은 **흔들리지 않는 것들을 그대로 남기기 위해서 흔들리는 것들 곧, 창조된 것들을 모두 없애 버리는 것을 가리킵니다. 우리는 흔들리지 않는 나라를 받았으니** 감사하며 경건하고 두려운 마음으로 하나님을 섬겨 그분을 기쁘게 해 드립시다. 우리 하나님은 소멸하는 불이십니다.

개역개정 성경의 표현이 어렵게 느껴질 수 있어서 좀 더 쉽게 현대인의 성경으로 함께 본 것입니다. 하나님께서 시내산에 강림하여 모세에게 말씀하셨을 때 온 산이 크게 진동했습니다. 그런데 하나님께서 땅뿐만이 아니라 하늘까지 뒤흔드시는 때가 한 번 더 온다는 것입니다. 왜 흔드신다고 하셨습니까? 흔들리지 않는 것들을 그대로 남겨두기 위해서 흔들리는 모든 것들을 멸하시려고 흔드신다는 것입니다. 하나님이 흔드시는 그때에는 이 땅에 창조된 모든 것들이

다 없어집니다.

그런데 우리는 무엇을 받았다고 합니까? 흔들리지 않는 나라를 받았다는 것입니다. 하나님께서 하늘과 땅을 뒤흔드시는 그때에, 이 세상에 속한 모든 피조물은 없어지는데 우리는 흔들리지 않는 나라를 받았으니 얼마나 행복한 것입니까! 우리는 흔들리지 않는 구원을 받았습니다. 무엇으로 받았습니까? 흔들리지 않는 믿음으로 받은 것입니다. 우리가 받은 구원과 죄 사함이 흔들리지 않기를 바랍니다. 우리가 받은 복음이 흔들리지 않기를 바랍니다. 우리는 흔들리지 않는 하나님의 나라를 받았습니다. 흔들리는 모든 것은 하나님께서 다 쓸어버리십니다. 하나님께서 우리에게 세상을 이기는 믿음을 주셨으니, 흔들리지 말고 우리가 받은 구원, 우리가 받은 죄 사함, 우리가 가야 할 천국을 향해 달려갈 수 있기를 바랍니다.

> "흔들리지 않는 복음을 흔들리지 않는 믿음으로 믿어 흔들리지 않는 구원과 복과 천국을 받으라!"

23
영원토록 동일하신 예수 그리스도

히브리서 13장

히 13:8 예수 그리스도는 어제나 오늘이나 **영원토록 동일하시니라**

히 13:20 양들의 큰 목자이신 우리 주 예수를 영원한 언약의 피로 죽은 자 가운데서 이끌어 내신 평강의 하나님이

(쉬운말) 영원한 언약의 피를 흘림으로써 모든 양들의 큰 목자가 되신 우리 주 예수 그리스도를 죽은 자들 가운데서 다시 살리신 평강의 하나님께서

'예수 그리스도'를 아십니까? 하나님은 특별한 자에게만 예수 그리스도를 알게 하시고 보여 주시고 믿게 하십니다. 그래서 바울은 예수 그리스도를 '하나님이 감추어 놓은 비밀'이라고 표현했습니다.

🍀 감추어진 비밀 예수 그리스도

> 골 1:26-27 이 비밀은 만세와 만대로부터 감추어졌던 것인데 이제는 **그의 성도들에게 나타났고** 하나님이 그들로 하여금 이 비밀의 영광이 이방인 가운데 얼마나 풍성한지를 알게 하려 하심이라 **이 비밀은 너희 안에 계신 그리스도시니** 곧 영광의 소망이니라

하나님이 감추어 놓으셨던 비밀은 우리 안에 계신 그리스도입니다. 그 비밀이 이제는 그의 성도들에게 나타났다고 성경은 말합니다. 하나님은 하나님의 비밀을 아무에게나 가르쳐주시지 않습니다. 오직 하나님께서 택한 성도들에게만 나타내 알게 하시는 것입니다. 바울도 성경에 대한 해박한 지식을 가지고 있던 사람이었습니다. 그런데도 그는 예수 그리스도를 몰랐습니다. 성경 전체는 예수 그리스도를 말하고 있는데, 성경을 잘 알고 있는 최고의 율법 학자 밑에서 교육을 받았는데도 예수 그리스도를 알지 못했던 것입니다. 예수 그리스도를 몰랐기 때문에 그는 예수 믿는 사람들을 핍박하고 잡아 죽이는 데 앞장섰습니다. 그러다가 예수를 만난 후에 그의 인생이 180도 달라졌습니다.

> 행 18:5 실라와 디모데가 마게도냐로부터 내려오매 **바울이 하나님의 말씀에 붙잡혀 유대인들에게 예수는 그리스도라 밝히 증언하니**

바울이 어떻게 바뀌었느냐 하면, 예수 믿는 사람들을 이단 취급하면서 증오하고 그들을 죽이려고 혈안이 되어 있던 사람이었는데 도리어 본인이 예수가 그리스도라고 밝히 증언하는 사람이 된 것입

니다. 그것도 예수를 십자가에 못 박아 죽였던 자기 동족 유대인들에게 그렇게 전한 것입니다.

바울이 살던 당시에는 예수가 그리스도라고 전하는 것은 목숨을 걸지 않고는 할 수 없는 일이었습니다. 직장을 잃고 사회적으로 매장당하는 것은 물론이려니와 감옥에 가거나 매를 맞거나 심하면 목숨까지도 잃어버릴 각오를 하지 않고서는 예수를 전할 수 없었습니다.

그런데 어떻게 바울이 예수는 그리스도라고 담대히 전할 수 있었을까요? 바울이 하나님의 말씀에 붙잡혔기 때문입니다. 이처럼 말씀에 붙잡히는 것이 중요합니다. "주여, 오늘도 주의 말씀으로 나를 정복하여 주옵소서!" 이러한 기도가 날마다 우리에게 있기를 바랍니다. 말씀에 붙잡히지 않으면 언제나 귀신이 일하는 대로 놀아날 수밖에 없습니다. 불에 던지면 불에 들어가고 물에 던지면 물에 들어갑니다. 귀신이 내 안에서 장난치고 있을 때 그것을 용납해서는 안 됩니다. 내 안에서 일하는 귀신을 쫓아내는 방법이 무엇입니까? 말씀이 들어와야 귀신이 떠나갑니다. 말씀에 정복당하면 귀신이 더 이상 역사할 수 없습니다. 아무리 잘난 척하고 겉으로 우아한 척, 고상한 척 폼을 잡아도, 영적으로 보면 그 안에 귀신이 일하고 있는 사람이 얼마나 많은지 모릅니다.

왜 그렇게 귀신에게 농락당하고 귀신에게 인생을 맡겨서 이리저리 끌려다닙니까! 귀신에게 붙잡히지 말고 말씀에 붙잡혀야 합니다. 바울을 보면 하나님의 말씀에 대한 지식이 얼마나 많았습니까? 최고의 율법 선생 가말리엘 밑에서 엄격한 교육을 받았고 그 당시에는 지성

> "주여, 오늘도 주의 말씀으로 나를 정복하여 주셔서 내 입술로 예수는 그리스도라 말하게 하옵소서!"

인 중의 지성인이었습니다. 그런데 그 많은 지식을 가지고도 예수 그리스도를 몰라서 귀신이 역사하는 대로 예수 믿는 사람들을 핍박했습니다. 그래서 바울은 고린도전서에 이렇게 기록한 것입니다.

> 고전 8:1 우상의 제물에 대하여는 우리가 다 지식이 있는 줄을 아나 **지식은 교만하게 하며** 사랑은 덕을 세우나니

지식은 사람을 교만하게 합니다. 그래서 말씀이 지식을 넘어 경험되어야 합니다. 오늘날 한국 교회에는 말씀을 지식으로 가지고 있는 사람들이 얼마나 많은지 모릅니다. 성경 공부를 하고 성경 고사를 치르면서 말씀에 대한 지식이 아주 많아졌습니다. 그래서 어지간한 말씀은 다 아는 말씀이라고 하면서 들으려고 하지 않습니다. 심지어 '우리 목사님은 무엇을 아네, 모르네' 하면서 목사님의 설교 수준을 판단하는 지경에 이르렀습니다.

말씀이 지식에 머물러 있으면 안 됩니다. 그래서 기도해야 하는 것입니다. "주여, 말씀이 지식을 넘어 경험되게 하시고, 말씀이 지식을 넘어 생명 되게 하시고, 말씀이 지식을 넘어 능력 되게 하옵소서!" 말씀을 들을 때마다 이렇게 먼저 기도할 수 있기를 바랍니다. 말씀이 능력 되지 못한다면 말씀을 모르는 것입니다. 말씀이 생명 되지 못한다면 진짜 말씀을 들은 것이 아닙니다. 바울도 말씀에 대한 지식이 얼마나 많았는지 모릅니다. 고린도 교회 성도들도 말씀에 대한 지식은 많았다고 하지 않았습니까? 우상을 섬기는 제물에 대하여 무엇을 먹으면

> "말씀이 지식을 넘어 경험되게 하시고, 생명 되게 하시고, 능력 되게 하옵소서!"

되고 무엇을 먹으면 안 되고 하는 지식은 많았다는 것입니다. 그런데 정작 하나님의 뜻이 어디에 있는지는 알지 못했습니다.

바울도 마찬가지입니다. 말씀에 대한 지식은 많았지만, 하나님의 뜻을 알지 못했기에 예수 믿는 사람들을 핍박하고 잡아 죽이려고 혈안이 되어 날뛰었던 것입니다. 그랬던 그가 진짜 말씀에 붙잡히게 되었습니다. 말씀에 붙잡혔다는 말은 성령에 붙잡혔다는 말입니다. 성령에 붙잡힌 사람은 그 입에서 예수 그리스도가 나오기 마련입니다. 그래서 말씀에 붙잡힌 바울이 자기 동족 유대인들에게 예수가 그리스도라고 외치기 시작하였습니다.

> **행 18:5** 실라와 디모데가 마게도냐로부터 내려오매 **바울이 하나님의 말씀에 붙잡혀 유대인들에게 예수는 그리스도라 밝히 증언하니**

예전에는 "이것을 하라!", "이것을 하지 말아라!", "이것은 먹어도 된다!", "저것은 먹으면 안 된다!" 하고 가르칠 것이 많았습니다. 하지만 진짜 말씀에 붙잡히니까 "예수는 그리스도라!" 하는 것 외에 달리 할 말이 없었습니다. 그것이 전부이기 때문입니다. 그리스도가 무엇입니까?

> **요 1:41** 그가 먼저 자기의 형제 시몬을 찾아 말하되 우리가 메시아를 만났다 하고 **(메시아는 번역하면 그리스도라)**

그리스도는 메시아입니다. 그 당시 유대인들은 메시아를 기다리고 있었습니다. 구약 성경을 통해 하나님께서 이스라엘을 구원할 메시아를 보내주시겠다고 말씀하셨기 때문입니다. 그런데 정작 예수께서 그리스도 곧 메시아라는 사실은 몰랐던 것입니다. 그러니까 이 사실을 먼저 깨달은 바울이 얼마나 답답했겠습니까! 그들이 그렇게 기다리고 있던 메시아가 이 땅에 오셨는데, 그들은 그것을 알지 못하고 오히려 예수를 십자가에 못 박았으니 말입니다.

그래서 바울은 안타까운 마음으로 "예수는 그리스도입니다! 예수가 바로 우리가 그토록 기다렸던 메시아입니다!" 이렇게 외친 것입니다. 여러 가지 말을 할 필요가 없습니다. 쓸데없이 내 생각을 덧붙이거나 내 말을 섞을 필요가 없습니다. 그저 "예수는 그리스도입니다!"라고 말하면 되는 것입니다.

바울이 예수가 그리스도라고 전했을 뿐인데, 그것을 들은 앉은뱅이가 자리에서 일어났고 병자들이 병 고침을 받았습니다. 여기저기에서 하나님의 역사가 나타난 것입니다. 바울이 "예수는 그리스도입니다!"라고 외쳤던 그 현장이 바로 하나님께서 역사하신 현장이 된 것입니다. 내 삶의 현장이 하나님께서 역사하시는 현장이 되어야 합니다. 내가 예수를 믿는다면 내가 가는 곳마다 놀라운 하나님의 역사가 나타나야 하지 않겠습니까? 그런데 왜 내가 가는 곳에 다툼이 일어나고, 분쟁이 일어납니까? 왜 내 삶의 현장을 귀신이 판을 치는 현장이 되도록 방치하고 있습니까? 이제는 더 이상 마귀의 장난질에 놀아나서는 안 됩니다.

"주여, 내 삶의 현장이 하나님께서 역사하시는 현장이 되게 하옵소서!" 이것은 제가 항상 눈물로 기도하는 기도 제목입니다. "주여, 주님의 교회가 언제나 하나님이 역사하시는 현장이 되게 하옵소서!" 저는 정말로 처절하게 하나님께 매달려

> "주여, 내 삶의 현장이 하나님께서 역사하시는 현장이 되게 하옵소서!"

기도합니다. "강단에서 선포되는 말씀을 들을 때 병자들이 낫게 하시고, 귀신이 떠나가게 하시고, 모든 사탄의 결박이 풀어지게 하옵소서!" 이렇게 성도들도 교회를 위해, 그리고 목사님을 위해 기도해야 합니다. 그럴 때 기적이 일어나는 것입니다. 하나님의 역사가 나타나는 것입니다. 진짜 살아 있는 교회는 하나님의 역사하심이 나타나는 교회입니다. 하나님의 살아 계심이 드러나는 교회입니다. "예수가 그리스도다!" 이것을 선포하기 시작하면 하나님의 역사가 나타나는 것입니다. 바울이 쓰던 손수건을 얹었을 뿐인데, 귀신이 떠나가고 병자가 고침을 받지 않았습니까? 앞으로 우리 교회에도 이런 역사가 일어날 줄 믿습니다.

바울에게 나타난 예수 그리스도

> 행 22:3-8 나는 유대인으로 길리기아 다소에서 났고 이 성에서 자라 **가말리엘의 문하에서 우리 조상들의 율법의 엄한 교훈을 받았고** 오늘 너희 모든 사람처럼 **하나님께 대하여 열심이 있는 자라 내가 이 도를 박해하여 사람을 죽이기까지 하고 남녀를 결박하여 옥에 넘겼노니** 이에 대제사장과 모든 장로들이 내 증인이라 또 내가 그들에게서 다메섹 형제들에게 가는 공문을 받아 가지고 거기 있는 자들도 결박하여 예루살렘으로 끌어다가 형벌 받게 하려고 가더니 가는 중 다메섹에 가까이 갔을 때에 오정쯤 되어 홀연히 하늘로부터 큰 빛이 나를 둘러 비치매 내가 땅에 엎드러져 들으니 소리 있어 이르되 **사울아 사울아 네가 왜 나를 박해하느냐** 하시거늘 내가 대답하되 **주님 누구시니이까** 하니 이르시되 **나는 네가 박해하는 나사렛 예수라** 하시더라

바울은 가말리엘이라는 유명한 율법 선생 밑에서 철저하게 율법 교육을 받았던 사람입니다. 누구보다도 하나님을 열심히 섬기면서 자기가 이단으로 생각했던 예수 믿는 사람들을 핍박했습니다. 그런데 그들을 잡으려고 다메섹으로 가던 길에 예수 그리스도를 만났습니다.

늘 똑같은 날이 아닙니다. 하나님이 나를 찾아오시는 어느 날, 하나님이 나를 만나주시는 어느 날, 하나님의 은혜를 입지 않으면 안 되는 어느 날이 있습니다. 혹시라도 오늘 상처 받은 일이 있다면, 오늘 무슨 문제를 안고 있다면, 사람의 방법으로 안 되고 세상의 방법으로 해결할 수 없는 어려움을 가지고 있다면 오늘이 바로 주님을 만나야 하는 날인 줄 믿으시길 바랍니다. 지식으로 예수님을 아는 것은 아무 소용 없습니다. 살아 계신 그리스도를 만나야 합니다.

"주님, 내가 주님을 만나기 원합니다! 주님, 내가 주님을 경험하길 원합니다. 주님, 나를 만나주옵소서!" 이렇게 간절한 마음으로 주님을 찾으면, 하나님의 은혜를 경험하는 '어느 날'을 맞이하게 될 줄 믿습니다. 우리가 인생을 살면서 여러 날을 수없이 만나고 만나지만, 날이라고 다 똑같은 날이 아닙니다. 이날은 바울의 인생에서 잊을 수 없는 날이 되었습니다. 우리에게도 이처럼 어느 날이 있다는 것을 믿으시길 바랍니다. '하나님이 나를 축복하시는 어느 날이 있다. 하나님이 나를 크게 쓰시는 어느 날이 온다!' 이것을 믿고 기대하십시오. '오늘은 나에게 주신 새날이다! 오늘은 어제와 똑같은 날이 아니라 어제와는 전혀 다른 새날이다!' 하루를 시작할 때 이것을 마음에 새기시길 바랍니다. 오늘을 어제와 똑같은 날로 보내서는 안 됩니다. 오늘

> "오늘이 새날, 하나님께서 축복하시는 날, 주의 음성이 들리는 날이 되게 하옵소서!"

이 새날이 되기를 바랍니다. 오늘은 내가 잊을 수 없는 하나님의 은혜를 입는 날, 오늘은 한 번도 경험하지 못했던 주님의 음성을 듣는 날, 오늘은 내가 주님을 만나는 날이 되어야 합니다. 그날은 바울에게 그러한 날이었습니다. 그동안 한 번도 경험하지 못했었는데, 갑자기 하늘에서 큰 빛이 내리쬐더니 "사울아, 사울아!" 하고 그를 부르시는 주님의 음성이 들려왔습니다. 부디 이러한 주님의 음성을 들을 수 있기를 바랍니다.

아무리 능력이 있는 목사라도 성도들을 180도 달라지게 만들지 못합니다. 아무리 사랑하는 자기 자식이라 할지라도 성질머리 하나 바꿀 수 없습니다. 내 마음대로, 내 뜻대로 안 되는 것입니다. 그런데 주님이 한번 말씀하시면, 주님의 음성이 나에게 들리면 내 인생이 달라집니다. 누구도 바울의 인생을 바꿀 수 없었는데, 누구도 예수 믿는 사람들을 죽이려고 달려가는 바울의 발걸음을 멈출 수 없었는데, 주님의 음성이 하늘에서 들려왔습니다. 그리고 그를 부르시는 주님의 음성이 그의 인생을 송두리째 바꾼 것입니다.

교회를 20년, 30년을 다녀도 예수를 지식으로만 알고 있으면 교회를 안 다니는 사람과 마찬가지입니다. 오히려 속은 그보다도 더 악할 수 있습니다. 제발, 예수를 지식으로만 알고 있지 마시고 주님을 만나 경험하게 되기를 바랍니다. 주님은 반드시 사랑하는 자들을 찾아오십니다. 지금도 찾아오셔서 나를 부르고 있다는 걸 깨달아야 합니다. "사울아, 사울아!" 하고 사울의 이름을 부르셨던 하나님이 오늘 우리들을 부르고 계십니다. "나는 네가 어떤 어려움을 당하고 있는지, 어떤 갈등과 문제를 안고 있는지 잘 알고 있다. 그래서 내가 너를 부른 것이다. 사랑하는 자야, 내 말이 들리느냐?"

우리의 삶에는 우연이 없습니다. 이 글을 읽고 있는 것 자체가 하나님이 사랑하신다는 뜻이요 하나님이 나를 부르고 계시는 증거라는 걸 믿으시길 바랍니다. 복음은 아무에게나 열어주시는 것이 아닙니다. 하나님이 특별히 사랑하는 자, 택한 자에게 보게 하시고 알게 하시고 믿게 하시는 것입니다.

저는 날마다 주님의 음성을 듣습니다. 그래서 지금까지 제가 목회를 할 수 있는 것입니다. 힘들고 어려울 때마다, 사람의 힘으로 안 되고 세상의 방법으로 안 되는 일들에 부딪힐 때마다 내 안에서 나와 함께하시는 하나님이 나에게 세밀한 음성을 들려주십니다. 나는 절망할 수밖에 없는데, 나를 사랑하시는 하나님이 나를 그대로 내버려 두시지 않으시고 꼭 주의 음성을 들려주십니다. "사랑하는 종아, 그래서 내가 있지 않니? 그래서 내가 너의 하나님이란다."

저는 이 음성을 수백 번도 더 들었습니다. 너무 힘들어서 주저앉아 있는데, 때로는 엘리야가 로뎀 나무 아래에서 죽기를 자청했던 것처럼 "하나님, 나도 장기금식을 다섯 번이나 하면서 목숨을 걸고 목회 한번 성공시키겠다고 하나님께 모든 것을 올인하고 여기까지 달려왔는데, 이게 뭡니까! 나라를 사랑하는 마음으로 애국 운동하는 것이 뭐가 잘못되었다고…나라가 공산주의 국가가 되는 것만은 막아야겠기에 기독교인들이라도 깨어서 나라를 지켜야 한다고 외친 것이 무엇이 잘못되었다고 교인들이 다 떠나가는 것입니까! 나에게 목회를 하지 말라고 이러시는 겁니까? 애국 운동도 해야겠지만 저에게는 양들이 있어야 합니다. 양이 없는 목자가 어디 있습니까? 성도가 없는 목사가 어디 있습니까? 이렇게 살 바에야 차라리 죽고 싶습니다!" 하고 하나님께 호소했던 적도 있었습니다. 엘리야의 심정이 너무나 이해가 되었습니다. 그런데 그때도 주님이 세밀하게 음성을 들려주셨습니다. "얘야, 그래서 내가 있지 않니? 아무것도 염려하지 말아라. 하나님을 믿으니 또 나를 믿으라!"(요 14:1) 정말 신기한 일입니다. 성경을 보면 말씀 하나하나가 살아서 튀어나와 나를 위로하는 것입니다. 말씀이 지식이 아니라 살아서 역사하시는 능력의 말씀으로 임하게 되기를 주의 이름으로 축원합니다.

주의 음성을 들을 때는 두 가지를 꼭 기억하십시오. 첫 번째는 "멈추라!"는 것입니다. 주의 음성을 들으면 즉각적으로 그 자리에 멈추어야 합니다. 그대로 가면 위험하기 때문에, 그 길이 잘못된 길이고 죄악의 길이기 때문에 멈추라고 주님께서 음성을 들려주시는 것입니다. 멈추어야 할 때 멈추지 못하고 브레이크가 고장 난 자동차처럼 달려가면 죽는 것입니다.

두 번째는 "세우라!"는 것입니다. 주의 음성을 들으면 하나님 앞에 나를 세워야 합니다. 내가 나에게 가장 잘한 일은 나를 하나님 앞에 세우는 것입니다. 영적인 세계를 볼 수 없는 사람들은 이해하지 못하지만, 나를 하나님 앞에 세울 때 내 영혼이 춤추며 기뻐하는 것입니다. 우리는 하루하루를 무감각하게 살아갑니다. 그러나 내 영혼은 나 자신을 향해 울부짖고 있습니다. "제발 나를 하나님 앞에 세워다오! 나를 세상으로 끌고 가지 말고, 육체의 욕심을 따라 나를 끌고 가지 말고, 제발 나를 하나님 앞에 세워다오!" 세상으로 끌고 가면 우리의 영혼은 세상에 종노릇합니다. 육체의 욕심을 따라 끌고 가면 우리의 영혼은 육신에 종노릇합니다. 마귀에게 종노릇하며 사는 것입니다. 그래서 우리의 영혼은 세상에, 육신에 끌려가지 않으려고 몸부림치면서 울부짖습니다. "제발 나를 하나님 앞에 세워다오!" 주님의 음성을 들을 때, 가던 길을 멈추시고 나를 하나님 앞에 세울 수 있기를 바랍니다. 그때 내 인생이 달라지는 것입니다. 바울의 인생이 어떻게 바뀌었습니까?

> 빌 3:4-9 그러나 나도 육체를 신뢰할 만하며 만일 누구든지 다른 이가 육체를 신뢰할 것이 있는 줄로 생각하면 나는 더욱 그러하리니 나는 팔일 만에 할례를 받고 이스라엘 족속이요 베냐민 지파요 히브리인 중의 히브리인이요 **율법으로는 바리새인이요 열심으로는 교회를 박해하고 율법의 의로는 흠이 없는 자라** 그러나 무엇이든지 내게 유익하던 것을 내가 그리스도를 위하여 다 해로 여길뿐더러 또한 **모든 것을 해로 여김은 내 주 그리스도 예수를 아는 지식이 가장 고상하기 때문이라 내가 그를 위하여 모든 것을 잃어버리고 배설물로 여김은 그리스도를 얻고 그 안에서 발견되려 함이니 내가 가진 의는 율법에서 난 것이 아니요 오직 그리스도를 믿음으로 말미암은 것이**니 곧 믿음으로 하나님께로부터 난 의라

바울은 하나님의 말씀에 대해서 해박한 지식이 있었으나 예수 그리스도를 몰랐습니다. 그래서 나중에 예수를 만난 후에 이렇게 고백하는 것입니다. '내가 이제껏 살아왔던 모든 삶, 이제까지 경험했던 모든 것, 알고 있던 모든 지식, 이 모든 것들이 예수 그리스도를 발견하고 알아가는 데 있어서 방해가 되었구나!' 바울은 예수 그리스도를 알아가는 데 있어서 방해가 되는 것들이 있다면 그 모든 것들을 배설물, 쓰레기와 같이 여기겠다고 결심하고 가차 없이 버렸습니다. 조금의 미련이나 아쉬움도 두지 않았습니다. 배설물을 버리는데 아까워하는 사람이 있습니까? 조금이라도 빨리, 멀리 버리고 싶은 것이 배설물 아닙니까? 바울은 예수 그리스도를 아는 데 있어서 방해가 되는 모든 것들을 그렇게 여겼습니다. 오직 예수 그리스도만을 얻고 싶었기 때문입니다. 그리고 마침내 예수 그리스도를 소유하게 되었습니다.

예수 그리스도를 모르고 자기의 의를 드러내며 살 때는 실컷 떠들고 나서도 뭔가 찜찜한 기분이 들었습니다. 돌아서면 어딘가 모르게 허전했습니다. 어딘지 모르게 마음이 어두웠습니다. 그런데 예수 그리스도를 드러내고 자랑할 때는 자기 안에 기쁨이 넘쳐나는 것입니다. 이제까지 성경 지식을 배워서 사람들에게 가르칠 때는 어떠한 하나님의 역사하심도 경험할 수 없었는데, "예수는 그리스도라!"고 말했을 뿐인데 바울의 발걸음이 닿는 곳곳마다 하나님이 역사하시는 현장이 되었던 것입니다.

앞으로는 우리의 삶의 현장이 하나님께서 역사하시는 현장이 되기를 주의 이름으로 축원합니다. 하나님의 역사하심은 교회 안에만 머무르는 것이 아닙니다. 교회에서만 하나님의 역사하심이 나타나는 것이 아닙니다. 내가 가는 그곳이 바로 하나님이 역사하시는 현장이 되어야 합니다. 왜 하나님이 내 안에 있다고 하는데 내가 가는 그곳에 하나님의 역사하심이 나타나지 않는 것입니까? 내 안에 있는 예수 그리스도를 나타내지 않았기 때문입니다. 내 말을 하고 나를 드러냈을 뿐, 내 안에 계신 예수 그리스도를 말하고 나타내지 못했기 때문입니다. 왜 10년, 20년, 30년을 교회에 다니면서도 예수가 그리스도라고 떳떳하게 말하지 못합니까? 예수가 그리스도라는 것을 경험하지 못했기 때문입니다. 경험하지 못했을 뿐만 아니라, 예수가 그리스도라는 것이 무슨 뜻인지도 제대로 알지 못합니다. '예수는 그리스도'라는 것은 '예수는 메시아'라는 뜻입니다.

❀ 예수는 하나님의 아들 그리스도

마 16:16 시몬 베드로가 대답하여 이르되 주는 그리스도시요 살아

계신 하나님의 아들이시니이다

베드로는 예수가 그리스도라고 하면서 '하나님의 아들'이라고 하나의 수식어를 덧붙였습니다. 예수는 '하나님의 아들', 그리스도라는 것입니다. 예수 그리스도를 경험하면 내 삶의 현장이 하나님께서 역사하시는 현장이 됩니다.

> 마 1:21 아들을 낳으리니 이름을 예수라 하라 이는 그가 자기 백성을 그들의 죄에서 구원할 자이심이라 하니라

예수는 하나님께서 자기 백성을 그들의 죄에서 구원하시려고 '하나님의 아들'로 보낸 그리스도입니다.

> 마 7:21 나더러 주여 주여 하는 자마다 다 천국에 들어갈 것이 아니요 다만 하늘에 계신 내 아버지의 뜻대로 행하는 자라야 들어가리라

구원하신다는 것은 천국에 들어가게 하신다는 것입니다. 그런데 누가 천국에 들어갈 수 있습니까? '주여, 주여' 한다고 다 천국에 들어가는 것이 아니라 아버지의 뜻대로 행하는 자라야 천국에 들어갑니다. 그러므로 예수 그리스도는 우리를 하나님의 뜻대로 살게 하려고 하나님께서 '하나님의 아들'로 보내신 그리스도라는 뜻입니다. 예수 이름의 뜻은 '자기 백성을

> "예수는 하나님께서 자기 백성을 죄에서 구원하시고 하나님의 뜻대로 살게 하여 천국에 들어가게 하시려고 하나님의 아들로 보내신 그리스도입니다."

23 _ 영원토록 동일하신 예수 그리스도

그들의 죄에서 구원할 자'이고, 죄에서 구원한다는 것은 천국에 들어가게 한다는 것이고, 천국에 들어가게 한다는 것은 아버지의 뜻대로 살게 한다는 것이기 때문입니다. '예수 그리스도'가 무엇을 의미하는지 마음에 새길 수 있기를 바랍니다.

> 히 10:9 그 후에 말씀하시기를 보시옵소서 **내가 하나님의 뜻을 행하러 왔나이다** 하셨으니 그 첫째 것을 폐하심은 둘째 것을 세우려 하심이라

예수님이 이 땅에 왜 오셨습니까? 하나님의 뜻을 행하러 오셨습니다.

> 요 6:38 내가 하늘에서 내려온 것은 내 뜻을 행하려 함이 아니요 **나를 보내신 이의 뜻을 행하려 함이니라**

> 요 6:40 **내 아버지의 뜻은 아들을 보고 믿는 자마다 영생을 얻는 이 것이니** 마지막 날에 내가 이를 다시 살리리라 하시니라

예수는 하나님께서 우리를 하나님의 뜻대로 살게 하려고 하나님의 아들로 보내신 그리스도입니다. 예수는 '하나님의 아들' 그리스도라는 것을 마음에 새기고, 그 하나님의 아들이 왜 오셨는지를 생각하면 예수 그리스도의 의미를 알 수 있습니다. 이러한 사실을 깨닫는 은혜가 있기를 바랍니다.

> 히 9:15 이로 말미암아 **그는 새 언약의 중보자시니** 이는 첫 언약 때

에 범한 죄에서 속량하려고 죽으사 부르심을 입은 자로 하여금 영원한 기업의 약속을 얻게 하려 하심이라

예수는 새 언약의 중보자로 오신 '하나님의 아들' 그리스도입니다.

고후 3:6 그가 또한 우리를 새 언약의 일꾼 되기에 만족하게 하셨으니 율법 조문으로 하지 아니하고 오직 영으로 함이니 율법 조문은 죽이는 것이요 영은 살리는 것이니라

예수는 우리를 새 언약의 일꾼으로 살게 하려고 하나님께서 '하나님의 아들'로 보내신 그리스도이십니다. 예수 그리스도를 이렇게 풀어서 말할 수 있어야 합니다. 그런데 예수가 그리스도라는 것이 무슨 의미인지 알지를 못하고 말하지를 못합니다.

히 9:12 염소와 송아지의 피로 하지 아니하고 오직 자기의 피로 영원한 속죄를 이루사 단번에 성소에 들어가셨느니라

(쉬운말) 그 장막으로 들어가실 때, 그리스도께서는 염소나 송아지의 피를 가지고 들어가신 것이 아니라, 자기 자신의 피를 가지고 단 한 번 지성소에 들어가셔서, 우리에게 영원한 구원을 가져다 주셨습니다.

예수는 하나님께서 우리에게 영원한 속죄, 완전한 구원을 이루어 주시려고 '하나님의 아들'로 보내신 그리스도이십니다.

> 롬 1:4 성결의 영으로는 **죽은 자들 가운데서 부활하사** 능력으로 **하나님의 아들로 선포되셨으니** 곧 우리 주 예수 그리스도시니라

예수는 죽은 자 가운데서 부활하사 '하나님의 아들'로 선포되신 그리스도이십니다.

> 막 2:17 예수께서 들으시고 그들에게 이르시되 건강한 자에게는 의사가 쓸 데 없고 병든 자에게라야 쓸 데 있느니라 **나는 의인을 부르러 온 것이 아니요 죄인을 부르러 왔노라** 하시니라

예수는 죄인을 부르려고 하나님이 보내신 '하나님의 아들' 그리스도이십니다.

> 고전 4:15 그리스도 안에서 일만 스승이 있으되 아버지는 많지 아니하니 **그리스도 예수 안에서 내가 복음으로써 너희를 낳았음이라**

예수는 우리를 하나님의 자녀로 낳으시려고 하나님께서 '하나님의 아들'로 보내신 그리스도이십니다. 이처럼 예수 그리스도가 무엇을 의미하는지 설명할 수 있어야 합니다. 예수를 수십 년 믿었는데도 예수 그리스도를 말하지 못하는 사람들이 너무나 많습니다.

바울은 자기 동족 유대인들에게 예수는 그리스도라고 말했습니다. 그 당시 유대인들은 메시아를 기다리고 있었습니다. 그런데 메시아로 오신 예수를 알아보지 못했습니다. 그러자 성령으로 이것을 깨닫게 된 바울이 그때부터 예수는 그리스도라고 외치기 시작한 것입니다. "예수는 우리가 그토록 기다렸던 메시아, 우리를 죄에서 구원

하시려고 이 땅에 오신 하나님의 아들 그리스도입니다!", "예수는 우리를 하나님의 뜻대로 살게 하려고 오신 하나님의 아들 그리스도입니다!", "예수는 새 언약의 중보자로 오신 하나님의 아들 그리스도입니다!", "예수는 우리를 새 언약의 일꾼으로 살게 하려고 오신 하나님의 아들 그리스도입니다!", "예수는 우리에게 영원한 속죄와 완전한 구원을 주려고 오신 하나님의 아들 그리스도입니다!", "예수는 죽은 자 가운데서 부활하신 하나님의 아들 그리스도입니다!", "예수는 의인이 아니라 죄인을 부르러 오신 하나님의 아들 그리스도입니다!", "예수는 우리를 하나님의 자녀로 낳아주시려고 하나님께서 보내신 하나님의 아들 그리스도입니다!" 성령으로 말미암아 예수 그리스도를 만난 사람들은 예수 그리스도를 말하지 않을 수 없습니다.

히 13:8 예수 그리스도는 어제나 오늘이나 영원토록 동일하시니라

예수 그리스도는 어제나 오늘이나 영원토록 동일하십니다. 무엇이 동일하십니까? 자기 백성을 그들의 죄에서 구원하려고 오신 하나님의 아들 그리스도는 영원토록 동일하십니다. 우리를 하나님의 뜻대로 살게 하려고 하나님의 아들로 오신 예수 그리스도는 어제나 오늘이나 영원토록 동일하십니다. 우리를 새 언약의 일꾼 되어 살게 하려고 새 언약의 중보자로 오신 하나님의 아들 예수

"우리를 새 언약의 일꾼 되어 살게 하려고 새 언약의 중보자로 오신 예수 그리스도, 아브라함에게 전한 복음으로 우리를 하나님의 자녀로 낳아주시려고 하나님의 아들로 오신 예수 그리스도는 어제나 오늘이나 영원토록 동일하십니다."

그리스도는 어제나 오늘이나 영원토록 동일하십니다. 우리에게 영원한 속죄와 완전한 구원을 주시려고 하나님의 아들로 오신 예수 그리스도는 어제나 오늘이나 영원토록 동일하십니다. 죽은 자 가운데서 부활하신 하나님의 아들 그리스도는 어제나 오늘이나 영원토록 동일하십니다. 의인이 아니라 죄인을 부르러 오신 하나님의 아들 그리스도는 어제나 오늘이나 영원토록 동일하십니다. 이것이 그냥 지식에 머무르는 것이 아니라 하나님의 놀라운 은혜로 와 닿기를 바랍니다.

'하나님의 아들'로 오셨다는 것은 죄 없는 몸으로 오셨다는 것입니다. 우리의 모든 죄를 담당하시고 십자가에 죽으셔서 그 피로 우리의 모든 죄를 깨끗하게 씻으시고 우리에게 영원한 속죄와 완전한 구원을 이루어 주시려고 하나님의 아들로 오셨다는 말입니다. 또 하나님의 아들로 오셨다는 것은 마지막 때에 우리 안에서 말씀하시려고, 우리로 하여금 아들의 음성을 듣고 살게 하시려고 하나님의 아들로 오셨다는 말입니다. 죽은 자 가운데서 살아나셔서 '하나님의 아들'로 선포되신 그분이 지금 내 안에서 말씀하시고 계심을 믿으시길 바랍니다. 히브리서 강해를 처음 시작할 때 말씀드리지 않았습니까? 히브리서 전체를 관통하는 주제는 새 언약의 중보자로 오신 '하나님의 아들' 예수 그리스도입니다. 마지막 때에는 '아들'의 음성을 듣고 사는 것입니다.

또 무엇이 동일하십니까? 아브라함에게 전한 복음으로 우리를 하나님의 자녀로 낳아주시려고 하나님께서 하나님의 아들로 보내신 예수 그리스도는 어제나 오늘이나 영원토록 동일하십니다. 할렐루야!

예수 그리스도를 말할 때 귀신이 떠나갑니다. 예수 그리스도를 말할 때 병자들이 고침받습니다. 예수 그리스도를 말할 때 모든 사탄의 결박이 풀어집니다. 예수 그리스도를 말할 때 이루어지는 이러한 하나님의 역사하심은 성경에 기록된 한 번으로 끝나는 것이 아닙니다. 하나님은 바울이 예수 그리스도를 말할 때만 특별히 역사하신 게 아닙니다. 예수 그리스도를 말할 때 나타나는 하나님의 역사하심은 어제나 오늘이나 영원토록 동일한 것입니다. 그러므로 예수 그리스도를 말해야 합니다. "예수는 당신을 죄에서 구원하려고 하나님이 보내신 하나님의 아들 그리스도입니다!" 이렇게 말해 보십시오. 그러면 상상하지 못했던 일들이 일어나게 됩니다.

언젠가 부천에 있는 서울신학대학교에서 예수 그리스도를 전할 기회가 있었습니다. 강당에 신학생들이 가득 차 있었는데 예수 그리스도를 알고 있는지 물었습니다. 그런데 누구도 선뜻 말하는 사람이 없었습니다. 신학생들이 예수 그리스도를 말하지 못하는 것입니다. 그래서 제가 예수 그리스도를 성경으로 풀어주었습니다. 그리고 신학생들을 회개시켰습니다. 그곳에는 신학석사, 박사학위 과정에 있는 사람도 있었습니다. 그런데 예수 그리스도를 말하지 못하는 것입니다. "어떻게 목사가 되려고 하는 사람들이, 그것도 석사, 박사 공부를 하고 있다는 사람들이 예수 그리스도를 말하지 못합니까! 예수 그리스도도 말하지 못하면서 어떻게 신학을 공부한다고 말할 수 있습니까!" 말씀을 전하고 기도를 시켰더니 얼마나 학생들이 눈물을 쏟으며 뜨겁게 회개했는지 모릅니다. 강의가 끝나고 어떤 학생이 나에게 다가와 눈물로 내 손을 붙잡고 "목사님, 정말 부끄럽습니다. 목사님 덕분에 진짜 복음을 알게 되었습니다. 교회를 그렇게 오랫동안 다녔는데, 이제야 예수 그리스도를 확실히 알게 되었습니다" 하고 고백했습니다.

예수는 그리스도이십니다. 그리고 예수 그리스도는 어제나 오늘이나 영원토록 동일하십니다. 이 말씀 한마디가 마음에 새겨지길 바랍니다. 할렐루야!

24

순종하고 복종하라!

히브리서 13장

히 13:17 **너희를 인도하는 자들에게 순종하고 복종하라** 그들은 너희 영혼을 위하여 경성하기를 자신들이 청산할 자인 것같이 하느니라 그들로 하여금 즐거움으로 이것을 하게 하고 근심으로 하게 하지 말라 그렇지 않으면 너희에게 유익이 없느니라

(현대인) 여러분은 지도자들의 말을 잘 듣고 그들에게 복종하십시오. 그들은 자기들이 한 일을 하나님께 보고해야 할 사람들이므로 정신을 바짝 차리고 여러분의 영혼을 보살핍니다. 그러므로 그들이 이 일을 괴로운 마음으로 하지 않고 **기쁨으로 하게 하십시오**. 그렇게 하지 않으면 여러분에게 유익이 없습니다.

히브리서 강해 마지막은 13장에 있는 "너희를 인도하는 자들에게 순종하고 복종하라"는 말씀을 중심으로, 12장 강해에서 미처 다루지 못했던 부분들을 포함하여 신앙생활을 하면서 마음에 새겨야 할

부분들을 훑어보며 마무리하도록 하겠습니다.

목사는 성도들을 인도하는 영적 지도자입니다. 목사는 자신들이 한 일을 하나님 앞에 보고하고 결산해야 하기 때문에 정신을 바짝 차리고 성도들의 영혼을 보살핍니다. 어떻게 영혼을 보살핍니까? 때로는 말씀의 꼴을 먹이고, 때로는 기도로 그들을 공격하는 사탄의 세력을 물리쳐 줍니다. 그래서 목사가 필요하고 목자가 필요한 것입니다. 목사가 성도들이 망하는 것을 기뻐하겠습니까? 결코 그렇지 않습니다. 아무리 목사의 속을 썩이는 성도라 할지라도, 때로는 잘못을 저지르고 아픔을 주는 성도라 할지라도, 하나님께서 그들을 축복해 주시기를 기도합니다. 그 영혼을 위해서 기도하는 것입니다. 그러므로 목사가 이런 일들을 할 때 괴로운 마음으로 하지 않고 기쁨으로 하도록 해야 합니다. 그렇지 않으면 성도에게 유익이 없습니다. 제 말이 아니라 성경에 있는 하나님의 말씀입니다. 말씀이 들려지는 은혜가 있기를 바랍니다.

복 받는 자들의 특징 중 하나는 모든 관계를 아름답게 하는 것입니다. 세상에서도 일만 잘한다고 성공하는 것이 아닙니다. 관계를 아름답게 해야 합니다. 아무리 똑똑하고 유능한 사람이라고 할지라도 상사에게 미운털이 박히면 직장생활이 힘들어집니다. 일도 잘해야 하지만 윗사람과 관계가 좋아야 직장생활이 순탄해지는 것입니다. 교회에서도 마찬가지입니다. 관계가 아름다워야 합니다. 내가 알고 있는 사람, 내가 만나는 모든 사람이 전부 나에게 축복의 통로가 되도록 해야 합니다. 그렇게 되게 하는 방법이 바로 관계를 아름답게 하는 것

> 내가 만나는 모든 사람이 나에게 축복의 통로가 되도록 관계를 아름답게 하라!

입니다. 하나님은 우리가 만나는 사람들을 통해서 우리를 축복하십니다. 관계가 틀어지면 나에게 오는 축복의 문이 닫히고 축복이 끊어지는 것입니다. 그러므로 누구도 미워하면 안 됩니다. 서로를 사랑하고 섬겨야 합니다.

히 13:1 형제 사랑하기를 계속하고

교회 안에서 형제를 사랑하되 어떻게 사랑하라고 하십니까? 한 번 사랑을 보이고 그것으로 끝내는 게 아닙니다. 한두 번만 사랑하는 것이 아니라 계속해서 사랑하라는 것입니다. 이것은 하나님의 명령입니다. 왜 이런 명령을 내리실까요? 형제와의 관계가 잘못되지 않도록, 그래서 축복의 통로가 막히지 않도록 형제 사랑하기를 계속하라는 것입니다.

그렇다면 구체적으로 어떻게 형제를 사랑해야 할까요? 입으로 사랑하고, 손으로 사랑하고, 발로 사랑하고 마음으로 사랑해야 합니다. 교회에서 누구를 만날 때마다 "사랑합니다!" 하고 고백해 보십시오. 자꾸만 입술로 시인하는 것입니다. 그리고 서로의 손을 잡아주고 등도 토닥여 주

> 축복의 통로가 막히지 않도록 형제 사랑하기를 계속 하라!

면서 '사랑의 터치'를 해야 합니다. 그렇다고 이성 간에 함부로 터치하면 안 됩니다. 여자는 여자끼리, 남자는 남자끼리 반갑고 친밀하게 인사하라는 뜻입니다. 상대방이 먼저 오기를 기다리지 말고 먼저 찾아갈 수 있기를 바랍니다. 이런 것이 훈련되어야 합니다. 경건의 훈련이라고 해서 무슨 거창한 것이 아닙니다. 생활 속에 아주 작은 부분

부터 연습하고 바꾸어 나가면 나도 모르는 사이에 이것이 나의 새로운 모습으로 자리 잡게 될 줄 믿습니다. 말씀이 선포될 때 그것을 나에게 주시는 말씀으로 받는 것이 중요합니다.

🍀 순종하고 복종하려면

> **신 28:2-6 네가 네 하나님 여호와의 말씀을 청종하면 이 모든 복이 네게 임하며 네게 이르리니** 성읍에서도 복을 받고 들에서도 복을 받을 것이며 네 몸의 자녀와 네 토지의 소산과 네 짐승의 새끼와 소와 양의 새끼가 복을 받을 것이며 네 광주리와 떡 반죽 그릇이 복을 받을 것이며 **네가 들어와도 복을 받고 나가도 복을 받을 것이니라**

그렇다면 왜 지도자들에게 순종하고 복종하라고 말할까요? 순종과 복종이 우리에게 복이 되기 때문입니다. 하나님이 우리에게 순종을 요구하실 때는 거기에 반드시 축복이 따라온다는 것을 믿으시길 바랍니다. 얼마나 엄청나게 복을 쏟아부어 주시겠다고 약속하고 있습니까? 들어와도 복을 받고 나가도 복을 받는다는 것입니다. 한마디로 순종만 하면 대박이 터지는 것입니다. 그런데 우리는 '순종'이나 '복종'이라는 단어가 나오면 이상하게 거부감을 갖습니다. 우리의 지정의(知情意)를 내려놓지 못하기 때문입니다.

순종하고 복종하기 위해서는 내 생각을 내려놓아야 합니다. 내가 주인 되어 내 마음대로 살아왔던 옛 습관을 내려놓아야 합니다. 하나님은 때로 우리가 이것

> 순종하고 복종하기 위해 지정의를 내려놓으라!

을 내려놓을 수 있도록 순종과 복종을 요구하십니다. 하나님이 "순종하라!"고 말씀하실 때는 내가 아직까지 지, 정, 의를 내려놓지 않았다는 뜻입니다. 그러니까 하나님께서 그것을 아시고 "순종하라!", "복종하라!" 하고 말씀하시는 것입니다. 하나님이 "순종하라!", "복종하라!" 하고 말씀하시면 무조건 대박이 터진다고 믿으시고 "아멘!" 할 수 있기를 바랍니다.

히 12:4 너희가 **죄와 싸우되 아직 피흘리기까지는 대항하지 아니하고**

죄와 싸운다는 말은 다른 말로 표현하면 나 자신과 싸운다는 것이고, 또 다른 말로 하면 마귀와 싸운다는 것입니다. 마귀는 언제나 '나'를 앞세우게 하여 내가 내 인생의 주인 노릇, 왕 노릇 하게 하여 '자기 의'로 살게 만듭니다. 그러므로 그것을 그냥 내버려 두지 말고 싸워야 합니다. 내가 주인 노릇하고 왕 노릇 하면 절대 하나님의 말씀에 순종하고 복종할 수 없습니다. 죄와 싸우지 않으면 죄가 나의 주인이 되어 버립니다. 죄가 내 안에서 왕 노릇 합니다. 죄가 나를 가지고 노는 것입니다. 그러므로 죄가 나를 좌지우지하지 못하도록 죄와 싸울 수 있기를 바랍니다.

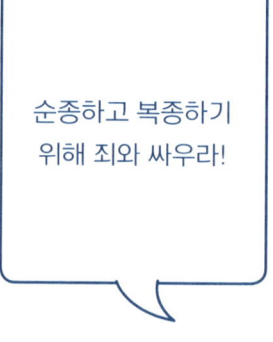
순종하고 복종하기 위해 죄와 싸우라!

마귀는 언제나 죄를 가지고 우리를 공격합니다. 그럴 때 "예수의 피로 이미 나는 죄 사함을 받았다!" 하고 마귀 앞에 당당히 선포할 수 있어야 합니다. 마귀의 공격을 사전에 아예 예수의 피로 차단해 버려야 하는 것입니다. 그러기 위해서는 날마다 예수의 핏소리를 들어야 합니다.

히 12:5-11 또 아들들에게 권하는 것같이 너희에게 권면하신 말씀도 잊었도다 일렀으되 내 아들아 주의 징계하심을 경히 여기지 말며 그에게 꾸지람을 받을 때에 낙심하지 말라 주께서 그 사랑하시는 자를 징계하시고 그가 받아들이시는 아들마다 채찍질하심이라 하였으니 너희가 참음은 징계를 받기 위함이라 하나님이 아들과 같이 너희를 대우하시나니 어찌 아버지가 징계하지 않는 아들이 있으리요 징계는 다 받는 것이거늘 너희에게 없으면 사생자요 친아들이 아니니라 또 우리 육신의 아버지가 우리를 징계하여도 공경하였거든 하물며 모든 영의 아버지께 더욱 복종하며 살려 하지 않겠느냐 그들은 잠시 자기의 뜻대로 우리를 징계하였거니와 오직 하나님은 우리의 유익을 위하여 그의 거룩하심에 참여하게 하시느니라 무릇 징계가 당시에는 즐거워 보이지 않고 슬퍼 보이나 후에 그로 말미암아 연단 받은 자들은 의와 평강의 열매를 맺느니라

히 12:9(현대인) 우리 육체의 아버지가 우리를 징계하여도 우리가 공경하는데 하물며 우리 영의 아버지께 복종하며 살아야 하지 않겠습니까?

(공동번역) 우리를 낳아준 아버지가 견책해도 우리가 그를 존경한다면 영적인 아버지께 복종하여 살아야 한다는 것은 더욱 당연한 일이 아니겠습니까?

(현대어) 비록 우리를 낳아 준 아버지가 우리를 꾸짖고 야단 치는

일이 있다 해도 우리는 그를 따르고 존경합니다. 그렇다고 하면 **참되게 사는 것을 가르치고자 하는 하나님의 시련을 기쁜 마음으로 받아들이는 것이 당연하지 않겠습니까?**

하나님은 사랑하는 자를 징계하십니다. 징계가 없는 자는 아버지가 없는 사생자입니다. 그러므로 징계를 받을 때 시험에 들지 말고 하나님이 분명 나의 아버지가 되시며 나를 지극히 사랑하고 계신다고 믿으시길 바랍니다. 징계는 하나님이 나를 사랑하신다는 증거입니다. 아버지가 자식을 사랑하니까 자식이 잘못하면 징계하는 것이 당연한 것 아니겠습니까? 잘못된 길로 가는 것을 뻔히 아는데 그냥 내버려 둘 부모가 어디 있겠습니까? 하나님의 자식이니까 징계하는 것입니다. 그러므로 징계를 받을 때 도리어 기뻐하고 감사할 수 있기를 바랍니다.

징계를 감사함으로 받으라!

목사님이 야단칠 때도 마찬가지입니다. 쓴소리를 하더라도 "아멘!" 하고 감사함으로 받을 수 있기를 바랍니다. 그럴 때 성도에게 복이 되는 것입니다.

히 12:12-13 그러므로 **피곤한 손과 연약한 무릎을 일으켜 세우고 너희 발을 위하여 곧은 길을 만들어 저는 다리로 하여금 어그러지지 않고 고침을 받게 하라**

(현대인) 그러므로 여러분은 맥빠진 손과 약해진 무릎에 힘을 주어 일어나서 바른 길을 걸어가십시오. 그러면 불구자가 절뚝거리지 않

고 고침을 받을 것입니다.

(쉬운말) 그러므로 여러분은 지쳐 늘어진 손과 연약하여 떨리는 무릎을 강하게 일으켜 세우고, 여러분의 두 발로 똑바른 길을 힘차게 걸으십시오. 그러면 비록 절름거리는 다리를 가진 사람들일지라도 넘어지지 않고 오히려 낫게 될 것입니다.

(쉬운성경) 여러분은 피곤한 손과 연약한 무릎을 강하게 하여 일어나십시오. 올바른 길을 가십시오. 그러면 다리 저는 사람이 절뚝거리지 않고 고침을 받게 될 것입니다.

(현대어) 그러므로 여러분은 느슨해진 주먹을 힘껏 쥐고 떨리는 무릎을 굳게 일으켜 세우십시오. 그리고 여러분이 걸어가기에 똑바르고 평평한 길을 열어 나가십시오. 그러면 여러분을 뒤따라가는 이들이 비록 약하고 절름거리는 사람들일지라도 넘어지거나 부상 당하지 않고 오히려 튼튼하게 될 것입니다.

신앙생활의 여정이 쉽지만은 않습니다. 때로는 시험에 들어서 넘어지고 그것 때문에 징계를 받아 지치고 맥빠질 때도 있습니다. 그렇지만 그럴 때 다시 두 손과 무릎에 힘을 주고 일어나서 올바른 길을 가십시오. 똑바르고 평평한 길을 열어 나가십시오. 내가 올바른 길을 가게 되면 내 뒤에 오는 사람들이 올바른 길을 따라오게 됩니다. 내가 한 걸음 한 걸음을 바르게 내딛어 길을 평평하고 곧게 만들면서 걸어가면 내 뒤에 오는 사람들이 비록 절름발이라 할지라도 넘어지거나 부상을 당하지 않게 됩니다. 올바른 길, 평평한 길을 걷기 때문에 오히려 그 길을 따라 걷다가 병이 낫게 된다는 것입니다. 할렐루야! 그래서 내가 올바른 길을 걷는 것이 중요합니다. 내가 신앙생활을 똑바로 하는 것이 중요합니다. 내가 죄와 싸우는 것이 중요합니다.

> **히 12:14-17** 모든 사람과 더불어 화평함과 **거룩함을 따르라** 이것이 없이는 아무도 주를 보지 못하리라 너희는 **하나님의 은혜에 이르지 못하는 자가 없도록 하고** 또 쓴 뿌리가 나서 괴롭게 하여 많은 사람이 이로 말미암아 더럽게 되지 않게 하며 음행하는 자와 혹 **한 그릇 음식을 위하여 장자의 명분을 판 에서와 같이 망령된 자가 없도록 살피라** 너희가 아는 바와 같이 그가 그 후에 축복을 이어받으려고 눈물을 흘리며 구하되 버린 바가 되어 회개할 기회를 얻지 못하였느니라

신앙생활을 하면서 꼭 세 가지를 명심하시길 바랍니다. 첫째, "거룩함을 따르라!"입니다. 하나님의 말씀과 기도로 거룩해지기에 항상 예배의 자리를 떠나서는 안 됩니다.

둘째, "늘 은혜를 구하라!"입니다. 은혜를 잃어버리면 쓴 뿌리가 나오게 됩니다. 쓴 뿌리가 나와서 나와 다른 사람을 실족하게 하지 않도록 항상 은혜 안에 있어야 합니다.

셋째, "한 그릇 음식을 위하여 장자의 명분을 팔지 말라!"입니다. 이것은 육적인 것으로 인해 하나님이 맡겨주신 귀한 직분을 빼앗기지 말라는 뜻입니다. 먹는 것 하나 때문에 하나님이 주신 귀한 은혜를 빼앗겨서야 되겠습니까? 성경은 한 그릇 음식을 위하여 장자의 명분을 팔았던 에서를 향해 '망령된 자'라고 말하고 있습니다. 마음

에 새길 수 있기를 바랍니다.

🍀 오직 단 하나의 제단

히 13:10 **우리에게 제단이 있는데** 장막에서 섬기는 자들은 그 제단에서 먹을 권한이 없나니

(현대어) **우리에게는 오직 단 하나의 제단이 있습니다. 그리스도께서 희생제물이 되신 십자가라는 제단입니다.** 그러니 유대인의 율법에 매달려서 구원을 찾으려는 사람은 이 제단에서 구원받을 수 없습니다.

우리에게는 제단이 하나 있는데, 그것은 바로 예수께서 제물이 되어 달려 죽으신 십자가라는 제단입니다. 이 제단은 율법에 따라 제사를 드렸던 율법의 제단이 아니라 예수 그리스도의 제단, 복음의 제단입니다. 그러므로 율법에 매달려서 구원을 찾으려고 하는 사람은 이 제단에서 구원을 받을 수 없습니다. 우리는 오직 복음의 제단, 십자가의 제단을 통해서만 하나님께 나아가게 되는 것입니다.

> 우리에게는 우리를 영원히 완전하게 하신 오직 단 하나의 제단, 십자가의 제단이 있다!

히 10:10-14(현대인) **하나님의 이런 뜻에 따라 우리는 예수 그리스도의 몸이 단번에 드려짐으로 거룩하게 되었습니다.** 모든 제사장은 날마다 제단 앞에 서서 자기 직무를 수행하며 반복해서 같은 제사

를 드리지만 이런 제사는 결코 죄를 없애지 못합니다. 그러나 **그리스도는 죄를 위해 단 한 번의 영원한 제사를 드리시고 하나님의 오른편에 앉으셨습니다.** 그 후부터 그분은 원수들이 자기 발 아래 굴복하게 될 때까지 기다리고 계십니다. **예수님은 거룩하게 된 사람들을 한 번의 제사로 영원히 완전하게 하셨습니다.**

십자가의 제단, 복음의 제단에서 무슨 일이 벌어진 것입니까? 예수 그리스도께서 당신의 몸을 단번에 제물로 드리심으로 우리를 영원히 완전하게 하셨습니다. 이것이 바로 우리에게만 있는 단 하나의 제단입니다.

리얼복음시리즈 | 히브리서 강해 2
새 언약의 중보자 예수 그리스도

1판 1쇄 인쇄 _ 2024년 12월 14일
1판 1쇄 발행 _ 2024년 12월 24일

지은이 _ 오영석
펴낸이 _ 이형규
펴낸곳 _ 쿰란출판사

주소 _ 서울특별시 종로구 이화장길 6
편집부 _ 745-1007, 745-1301~2, 747-1212, 743-1300
영업부 _ 747-1004, FAX 745-8490
본사평생전화번호 _ 0502-756-1004
홈페이지 _ http://www.qumran.co.kr
E-mail _ qrbooks@daum.net / qrbooks@gmail.com
한글인터넷주소 _ 쿰란, 쿰란출판사
페이스북 _ www.facebook.com/qumranpeople
인스타그램 _ www.instagram.com/qrbooks
등록 _ 제1-670호(1988.2.27)
책임교열 _ 김영미 · 최찬미

ⓒ 오영석 2024   ISBN 979-11-94464-02-0   93230

책값은 뒤표지에 있습니다.
이 출판물은 저작권법에 의해 보호를 받는 저작물이므로 무단 복제할 수 없습니다.
파본(破本)은 구입처에서 교환해 드립니다.